走向深处便是语文

强五洲◎著

安徽师范大学出版社

ANHUI NORMAL UNIVERSITY PRESS

·芜湖·

图书在版编目(CIP)数据

走向深处,便是语文/强五洲著.—芜湖:安徽师范大学出版社,2020.12

ISBN 978-7-5676-4962-0

Ⅰ.①走… Ⅱ.①强… Ⅲ.①中学语文课—教学研究 Ⅳ.①G633.302

中国版本图书馆CIP数据核字(2020)第269288号

走向深处,便是语文　　　　　　　　　　强五洲◎著

责任编辑:辛新新　　　　　　　　责任校对:潘　安

装帧设计:王晴晴　陈　爽　　　　责任印制:桑国磊

出版发行:安徽师范大学出版社

　　　　　芜湖市北京东路1号安徽师范大学赭山校区　　　邮政编码:241000

网　　址:http://www.ahnupress.com

发 行 部:0553-3883578　5910327　5910310(传真)

印　　刷:苏州市古得堡数码印刷有限公司

版　　次:2020年12月第1版

印　　次:2020年12月第1次印刷

规　　格:700 mm × 1 000 mm　　1/16

印　　张:16.25

字　　数:260千字

书　　号:ISBN 978-7-5676-4962-0

定　　价:45.80元

自　序

　　肖培东老师说：我就想浅浅地教语文。

　　老师浅浅地教语文，其实是为了让学生深深地去学语文。浅，才能开拓更广的空间；浅，才能延续更长的距离；浅，才能激起更大的波澜……这，才能让语文学习走向更深处。

　　回望来时的路，留下的是一片片的肤浅，是一串串的浅薄，是一时时的浅陋。我的语文学习如此，我的语文教学如此，我的语文生活亦如此。

　　九岁那年，阳春三月，正是万物发青滋长的时候，老屋门口那棵老杏树的枝干，突然就断裂了。不久后的一天，正当我抱着这残缺的枝干荡着秋千时，隔壁家的婶子把我抱进屋里父亲的床前，父亲侧躺在床上，骨瘦如柴，只见他虚弱地看向我，嘟囔着"你就晓得玩，多不懂事哦，哎，以后也不晓得你……"，几天后，父亲留下了一屋子的贫穷，离开了人世。自此，这"不懂事"就一直在我的脑海里回荡，今天想来，这"不懂事"就是一种不谙世事的肤浅，一种不适时宜的肤浅，一种不懂悲喜的肤浅。

　　读小学五年级的那年，我被乡里选拔出参加县里的竞赛，那时的通知方式是村里的大喇叭，得到通知后，哥哥送我走了十二里路，来到乡政府，由一个老师带着我们来到县城，汽车、楼房、电灯、电视……一切都让我好奇，第二天的试卷上，一道"一个池塘的浮萍，需要20天才能长满，每天长一倍，请问长满半个池塘还需要多少天?"，我不假思索地回答：一天，结果当然是错误的。后来经过老师一分析，我才意识到我的不假思索，其实就是一种不深入思考的肤浅，一种不全面观察的肤浅，一种不遵循规律的肤浅。

　　我读高中的一天，语文老师把我喊到他的办公室，说我的最近一篇习作写得不错，建议我向作文杂志社投稿，并为我提供了稿纸。我认真誊写并邮寄出去，却没有回音，自此我开始提笔写作，也不断向《辽宁青年》《中学生作文》《作文通讯》等期刊投稿，偶尔也收到回信，但都是些鼓励的话语，却从未有文字发表。过后想想，这些寄出去的稚言拙语，就是一种随心所欲的肤浅，是一种无病呻吟的肤浅，是一种爱慕虚荣的肤浅。

在对文字发表的憧憬中，我参加了家乡一所高校的提前自主招生考试。虽然那次考试我的语文成绩在所有学科中分数最低，我却被录取到了中文系，错过了我最向往的英语系。因为那次我的英语成绩得分很高，自然以为应该是按照分数高低来录取，所以我满怀不平，到了招生学校和教委，结果碰了一鼻子灰。后来想想，这一碰一鼻子灰的经历，就是一种书生意气的肤浅，是一种理想主义的肤浅，是一种脱离生活的肤浅。

就这样，我成了一名师范专科学校的中文系学生。刚入校的那段时间，受传统观念的影响，以为考上大学就可以拥有一切，于是放松了学习。入校第一次考试，我的当代文学的分数低于60分，在我的不以为意中，老师找我谈话，一再叮嘱我考上大学不是进了保险柜，不代表着水到渠成，更不代表着一切将无忧无虑，仍然需要努力，需要奋斗，需要一步一个脚印，踏实地学习和行走。我顿时清醒，又回归了高中学习生活的忙碌，把这段时间所落下的课都弥补了回来。同时，我也深深地意识到，这对成绩不及格的不以为意，其实就是一种不求上进的肤浅，一种自我满足的肤浅，一种盲目乐观的肤浅。

大学毕业，在那个毕业包分配的年代，毕业生的工作去向存在着自我不可控的不确定性，于是"找关系"成了毕业季热词，有亲戚的没亲戚的，城市的农村的，富有的贫穷的，都想着法子挖掘家里的可用关系。我家祖辈都是农民，一家人扳着手指想了好几天，总算找到了一个远房亲戚，虽不确定能不能起作用，但还是决定试一试。可最终，远方亲戚没有发挥作用，一段时间后，我得到了被分配到家乡中学的消息。其实想想，回到家乡，也没有什么不好的，离家近，有我的老师，有我的同学。这一次"找关系"的经历，其实就是一种盲目跟风的肤浅，是一种漠视规矩的肤浅，是一种虚荣攀比的肤浅。

2003年，我第一次参加课堂教学比赛，至今还记得我上的是沈从文的《云南的歌会》，制作了幻灯片，插入了几张图片和几段视频，一堂课结束，我的内心是满满的自信。第二天，教研员杨老师把我喊到他的办公室，对我说的第一句话就是"你不会上课"，我一脸惊愕，无所适从，经过杨老师的分析，我意识到自己的确只是把学生完全可以自己读懂的文章内容，在课堂上重复了一遍，学生自然是没有收获的。自此，我开始学习上课，开始不再在课堂上教学生可以自己学懂的知识，而是努力教学生即使自己努力也难以学到的内容，一直至今。今天想来，我的这种"不会上课"，就是一种不求上进的肤浅，一种得过且过的肤浅，一种自我陶醉的肤浅。

　　2012年，我被选派参加国培研修，地点在长春，为期十二天，内容之丰富，形式之多样，师资之强大，令人至今难忘。研修即将结束，成果报告会上，学员们踊跃发言，培训研修简报上，学员们的文字真切动人。有的畅谈研修心得，真诚而深刻；有的交流研修收获，丰硕而厚实；有的提出研修建议，切实而可行。可是，我未曾发出过一声低音短调，不曾留下只言片语，始终是一个默默的参与培训者，一个无声的研修人，而且我这样在培训研修中的默默和无声，持续了好长一段时间。直到有一天，我突然意识到，我之所以沉默，之所以无声，其实并不是性格使然，并不是天生如此，实在是一种肤浅，一种对成长途径认知的肤浅，一种对研修成效认知的肤浅，一种对研修参与融入认知的肤浅。于是，我开始尝试改变自己，研讨之中谈感想，研修之后写体会，邀请专家勤交流，努力在培训研修中一点一滴融入，一步一步走向深处。

　　人到中年，时常怀念回忆过去，遇事遇人遇物都会想起自己曾经的有关经历，二〇一九年四月清明前，我想起了自己的家乡，想起了曾经的人和事，就写了一篇回忆家乡点滴的文章，发在自己的微信朋友圈里，没想到一夜之间被朋友大量转发，以至于在大街上遇到熟人，见面的第一句话就是"我看了你写的那篇文章"，当然顺带夸赞几句，给了我极大的自信和虚荣。自此，一年内陆续写了一组回忆家乡的文章。一次聚餐中，一位大学同学的一句话"如此多的回忆，说明你真的老咯"，打击了我，是啊，岁月流逝无法改变，多数人都是不愿老去而又不得不老去的。我提醒自己"不能总是回忆"，于是我开始思考我的课堂，思考我的教学；开始记录我的工作室，记录我的研修点滴；开始关注我的生活，关注我的身边。我努力做到每次研修活动都有记录，每次公开课都有反思，听课常写心得，阅读常有思考，于是一年来写了近百篇文章，今天将这些文字整理在一起，不是为了炫耀，更没有功利目的，而是为了给自己一个前行的动力，为了让自己走得更远，因为语文需要深度，生活需要动力，人生需要远方。

我坚信，走向深处，一定有精彩，一定能遇见更美的语文！

是为序。

强五洲

二〇二〇年十一月

目　录

第一部分　走向课堂深处

第二部分　走向研修深处

第三部分　走向生活深处

第四部分　走向记忆深处

走
向
深
处
，
便
是
语
文

第一部分

走向课堂深处

思考，为了遇见更美好的精彩

　　每晚，我都会有一个半小时的独自行走，有了这独自一个半小时的思考，第二天我的课堂也就有了吸引力，我的学生就有了收获，我的应对会变得自如，我的解释也就有了说服力，我的谈话也就有了赞许，我的工作也就有了条理，于是这一天，我的生活、我的工作也就有了精彩。

　　生活如此，工作如此，观课亦如此。

　　今天观赏了两节课，精彩不断。有意思的是，两位老师分别是语文组里最年长和最年轻的老师。张老师是高级教师，是县里的名师，快到退休年龄了，平时总是毫不吝啬地传授自己的教学心得和经验。马老师年轻，入职时间不长，日常教学中会抓住一切时机向别人学习请教，由此可见，语文组的优良传统正在不断传承，语文组的进取精神正在不断延续。

　　张老师的教学内容是奥地利作家茨威格的《列夫·托尔斯泰》，她从《藤野先生》和《回忆我的母亲》两文中写人的白描手法开始，对阅读方法进行了提示，从"抓主线、品细节、悟新意"三个方面开展自己的教学，紧扣住语言描写，和学生一起对托尔斯泰平庸普通的长相、忧郁愚钝的表情、平凡粗鄙的面部轮廓进行了细致深入的体会，在整个单元的背景下确定了本文的教学目标，讲解分析中展示了深厚的功底，环节进程中彰显了恰当的方法，交流互动中尽显了用心的安排，留给观者的是无尽赞叹。

　　马老师的课堂在录播教室，她大胆尝试了别人尽量规避的现代诗歌教学，在一段唯美的朗诵中，开始了对穆旦《我看》的欣赏之旅。马老师的朗读安排形式颇为丰富，学生自由读、分节读，师生共读，交替进行，为后面的学习做了很好的铺垫。难能可贵的是，她抓住了特殊的字词，如

"揉""吸入""枉然"等，给学生以"关注陌生化语句"的提示，带领学生欣赏文字背后四个唯美的画面，有风吹草起伏的温顺，有云起水荡漾的轻柔，有大地凝望流云的执着，有天空飞鸟融为一体的苍茫，继而提出了"你是谁"的疑问，引发了学生对生命的思考，最后得出"我个人的快乐和忧伤，微不足道，在大自然面前又算得了什么?"的结论，于学生来说当然是一次对人生的感悟，于我而言则更是一场关于人生的彻悟。

课堂上的精彩之处，有很多很多! 可是，发现精彩绝不是观课的全部，因为观课不能没有思考! 两节课，有不一样的精彩，于我却有着共同的思考。

调动学生的生活体验，在教学中所产生的成效有时会让人意想不到。文字是无声和显性的，但它又是有声和隐性的，怎样去听到文字的声音，怎样去看见文字的画面，怎样去走进文字的内部，发现其隐藏的世界，这需要在文字上耕耘。此时，已有的生活体验尤为重要，有经历自然更能理解内涵，有体验自然更会感受情感，拔过萝卜的人当然更能体会"拔出萝卜带出泥"的惊喜或失望。在张老师课堂上，一句大家耳熟能详的"长得像弯刀砍的一样"的日常用语，对"胡乱劈成"做了最形象的阐释，让托尔斯泰面部轮廓的粗陋映入眼帘。马老师课堂上做出的"小姑娘害羞，脸上一般会起红晕"的提示，对流云的娇美和痴情做了最精彩的呈现，让夕阳和大地变得如此款款情深。其实，诗中可以调动学生生活体验的地方还有很多，马老师如果能再多引导引导，我想比纯粹的文字讲解和分析，效果会愈发明显。

对文字理解的多样性必须要肯定。可挖掘性是文字的特点之一，尤其是文学作品中的文字，不同的读者会有不同的阅读体验，青少年正处于思维活跃期，他们充满想象，因为未曾经历过沧海，当然对水充满了向往和憧憬，于是他们对文字的理解丰富多样，抓住这一点恰恰是我们语文老师教学智慧的体现。张老师面对学生"面部表情忧郁"的回答也好，面对学生"面部表情愚钝"的回答也罢，都给予了肯定，她肯定的岂止是一个个答案，更是学生的自信;马老师对学生关于"你是谁"的答案的聆听，无论是"云南、大地"，还是"生命、大自然"，都点头赞许，她赞许的岂止是一个个回答，更是一番番思考。

　　避免纠缠不清的最好方式，是恰当引导。大家都有这样的体会，教学中学生常常走不上老师预设的教学轨道，老师不断地引导，学生却不断地偏离，于是，课堂上开始纠缠不清。究其原因，老师是根据自己的经验来设计教学，根据自己的设计来引导学生，学生对此并不是都买账的，一旦不买账，老师的引导就会没有效果，师生在焦急中出现烦躁和疑惑也就在所难免了。对于写法上依据客观存在的模样去发挥想象，不惧怕流于琐碎的《列夫·托尔斯泰》来说，一定要把内容理清为相互交叉的"面部表情""面部轮廓"和"外貌长相"三个方面，似乎有些徒劳，结果当然是理不清，只能导致纠缠不清的局面。同样，对穆旦关于人生的思考，学生既没有对其人生经历的了解，又没有得到来自老师的关于自然、生命的具体形象的引导，他们当然无法体会"让我的呼吸与自然合流"这样的诗句，只能在不断地空想中纠缠不清了。由此看来，恰当地引导，对学生、对课堂、对老师是何等重要！

　　思考，之于人生，不可或缺。人生就要思考，就要行动，如果只是站在一旁观望，人生就会变成空白，这样当死亡来的时候就会发现，只剩下像卡赞扎基斯所说的"一身挥霍一空的骨头"。

　　思考，之于国家，不可或缺。伏尔泰的"一个国家一旦开始思考，要让它停下来是不可能的"，中华民族的发展即是力证。

　　思考，之于语文的精彩，之于语文课堂的精彩，之于观语文课堂的精彩，亦不能或缺，思考就是为了遇见更美好的精彩！

　　我的思考，止于此！

朴素基础上的华丽，更美

　　我喜欢的散文比较多，尤为喜爱《秋天的怀念》《一棵小桃树》《爸爸的花儿落了》等几篇……

　　《一棵小桃树》我已经多年未教，肖培东老师执教的示范课《一棵小桃树》虽然已经过去了三天，但其过程我依然能细数出开始至结尾：学生齐读课题之后，老师出示了五个阅读任务，然后就把时间交给了学生，耐心等待，直到所有学生都完成任务举起了手。接着，让学生自己选择任务之一交流结果，刚开始课堂还略显沉闷，经过老师简单的几句鼓励，课堂顿时活跃了起来。简单的任务自然先被完成，很快"作者只是在写花吗？""是什么使我忘了小桃树？"的任务被解决，这应该是肖老师预料之中的。随后，在老师"读第四段，发出声音"的提示中，进行了下一个任务，老师以"最能显示小桃树没出息的是哪句"作为引领，很快，学生就提出了"委屈、瘦弱、黄黄、立即、紧抱"等词语，老师就此展开，引领学生体会、品味，小桃树的弱小、不自信、无生气的形象在每个人脑海中闪现，语文味道浓厚。基于此，老师顺势提出"为什么要写小桃树？"，学生此时已经处在高度的课堂兴奋之中了，于是纷纷发言，有的说"为了写自己"，有的说"为了梦"，有的说"为了怀念奶奶"……自然，对小桃树的情感变得丰富起来，不寻常起来，不知不觉中完成了情感转变，第一、五两个任务悄然得到了落实。就在我疑惑剩下五六分钟时间肖老师要干什么时，"读第一段，如果只能用一个字来代表作者的情感，你觉得会是哪个字？"的问题滑了出来，令人意外而惊喜，紧接着"敬、念、梦、怜、美"，一个个精彩的答案引得全场掌声阵阵，突然一个小女生被老师请了起来，她沉默片刻，"老师，我还没有想好"，全场一片寂静，就在我们都以为肖老师会让小女生坐下时，却听到他说："孩子，人生不能有太多没想好，那就从你的'还没有想好'中选一个字吧！"小女孩说："那我就选'好'，因为小桃树挺过了困难，很好！"台下一阵掌声，不知是对小女孩的表扬，还是对肖老师的赞许，小女孩高兴地坐了下来，同位的小男生接着说："老师，我选'我'，因为小桃树的经历就是作者的经历。"肖老师一番夸赞，台下依然一阵掌声，当老师就此动情地说了几句来总结提炼，课堂突然戛然而止，下课铃声也悠然响起，整个会场稍稍安静了片刻，顿时爆发出长时间热烈的掌声，肖老师没有忘记学生，没有忘记观众，他用两个深深的鞠躬表示感谢，全场掌声更加响亮。

作为当今语文教坛的示范名师之一，肖培东老师"浅浅地教语文"的理念，已经深入很多语文老师心中，在对他教学的观摩中，我却体会到他"浅浅地教"更是来自他"深深地研"，在这"浅浅"与"深深"之间，完成了一次次精彩的示范，展示了一个个动人的案例，带给语文课堂一个个经典的瞬间，一直如此，今天也不例外，只是他还带给了我一番思考。

朴素基础上的华丽，更美。我们的语文课堂经常出现两个极端，要么整堂课只梳理内容，只教学生已懂的知识，只简单地问答，枯燥地练习，朴素到了极点，就变成了普通，让人不屑；要么整堂课抛开语文课本，提出各样的问题，安排各种活动，穿插各类表演，华丽到了极致，则变成了哗宠，令人生厌。肖老师《一棵小桃树》课堂的朴素尤为明显，因为课堂上始终只有一篇文章，只有文章旁批的五个阅读任务提示，只有几张简洁的PPT，只有几行洁白素淡的粉笔字，但我们丝毫感觉不到普通，相反一股华美清新扑面而来。学生自选任务交流的方式，选一个字代表作者情感的设计，静心等待学生读书，"面黄肌瘦、紧抱身子"的语言体验，都让人欣赏到了朴素基础上生发出的设计、生成出的机智的精彩，这种生发、生成定然是以文本的朴素为基础，又是对朴素的修饰，让朴素更加美丽。

精细品味比粗放讲解更能接近语文。语文课堂发展到今天，语文课程改革到今天，随着研究的深入，语文教学的方方面面、角角落落，都有人涉及，但语文教学研究绝不会就此走到尽头，因为，总会有更精细的点，总会有更深入的层和面。反之，如果我们整天只关注粗线条，只看见大块面，自然无法深入，也不能延伸，只会止步不前。肖老师《一棵小桃树》的课堂，没有粗线条的情感告知，没有放养式的问题的抛撒，没有止步于块面和线条，而是关注了语言的更小点，更深层更宽面。他用"人的瘦小一般称之为面黄肌瘦，人的可怜一般都是紧抱身子"，来品味"黄黄的、瘦瘦的、紧抱身子"这些语言，联系学生的生活体验，自然让学生感受真切而深刻；他用一个字来代表作者情感，自然会让学生去体验、思考、浓缩、升华情感，于是学生的感悟也就更加深刻动人。我想语文课堂如果都能调动学生的生活体验，引导学生去精细品味，一定更能接近语文的核心。

课堂上，肖老师是淡然的、从容的、自如的，所以也就是浅浅的；可是，学生是热烈的、兴奋的、迫不及待的，所以一定是深深的。那么，肖老师课堂上听课的我，则是期待的、欢喜的、惊叹的、深思的、恍然大悟的。他对课堂任务的真正落实让我深思，他的朴素基础上的华美让我顿悟，他与语文如此接近让我惊叹！

我如是，我想听课的其他老师，也一定如是！

慢，是为了学生获得更快

中午，逐一送走各学科教研员，跟随兼职教研员朱老师来到繁昌区城关第三小学，走进小学语文课堂。

执教的是钟老师，她的课我是久闻其名而未见其真，今天总算有机会一睹这位名师的课堂，自然是充满期待。钟老师执教的是四年级上册的一篇文言文《王戎不取道旁李》，她由曹冲和司马光两个人物导入，引导学生从注释中获得关于王戎的信息，然后从"读课文""讲故事""知道理"三个环节展开教学。朗读指导，钟老师分三级进行，着重对句中停顿做了指导，钟老师亲自示范，强调了"慢"；讲述故事时，钟老师结合注释，从重点字词提示，到逐句解释，到全篇讲说，循序渐进；知晓道理前，她以问题为引领，以"道"为突破口，师生共同归纳出三个"善于"，发出王戎真乃神童，着实聪慧、聪明绝顶的感叹。课堂在对《世说新语》的推荐中结束，让人回味无穷。

接下来的评课环节，是今天活动的重头戏，如果说张老师和刘老师的点评是前奏的话，那随后的省小学语文教研员周老师的点评就是高潮了，周老师从自己的家乡说起，从曾经在繁昌上课的经历说起，从对上课的钟老师和评课的张老师、刘老师的充分肯定说起，和蔼而亲切，在这轻松自由的氛围中，她的众多真知灼见流淌而出。让我认识到，语文教学要联系单元要素，语文老师要做一个实践的反思者，多一些逆向的追问；对单元要素的观照要有关联性，要贯穿到不同年级的教学之中；习作单元的精读课文教学更要关注怎么写；文言文教学要把握好度，让学生从三年级开始熟悉文言文，积累方法，为中学阅读文言文打下基础；语文课堂教学要让学生的思维可视化，要看到学生的思维过程，要多问"从什么地方看出来的?";学情的调动一定要和所学的内容相勾连;课堂上不同的学习任务要关注到不同层次的学生;老师在课堂上应给学生问问题的机会,要能迅速梳理学生的问题;有时课堂上学生的错误回答也是"美丽"的,且以"天尊"为例,让人信服……周老师还对钟老师的课堂提出了自己的思考,深邃且富有启发性,更让我惊讶的是,原来在我认为几近完美的语文课堂上,竟然还有这么多让人思考之处,可见周老师的课堂敏感度之高,语文洞察力之强。一个小时的点评,周老师没有文稿,她时而讲述自己的听课经历,时而还原钟老师的课堂实际,时而罗列当前的语文现象,没有理论研究的孤高冷傲,有的只是知性优雅、地气十足。

小学语文课堂,我是陌生的,可对之思考,我又和对初中语文课堂一样熟悉。

慢下脚步,语文课堂更丰富。钟老师今天的课堂,"慢"是一个主旋律。她的课堂文章朗读是慢的,从一级到二级再到三级,缓缓提升;从文从字顺,到句中停顿,再到有滋有味,娓娓道来。她的课堂故事讲述是慢的,从看字词,到逐句讲,再到全篇说,从容不迫;从看注释,到作补充,再到互联系,慢条斯理。她的课堂推理是慢的,从知王戎到说王戎再到夸王戎,循序渐进;从善观察到善思考再到善推理,徐徐深入。我们常常说,要放慢在文字上行走的脚步,可实际上我们的语文课堂还是充满了快节奏、急节奏、紧节奏,课堂上我们习惯于风风火火,习惯于滔滔不绝,习惯于环环紧扣,仿佛一堂语文课就是一场演讲,越是慷慨激昂,越是汹涌澎湃,就越是一堂好课。总不能、不想,也不敢,让课堂的脚步慢点,让课堂的语言慢点,让课堂的交流慢点,让课堂的推理慢点。生活中,我们匆匆行走,既放眼前方,又担心脚下,身边的一切擦肩而过,只有我们放慢行走的脚步,才会有观察的闲暇,才能有欣赏的心情,才能有美丽的发现。语文课堂同样如此,慢才会留下更多的时间,才会释放更多的空间,才能给予学生更充分的尊重,才能启发学生更深的思维,才能允许师生产生更多的交流。同时,课堂的慢,需要老师更广的学识去填充,需要老师更多的策略去调控,需要老师更多的智慧去应对,否则,慢的课堂将变得单薄、肤浅甚至停滞,因此,语文课堂的慢,不是准备得浅,不是组织得散，不是行进得淡，而是老师自信的彰显，是老师准备充分的呈现，是为了让学生有更多的获得。

能表达，让课堂更贴近语文。语文是语言的学科，语言学习的最终落脚点，不是掌握了多少语言知识，不是了解了多少语言现象，不是认识了多少语言特点，而应该是在生活中能有多少恰当的语言表达，能有多少有效的语言交流，能有多少实在的语言运用。钟老师在课堂上，始终注重学生的表达，她总是用简短的提示，引导学生进行更多的语言表达，如由李子挤满枝头的图片引导出"硕果累累"，如由"群儿戏于庭"引导出"嬉戏玩耍"，如由联系上下文引导出关于"之"的不同指代，如由三个"善于"引导出"聪慧、神童、天尊、聪明绝顶"……这些被引导出的脱口而出的表达，自然是学生课堂有思维、有条理、有自信的最好验证。相比于我们身边常见的语文课堂上的一字一词，说不出一个完整句子的浅表达，不断重复那些人人都能读懂的课文内容写了什么的表达，钟老师的课堂所引导出的学生的表达，是有深度的，是真实的，这样的语文学习自然是有收获的。我想，如果在我们的语文课堂上，学生能滔滔不绝，能妙语连珠，这样的语文学习一定是成功的，这样的语文教学一定是幸福的，这样的语文课堂一定是理想的。但是，滔滔不绝应该是干净利索的，不能繁琐啰唆，不能只是简单重复课文内容。

生活是有节奏的，快慢交替，智慧的人，最能掌握生活的节奏，并伴随生活节奏而生活。

语文，是生活的一部分，自然也有着自己的节奏。因此，能掌握语文的节奏，并伴随着语文节奏而教学的人，应该就是一个智慧的语文人。

一窗白日照初心

送走所有专家、老师，回到家刚好晚上八点。

想想从接到任务，到去教科院，再到做计划安排，短短一天半的安排时间，50个专家名师，听评57节课，安排到全县3个片，26所学校，保证每个片每所学校每个学科都要轮到，学科不能重复，学校的实际课表不变，还不能影响学校正常的教学秩序……的确有点困难！于是，分学科，分学校，分片区，学科交叉，学校交叉，对照课表，调整，修改，再调整，再修改……总算拿出了安排方案，自以为比较完美，没想到运作时，还是有个别学科在一个片区的安排出现了重复，遗憾遗憾！

还是要说说今天的两节课！

上午来到三中，上课的是何婷老师，何老师的课我听过一次，她肯钻研，求上进，爱语文，这次能在省教研员面前展示，也足以见出她对成长的渴望。

何老师的课从周恩来的名言"为中华之崛起而读书"开始，随后安排学生读，再读，齐读，肯定学生声音响亮、感情充沛的同时，对学生不熟悉文章、添字漏字等不足加以指出，在此基础上，提出"作者为什么而活"的朗读任务。完成任务后，对文章加以研读，并让学生自主提出问题，适时介绍作者，完成了其中一个教学目标。接着，她把本文和本单元前两篇文章进行比较，得出哲理散文的特点是说理的同时抒情，最后布置了"写一段话"的课后作业。

下午的名师示范课安排在四中，由合肥35中王婧老师执教，她呈现的是《女娲造人》，王老师课堂的第一个环节是读课文，她对读的要求是快速，并提出了明确的阅读速度要求，通过问题"女娲造人有哪几个步骤？"

对学生读课文的速度进行了有效的检测。在第二个环节中，她将课文和《风俗通》进行比较，寻找所增加的内容，并品读这些内容，分小组讨论从这些细节中读出了什么，更是抓住"揉、抟"等动作加以体会和品读，品析人物形象，她还让学生想象自己就是被造出的娃娃，学生的想象热情得到了激发。最后一个环节是拓展，王老师用女娲造人的故事和瑶族造人的神话故事相比较，带学生进一步体会了想象的作用。

课后的点评，都是在上课的录播教室里进行，主角是省教研员俞老师，听她评课，我是第一次，俞老师如话家常般和大家交流、畅谈，她总是能在最短的时间里记住老师们的姓，甚至喊出老师们的名字，让大家感动不已。她把对语文教学的认识和思考，毫不保留地呈现了出来，无论是培养学生提问的意识，适当补充课外文本支撑课堂，还是坚持大单元理念大胆取舍，有效评价朗读，抑或是布置作业，多次打开文本读出个性……都是有的放矢，对症下药，让老师们兴奋不已，像一窗白日，照亮了我们草根语文老师的初心。

受到了鼓励鼓舞，我也就有了大胆的思考。

教学内容要对文体特征照顾得紧些更紧些。教学内容的选择，有很多依据，老师们最习惯依据的是学情、文本、时代等，甚至不少老师依据的是自己已有的经验。其实，文体特征也应该成为教学内容确定的重要依据。每一类题材的作品都有它的独特性，这一独特性正是它成为这种文体而不是另一种文体的原因，具有唯一性，唯一性就是篇章的风格，篇章的风格理所当然地要成为阅读教学关注的焦点，语文阅读教学关注不到这个焦点，就不可能成功。《我为什么而活》是一篇哲理散文，散文是其共性，哲理才是其独特性，才是其篇章的风格。所谓哲理，就是源于生活的一种理解，需要提出问题并再次提出问题，直到出现有意义的答案。因此，在哲理散文的教学中，既要有共性的情感体验，更要有个性的对生活道理的理解，对情感的体验靠的是对语言的品析，而对道理的领悟靠的是探求和讨论，所以课堂上不应该缺少对作者"为什么而活"的道理的深入探讨。我想，如果能在课堂上将罗素的生活、工作、情感经历展示给学生，让学生结合这些经历不断提出问题并加以探讨，得出有意义的理解，在此基础上把握情感，这才是哲理散文教学应该有的样子，而何老师的设计目标和课堂，虽对道理和情感都有关注，但还是显得体验有余而探讨不足，对哲理散文的风格的关注有所欠缺，稍显遗憾。

同样，神话故事首先是故事，具有记叙文的特征，对其情节及情节的行进方式的观照是不可少的，然而重点是要关注神话，因为神话是其独特风格。神话故事和人间故事是有差别的，对神话故事的教学应该紧扣"神话"来进行，要探讨"神"在何处？作者用人的眼光和经验来讲述神话故事，当然需要想象，情感常会夸张，结果往往出人意料，因此对想象的体会，对夸张情感的体验，在教学中不可或缺。王老师在课堂上带学生体会了丰富的想象，带学生体验了夸张的情感，的确是抓住了神话故事教学的焦点，关注到了其风格，只是情感的夸张不够，想象只有体会也不够，我想如果能让情感的体验更夸张一些，能让想象再得到一点模仿，课堂会更加精彩。

等待就是尊重信任。良好的教学效果，很大一部分来自和谐的师生关系。师生关系和谐，容易有共通点，情感容易集中，思维容易聚焦，学习效果自然就会好。其实，和谐的关系最能在等待中得到体现，能耐心等待你的人，一定是你的知心朋友，或是你的恋人，并且在相互等待中情感会更加深厚。同样，语文课堂也是这样，师生相互等待，才能彼此相顾，老师不急于说出答案，等待学生思考，不急于催促提醒，等待学生完成任务，不急于打断表达，等待学生把话说完，就是尊重关心；学生不急于举手应答，等待老师把要求说清楚，不急于自我满足，等待老师分析透彻，不急于埋头苦干，等待老师理清思路，就是聆听信任。这尊重，这关心，这聆听，这信任，哪一个不是学习的要素呢？我们布置一个任务后，多一点耐心等待，常常会有出乎意料的结果；听了学生的第一句话后，多一点耐心等待，常常会有更加精彩的第二句话；抛出一个问题后，多一点耐心等待，常常会有更深的认识和见解。当然，等待不是无原则的放任，不是无期限的耗时，需要更深厚的积淀，需要更充分的准备，需要更恰当的掌控。再回到何老师的课堂，我想，何老师如果能在梳理段落、理清层次时，能在与前两篇文章比较时，能在问出哲理散文的特点时，能不急于说出"总分总"，不急于说出"抒情说理"，能再多些等待，一定会有更精彩的课堂呈现。

人的一生，有很多机会都是难得的，我们草根老师能与省教研员面对面交流，也是如此。当然，如果在一天半的时间里，能多次与几乎所有省学科教研员面对面深入交流，聆听指导，更是不敢奢望……然而，农历庚子鼠年的初冬时节的繁昌，这，真的实现了！

又想起俞老师讲座的那个标题——一窗白日照初心！

"对"的距离，"当"的空间

语文组的最后两节公开课也结束了。

刘老师是教研组组长，她的课放在后面是有原因的，学期中听过她的一节职称考评课，可能由于忙着职称考评，没有太多的时间准备，她的那节职称考评课虽然能属优秀等次，但还是显得比较常态，老师的素养、能力和才华并没有得到充分展示，所以我一直期待这节公开课。授课在学校的录播教室里进行，她执教了一首刘禹锡的《秋词·其一》，刘老师从作者介绍入手，讲解了诗体常识，对诗歌的学习是从学生自读并相互交流诗意开始的，交流中突出"寂寥""一鹤排云"等关键词，扣住景物和感情，指出议论和描写，强调想象和对比，得出乐观和激昂，最后再次走近作者，体会愈挫愈勇的精神，一堂课对诗人的两番关注，一次介绍，一次走近，我幡然醒悟，本还觉得开篇就是作者介绍，如此俗套，现在方明白她的独具匠心。课堂教学在顺理成章的"景、情、理、人"四点归纳中结束，我感叹，这不就是古诗阅读的四个着手点吗？刘老师在分析"理"的过程中，不知不觉地把古诗阅读的"理"植入了课堂，植入了学生的心里。

王老师的公开课早安排了，由于她是初三班主任，在紧张有序的春招工作过程中，本已经安排好的公开课被一延再延，最后在距离期末检测还有两天的下午不期而至。为了听这节课，我还特意更改了行政会议的时间，因为她是我工作室的成员，听她的课既是一次学习，又是一种责任。王老师的教学内容是一首现代诗名作——余光中的《乡愁》，她从众多乡愁诗的比较中导入，着重对学生的朗读进行了指导并让学生练习，粗略统计共有五次指导六次朗读，反复地指导和诵读，为诗歌的有效学习储备了诸多有利因素。在此基础上，安排两个活动落实对诗歌美的欣赏，"写几行文字"活动，让诗歌题材、画面、时空、形式和淳朴的美，得到了最丰富、最精彩的绽放，"而未来……"形式的对诗歌的续写活动，让诗歌学习中的学生的美，也得到了最独特、最充分的彰显，两个活动内容不同，彰显的美不同，但所体现出的课堂的美是相同的，所蕴含的老师的美是一致的。

两首诗，一唐朝一现代；两堂课，一精彩一亮丽；两种情感，一激昂一深沉；两种美丽，一不屈一思念……无不蕴含着我的两点思考："核心""导入"。

关注学生的核心素养，前提是要将学生作为教学的核心来关注。没有以学生为核心来谈核心素养，只能让核心素养成为空中楼阁、水中月、镜中花，核心素养就会没有依托。以学生为核心就是要将学生作为教学的出发点和落脚点，以学生的发展为出发点和起跑线，以学生素养的提升为立足点和落脚点，一切的发展要落实到学生的身上。古诗歌教学同样应该如此，从景、情、理、人四个方面，指导学生学习古诗歌，其思路和过程是恰当的、有效的，但这种恰当和有效一定要基于学生而言，只有学生学习恰当有效，教学才有效，如果老师自认为恰当有效，而学生毫不买账，这种所谓恰当有效是假的有效学习，需要摒弃。我想，对学生学习而言，"景"的教学有效性，应该是学生能在老师的引导下自己加以欣赏，并能说出自己的欣赏过程和结果；"情"的教学有效性，应该是学生通过语言文字，能感受到诗歌所蕴含的情感，并能切实体会到、说出来；"理"的教学有效性，应该是学生在对语言文字的分析中，明白其中的道理，并能结合自己的生活实际，切实感受到它对自己的学习与生活的指导性；"人"的教学有效性，应该是学生在课堂的引导下，切实了解诗人的处境，并能产生对诗人进行深入了解的欲望。只有以学生为核心和依托，核心素养培养的有效性才会彰显，所以，我认为，如果刘老师能把自己欣赏体会的时间，让出部分给学生，能把自己感悟分析的过程，让出部分给学生，课堂教学一定会更加精彩。

课堂导入与比较教学要有所区别。课堂教学的导入，重在入，即进入课堂教学。如何入？那就是适当地导。由于时间在课前，所谓导得适当，就是无论在时间安排上，还是在内容选择上，抑或是在方式采用上，都应该遵循适当的原则。时间安排要合理，不宜长，否则就会让学生徘徊不定而无法进入；内容选择要相关，选择与课堂教学相关的内容来导入，能让学生的思维集中，否则学生会左顾右盼而无法进入；方式要恰当，依据学生、课堂教学内容、现实场景等不同因素，采取或直接、或文艺、或问答等不同方式，能激发学生的兴趣，否则学生会疑惑重重而无法进入。比较教学，重在比，即以教学内容为参照，与其他内容进行比较，进而做出判断，或较大，或较小，或较多，或较少，或较好，或较差……因为是以教学内容作参照，比较的时间自然是在课中或课尾；因为要有所发现，所以比较的过程应该更加深入，比较的内容应更加丰富，比较的方式应更加多样，进而得出明确的比较结果，在比较中突出情感体验，体验思维提升，品析人物形象，赏析语言结构……基于此，我们在教学中，一定要明白导入和比较教学的差异性，以免导入花了较多的时间，安排了较多的内容，采用了较复杂的方式，将导入设计成了比较教学，学生只能再花一定的时间和精力去整理导入的内容和思路，课堂伊始就给学生带来了不少凌乱，自然会影响课堂学习的效果。我想，如果王老师能将导入中列举的《乡愁》（席慕蓉）、《听听那冷雨》、《当我死时》、《乡愁四韵》四首诗，删去一两首，学生进入课堂的状态会更好，教学的效果也一定会更好。

核心是用来扣的，不仅要紧扣，更要扣住，这"紧"与"住"之间还有一个"对"，只有扣对了，核心才能被扣紧扣住；同样，导入是需要精的，不仅要精心，更要精彩，这"心"与"彩"之间还有一个"当"，只有导入恰当、得当、精当了，导入才能独具匠心绽放精彩。

《卖炭翁》中不可忽视的第三个形象

前不久，听了一节课，老师在教学《卖炭翁》的课堂上，想提示学生理解作者对卖炭翁和宫使的态度，于是就提了一个问题"还有一双眼睛在观察着卖炭翁和宫使，大家说是谁?"，立即就有一个学生回答是"牛"，上课的老师笑了，学生笑了，听课的老师也笑了。很显然，老师的预设绝没有想到是这个答案，其实我就在想，在这笑声之余，学生的回答恰恰给了我们一个提醒，我们在平时教学中只关注"卖炭翁"和"宫使"这两个形象，而忽视了对牛的关注。其实，虽然这首诗中直接写牛的诗句只有三句，但细细分析，牛在诗中有着不可或缺的作用，它又何尝不是在用一双眼睛观察着卖炭翁，在观察着宫使，甚至在观察着那个社会呢?

一、牛让卖炭翁的生活更加真实

这是一首讽喻诗，讽喻诗反映国事民生，是对社会现实的真实反映，真实是这首诗的基础，因此诗中所写生活、所写的人和事必须是真实的。卖炭的老翁年事已高，两鬓泛霜，烟火的面色，砍柴烧炭在南山之中，这个南山就是王维笔下"欲投人处宿，隔水问樵夫"的终南山。这里豺狼出没，荒无人烟，从终南山到长安城，路途遥远，路况复杂，一车炭之重，这一切如果没有其他人或物的帮助，靠老翁一人的背驮肩扛是无法完成的，也是不真实的，于是牛的出现至关重要。有了牛的相伴，有了牛的相帮，老人一人常年独居南山深处，砍柴烧炭，出山卖炭，也就显得真实可信了，诗歌才有了讽喻之源。

二、牛让人物形象更加鲜明

我们形容一个人身体强壮，常常说"强壮如牛"，这表明牛的身体强壮，而"牛困人饥日已高"中写到牛的困累，自然体现了炭之重、路之远、雪地行路之难，是啊，雪地行走，拂晓出发，日高方至，牛都困乏不堪，牛尚此，人何以堪？老翁更应该是饥饿难忍，但仍要卖炭，足以见出老翁的艰辛和困苦，此处"牛困"更显示出"人饥"。

同时，牛是很容易驯养的动物，比较温顺，容易听人使唤。诗中却写道"回车叱牛牵向北""宫使驱将惜不得"，"叱、驱"显现出的是牛不听使唤、不情愿，甚至是抵制反抗，与"晓驾炭车碾冰辙"中的"驾"形成对比，温顺的牛为何不听宫使的使唤，自然是牛对宫使充满不满和愤怒，也足见宫使的蛮横和凶狠，此处"叱牛"更显"人横"。

三、牛让宫市苦民的社会现实得到昭示

宫使用远不及炭价的半匹红绡一丈绫，硬生生地夺走了一车千余斤的炭，宫使的强盗本性本暴露无遗，然而非要把这半匹红绡一丈绫"系向牛头充炭值"，"系向牛头"如此显眼，无外乎是要广而告之，宫使拿走这一车炭是给了钱的，不是抢夺，进而显示出其行为是合乎道义的，殊不知越是如此，越见宫使的强盗本性，越见宫市百姓之苦，欲盖弥彰。那头老牛，头系着红绡和绫纱，在宫使的驱赶下，缓缓走向宫中，在白雪的映衬下，牛头上的红绡、绫纱无比显眼，这一形象的定格，又何尝不是宫使掠夺百姓的最有力的证据呢？诗人正是以此向读者昭示宫市苦民的社会现实。

由此可见，牛在诗中并不是可有可无的，它的确也在用眼光"观察"着老翁，"观察"着宫使，让老翁和宫使两者的形象在对比中更加突显，正因为如此，牛是诗中的第三个形象，我们在学习时不能忽视写牛的诗句，更不能漠视牛的形象。

不同的称呼，情感的变化

《紫藤萝瀑布》一文中，作者通过写眼前紫藤萝的盛开，回想起记忆中的"紫藤萝"不敢开花，想到自己所经历的失弟之痛，然而却被眼前紫藤萝的盛开感染激励，增添了生活的信心和勇气。宗璞的这种对亲人的情感，对花开的喜爱，对不幸的思考，对命运的感叹，打动了一个又一个读者。教学中，我们更多地从对紫藤萝开花的描写中，去体会作者情感的变化，其实，我们还可以从"藤萝""紫藤萝"这不同的称呼中，来看作者情感的变化。

藤萝，"百度"词条这样介绍：又名紫藤萝，是优良的观花藤本植物，缠绕茎，羽状复叶，小叶长椭圆形。总状花序，春季开花，花淡紫色，具有优美的姿态和迷人的风采。藤萝的枝叶茂密，花序大而下垂，花色淡雅，多为蓝紫色或者淡紫色，藤条长而自然弯曲，非常容易造型，将其攀附于花架、绿廊、山石等，点缀效果非常好。暮春时节，正是藤萝吐艳之时，但见灰褐色的枝蔓如龙蛇般蜿蜒，一串串硕大的花穗垂挂枝头，紫中带蓝，灿若云霞。

可见，"藤萝""紫藤萝"是指同一种植物，只不过称呼不同罢了。

在课文中我们不难发现，题目称之为"紫藤萝"，文章开始两次写作"藤萝"，接着又两次说成"紫藤萝"，随后又提出"紫藤"，最后又两次称呼"藤萝"，我想这变来变去的称呼，绝不仅仅是追求文字变化、语言丰富的效果，更是作者情感变化的外化显现。

生活中，我们都有这样的经历，当我们称呼他人的时候，因为环境和情感不同，有时称呼姓名，有时只呼其名而省略其姓。不过，有一点是一定的，那就是我们称呼的字数越少，越简单，表明我们与被称呼人的关系越亲密，情感越真切，当然环境也是越轻松，气氛也是越和谐的。如，关系一般的人，我们自然称呼带姓的全名；对好朋友，我们往往只呼其名，将姓省去；而对自己的恋人，常常连名也不称呼全，只用一个字。同时，无论情感如何亲密真切，当我们处于庄重的场合里，严肃的氛围下，悲痛的环境中，深沉地思考时，称呼自然应该是姓名全称，而不宜有任何省略。

宗璞称呼紫藤萝，也是如此。

紫藤萝在宗璞的眼里，绝不仅仅是一树繁花，一片紫色，一阵芳香，而是一次次嬉戏，相互挑逗，彼此推挤；是一个个笑容，忍俊不禁，活泼热闹；是一个个生命，繁华热闹，生生不息；是一种种不幸，痛楚疾病，疑惑生死；是一天天孤独，稀落伶仃，终被替代；是芸芸众生的普通平常；是好朋老友的真挚信任；是亲密恋人的热烈依赖。如果说"紫藤萝"是其姓名，那么"紫"描绘了其颜色，相当于其姓，"藤萝"则是其本质所属，自然也就是其名了。于是，她对紫藤萝的称呼，有"藤萝"，有"紫藤萝"，有"紫藤"，有时直呼其名，有时加上其姓，也就不足为奇、不足为怪了。

文章开篇就是"从未见过开得这样盛的藤萝"和"有的就是这一树闪光的、盛开的藤萝"，两次以"藤萝"起始，作者忽略其姓，直呼其名，自然流露的是挚友般的喜爱之情。看看文字，果然这种喜爱俯拾皆是：有"开得这样盛"的赞叹，有"像一条瀑布，从空中垂下"的震撼，有"深深浅浅的紫"的多彩，有"和阳光互相挑逗"的机灵，有"彼此推着挤着，好不活泼热闹"的可爱，有"上面的盛开，下面的待放"的期盼，有"像一个忍俊不禁的笑容，就要绽开"的幽默……这样的欢快环境，这样的赞美情感，这样的热闹场景，这样的和谐氛围，作者称呼"藤萝"自然是合情合理的。

接着，同是眼前的瀑布，作者却称之为"一条紫藤萝瀑布"，同是一树的植物，作者却称之为"一大株紫藤萝"，两次称呼"紫藤萝"，带上"紫"姓，所体现的情感和环境自然也是不一样的。看看文中，的确如此，此时的花让"我"想到了关于生死的疑惑，关于疾病的痛楚，关于人的不幸，关于失去亲人的悲伤。十多年前的那花，是稀落的，是孤苦伶仃的，是不敢绽放的，是花架遭拆了的，是与生活腐化有着必然关系的……这样深沉的思考，这样刻骨的悲痛，这样寂寞的环境，这样严肃的记忆，这样永久的遗憾，如果再去称呼"藤萝"，喊得如此亲切可爱，当然不甚恰当，因此带上"紫"，说成"紫藤萝"，就显得严肃庄重、沉着冷静，便于引发人的思考，引发对花和人的不幸命运的思考。

经过这样一番思考，作者又回到现实，又看到眼前的花，又看到了茂盛和繁密，又看到了粗壮健硕的枝干，又感受到了内心深处的流淌，又想到了无止境的不息的生命，又抚摸了装满生命酒酿的花舱，又看到了万花灿烂的流动的瀑布，又沉浸在浅紫色的光辉和芳香之中。这样的花，带来了这样的景，带来了这样的情，让人不觉加快了脚步，当然该用"藤萝"。

由此可见，同样的花，作者在其盛开闪光、流动欢笑时，称为"藤萝"；在其孤独不幸、引发思考时，说成"紫藤萝"；在其繁密粗壮、芳香灿烂时，又呼作"藤萝"。其实，这变化的不仅仅是文字，更是作者对花、对人、对生活的情感。

草堂阅之微，课堂思之大

受疫情影响，这个学期的校内公开课开始得迟。

我依然努力兑现自己的诺言，可还是没有抢到第一个上公开课。第二就第二吧，我不仅没有丝毫的遗憾，更为第一位上公开课的周老师点赞，他能抢在第一，敢为人先，着实令我感动和佩服。但愿这种争抢第一的场景，自此能常态化，成为学校发展路上的一道风景。

这次公开课，我执教纪昀的作品《河中石兽》，这是选自他的笔记小说集《阅微草堂笔记》里的一篇短文。怎么上？我揣摩了好几天，确定，否定，再确定，又否定，一直没有明确的思路。

晚饭后，我不得不去走路！每当面对问题束手无策时，通过走路来思考并获得思路和灵感，似乎成了一种习惯。的确，很多次的经历，都是一个半小时的走路，既能助力我的肠胃去消化食物，又能让我的身体出汗松爽，同时能引领我的思维去解疑释惑。

思维总是这样，刚开始都在原有的轨迹上难以走开，于是就会出现顽固和局限。好在，随着步伐的加快，出汗越来越多，很快，就突破了局限，打开了思路，眼前开始明亮，教学设计的思路就清晰了起来。以《河中石兽》为依托，通过"写的是奇闻怪谈""为什么要写奇闻怪谈""怎样写奇闻怪谈"三个方面，来引导学生了解《阅微草堂笔记》的三个特点，进而激发他们的阅读兴趣。

于是，回到家后，写教案，制课件，第二天，进行细致的整理和取舍，再搜集一些补充材料，也算是准备就绪了，只等公开课的课堂。

上午第一、二两节是连堂课，公开课安排在第二节，第一节课我已经和同学们一起通读了文章，清代距离我们不远，结合注释，语言上没有太多阅读障碍。由于疫情防控的需要，公开课在阶梯教室举行，同学们按照要求依次坐好，听课的老师在后面落座。课一开始，我先和同学们一道对文章内容进行了梳理，对古今异义的字词做了重点提示，随后让同学们齐读课前预习的一段文字，抓住"狐鬼怪谈、奇闻逸事"八个字，让同学们在文中寻找不合常理的"奇闻怪谈"之处。在我的引领下，他们很快找到了"门倒塌，石兽掉进河里，门距河太近，人怎么进出？""花这么长时间，这么多精力，去找两个十多年前的石兽，值不值得？""佛寺十多年没有门？""作为巡河的官，老河兵为什么没有第一时间发现并指导寻找石兽？"等诸多不合常理之处，我就此告诉同学们，要正确看待《阅微草堂笔记》内容的真实性。接着，让同学们讨论作者写这些奇闻怪谈的目的，通过对文章最后一句话的强调，以及对作者的介绍，同学们也都明显感觉到，作者这样一个大政治家、文学家，是不可能仅仅为了记述鬼狐故事而写文章的，他实际上是要借助这些奇闻怪谈来说理。最后，我让同学们在文中寻找可笑讽刺之处，来体会作者讽刺幽默的写作手法，同学们很快就谈到了"几个人，划着几只小船，在十多里的河面上，拖着铁钩，画面可笑""骂人颠者，又被人骂作更颠，着实可笑""有人说求之地中，有人说求之下流，有人说求之上流，众人似乎都确信有理，既无所适从，又轻从盲信，着实可笑"……我同时补充雅布寻魏三的故事，让文章幽默轻松的写法更加清晰明了。当然，语文教学，尤其是在阅读中培养学生的思辨精神必不可少，《阅微草堂笔记》是封建时期的产物，自然有着封建的烙印，提醒同学们在阅读时要学会思辨，汲取和舍弃要并行不悖。

公开课，我公开的不只是课堂，还有我的反思。

复述，体现的是阅读的视野。复述是对所读内容的重新梳理和概括，是一个对阅读进行重新建构的过程，能体现一个人的阅读能力。复述故事时，学生最容易犯"抓不住主要内容"的毛病，总是眉毛胡子一把抓，分不清主干和枝叶，什么都说，又什么都没有说清楚，究其原因，还是阅读视野狭窄，读到哪里阅到那里，做不到读一处而阅全体。在生活中，我们都有这样的体验，当我们只关注自己那一点利益时，总是看不到这个世界有多大，更理不清楚生活本身的运行规律，遇事总说不清楚来龙去脉，只是纠缠于自己所关注的那点东西，钻进去出不来，分不清孰轻孰重、谁主谁次，心中一本糊涂账，他人更是无法理解。只有跳出自己的局限，心中怀着所有，眼里看到全部，才能发现哪些重要、哪些次要。复述也是如此，如果我们读到一处，心中也只有那里，眼里永远只有一个点，那便会认为每一个点都是重要的，于是所有都是重要的了，我们再回过头来抓重点的时候，发现什么都是重点，又发现什么都不是重点，因此复述起来，就会什么都想说，又不知道怎么说，于是很多情况下就是把文章内容从头到尾复述一遍，自然不是真正的复述，而是内容的重复。又想到我的课堂，同学们阅读"僧"时，眼里只能见僧，阅读"讲学家"时，视野独及"讲学家"，阅读"老河兵"时，心中唯存"老河兵"，就不足为奇了。

古代经典的教学，重在阅读兴趣的引导。所谓经典，就是可以用来作为典范的作品，其思想深邃，可以作为示范和引领。在短短的课堂上，学生无法完成对思想的完全领会，无法完成对情感的彻底领悟，于是教会学生认知和了解经典，让他们去自主阅读、自主领悟就显得尤为重要，唯有在自主阅读中去慢慢领会，去深深感悟，方能汲取经典的精华和深邃。我想，在经典教学的语文课堂上，要做的就是注重对学生阅读经典的兴趣的激发，学生对经典产生兴趣了，自然就会去进一步学习和了解，进而走进经典，触及经典的灵魂。当然，兴趣的激发，可以从故事引领、文化引领、趣味引领三个方面进行，引领学生去发现经典之中故事的精彩，引领学生去了解经典之中文化的魅力，引领学生去体会经典之间趣味的生动，培养学生对经典的阅读兴趣，为学生进一步阅读、了解和研究经典提供足够的时空，语文经典教学才把握住了本质，坚持了初心。

培养更加深入的思维，才是语文教学的深层目标。最适合培养学生思考和发现能力的，非语文学习不可！文学作品的可挖掘性的特点，决定了语文文本含义的深刻、解读方式的多样、品析角度的丰富，这给学生思考留下了广阔的空间。语文，总是和生活、生命联系在一起，总是和文化联系在一起，语文教学就是要在语文中思考生活、思索生命、思辨文化。唯有思考得深入，生活才有恍然彻悟；唯有思索得深刻，生命才会洞然精彩；唯有思辨得深沉，文化才会延续传承。思维，不是自然学科的专利；

经验，也不是语文学习的不二法门。在现实中，我们不能把思维和语文学习脱钩，语文教学需要发现生活的本质，需要探求生命的本能，需要追寻文化的本源，更需要触及灵魂的本真。灵魂是属于深层次的，需要思维的深入，因此语文教学的深层次，必然要伴随着思维的深入，没有思维就没有语文教学，没有思维的深入，就没有语文教学的深层次。从上述这一点来说，我在课堂上让学生寻找不合常理之处，让学生发现幽默诙谐之处，也算是思维深入的尝试吧。只可惜，疫情防控的需要，课堂上不能安排学生进行面对面的交流讨论，少了思维的碰撞，智慧的火花自然黯淡了不少。

"所以闭柴荆，微言终日阅"，纪晓岚在他的草堂居室里的所阅之微、所记之微，带给我们的却是课堂之大、语文之深。

从"死去"到"去世"的"尊重"解读

今天开始学习《散步》。

开始，有同学主动读课文，她读的声音、节奏、情感都很不错，我也很用心在听，到了第三段，"今年的春天来得太迟，太迟了，有一些老人挺不住，在清明将到的时候去世了"，我突然一惊，马上意识到"读错了，读错了"，可是班上的同学没有丝毫反应，这不合常理啊！平时课堂上，同学们都是带着挑刺的心态去听其他同学的回答，去看其他同学的表现，只要同学的回答和表现稍有不妥，大家就会立即指出，并且指出的声音一个比一个大。

奇怪了，明明刚才这位同学读错了两个字，怎么班上一片平静呢？我忍住自己，没有打断她的朗读，可是心里一直在纳闷，直到她读完。

我决定弄清楚原因！我告诉同学们，我也有喜欢的段落，我最喜欢的是第三段。于是，我开始朗读第三段："今年的春天来得太迟，太迟了，有一些老人挺不住，在清明将到的时候死去了……"

"老师，读错了！""老师，读错了！""老师，读错了！"……班上一片哗然。

"啊？读错了？"我一脸惊愕，我再看看这句话，我的课本上明明就是这样的呀。

"是的，错了，错了，真错了。"一个男同学大声地说，"不是'死去了'，是'去世了'……"

我顿时大悟，可能是我的教材和他们的教材不一样！提前备课的缘故，我一直用的是去年的教材，同学们手中的教材是最新的，很可能是最新的教材在审定时，对这句话做了修改。

我突然意识到，这不就是一个很好的切入点吗？于是，我问大家：
"为什么要改成'去世了'呢?"

　　"改成'去世'更好听一些。"一个同学马上回答。

　　"好听一些?"我问道，全班同学开始笑了。

　　"'去世'怎么还能好听呢？是委婉一些!"另一个同学立即补充道。

　　"是的，同学们，'去世'和'死去'表达的意思相同，可是语体色彩
不一样，'去世'是书面语体，在庄重的场合使用，更能体现对逝者的尊
重，而此处使用'去世'是否更恰当一些呢?"我提出问题，同学们开始
交流讨论。

　　很快，就有同学举手发言，有的同学说，写老人，当然要尊重，所以
用'去世'更恰当；有的同学说，后面写到了生命，对生命当然要尊重；
有的同学说，作者的母亲差一点也没能熬过来，作者对生命充满了尊重，
所以'去世'更恰当；有的同学说，挺、熬都是一个艰难的过程，这一过
程一定是庄重严肃的，不是一个随便的场合，所以'死去'肯定不恰
当……学生的发言出乎我的意料，我更加坚定，这的确是一个很好的教学
切入点。学生的关注点能集中到"尊重"上，我想这篇文章的教学目标也
就基本落实了。

　　其实这篇文章要表达的一个主题就是尊重，对生命的尊重，对家人的
尊重，对善良、谦让、和谐、责任的尊重和赞美。我的"正因为如此，才
应该多走走"令母亲信服的劝说，是尊重；母亲"现在很听我的话"，是
尊重；"春天总算来了"，我对母亲又熬过了一个严冬的如释重负的惊喜，
是尊重；"我和母亲走在前面"，我对散步前后顺序的安排，是尊重；妻子
"在外面，她总是听我的"，是尊重；我想找一个两全的办法，是尊重；我
最后决定走大路，委屈儿子，也是尊重；母亲最后改变主意，决定走小
路，更是尊重；并不算重的母亲和儿子，我和妻子背起来，却是慢慢地、
稳稳地、仔细地，依然是尊重……

　　如此看来，文章字里行间透露出的，是满满的尊重。关于这一点，作
者在重庆举办的一次作文大赛上回答"你的《散步》，是写尊老呢，还是
爱幼？或者既尊老又爱幼?"时这样说："看起来当然是既尊老又爱幼，其

实我骨子里是想写生命。我说写生命，不是故作高深。先说说这篇文章的写作背景吧，文章写于1985年，我父亲刚去世，照料他多年的母亲似乎一下子给抽掉了生活目标，身体状况变得很复杂。我有个弟弟是医生，私下跟我说，母亲处在丧偶综合征中，这是一个微妙的阶段，必须谨慎度过，最不能缺的就是子女的陪伴。那次散步，就是一次陪伴。而与陪伴相伴的，就是对'生命'这个命题的感受和思考。"

结合作者所谈的背景，很显然，这种"对生命的感受和思考"的一个主要内容就是"尊重"！再回到文中，"死去"指的是那些在严冬中没能挺得住的老人，而我的母亲曾经也在这群老人的行列，只是最后她艰难地熬过来了，我对母亲是尊重的，当然对这群曾经和母亲一样的老人也是尊重的。

此时，一个冰冷的"死去"在文中出现，对尊重，对善良，对和谐，当然都是不妥的！所以，对他们没能挺住，用"去世"更为恰当！

当然，这同样也是一个很好的培养学生质疑精神的时机，我想，此时完全可以让学生明白，作家写文章也可能有不当之处，作家的文章也好，专家的结论也罢，都不一定是完全恰当的，我们要敢否定，敢质疑，如此才会有创新！

从容的课堂需要自信和尊重

　　赵老师因为即将有一节县级公开课，所以今天在学校里先试上，想让大家提提意见。赵老师很年轻，入职不到两年，能有这样一个县级公开展示的机会，着实难得，她也分外珍惜，这足以能预见她的成长了。

　　她是我工作室的成员，我自然是带着任务来听课的。她上的是小学二年级的课，在低年级的课堂，总会有很多意想不到。每有听课老师走进教室，都会有好几个学生站起来，大声呼喊"老师，来我这儿坐，老师，来我这儿坐……"，这与沉闷寂静的小学高年级课堂形成鲜明对比。我走进教室也不例外，我没有坐到任何一个大声呼喊的同学旁边，怕是满足了一个孩子而伤害了更多的孩子。坐下后，我发现教室后面有一盏灯不亮，于是我走到黑板旁问赵老师，为什么后面灯不开，她说那盏灯坏了，总是一闪一闪的，所以关了。我顺手按了开关，发现灯又正常了，"这下不闪了，这下不闪了"，一个小女生高兴地嚷嚷着，她的同桌立刻说："校长有多迈劲（方言），他来了，灯竟然不闪了呀！"我装作没听见，心里在想："这灯闪不闪和我有啥关系呀？但愿孩子的话是她童心的自然流露！"

　　赵老师上的是《蜘蛛开店》这一课，教学中，她主要确定了"读书、认字、讲故事"三个目标，让学生自己说认字、记字的方法，运用自由读、个人读、领读、齐读等多种读书方式，课堂上书声琅琅。她绘制思维导图，从学生和蜘蛛两个角度讲故事……这些达成教学目标的方法恰当，效果明显。对于一个年轻的老师，这堂课无论从哪个角度说，都是一堂非常不错的课，有亮点，精彩，让人印象深刻，但这次的县级公开课是作为一堂研讨课例来安排的，自然要有值得研讨之处，所以发现不足以供研讨交流，应该是主要目的之一吧，于是课后我还是和赵老师交流了不少可以改进的地方。其实我也是诚惶诚恐，因为小学语文的课堂教学，我实在是不熟悉更不内行，不过，我还是相信，小学也好中学也罢，天下语文都是一家，所以也就敢于壮胆来对赵老师的课进行评和议了。

我认为一堂好课，应该是娓娓道来的，是不紧不慢的，应该能让听者在轻松惬意的环境中有所收获，得到享受，绝不能让听者高度紧张，应接不暇。亮点应该像散落的珍珠一样俯拾皆是，而不是听过之后，需要将一遍甚至更多遍才能明白思路和过程。那么，教师怎样娓娓道来呢？

我想，这娓娓道来应该是来自老师的高度自信。自信才会从容，才能对教学过程、对课堂有充分的把握，自然也就不慌不忙了，相反，教师对这也没信心，那也没把握，课堂上自然满是焦虑和担心，于是就会出现避重就轻，沿着自己的设计思路急着往下课时间赶的现象。

这娓娓道来还应该来自对学生的尊重，对课堂的尊重。尊重课堂，尊重学生，就能放手任课堂自由发展，做到收放自如，不放过任何一个细节，而课堂的精彩往往来自细节。一旦把更多的时间留给课堂，留给学生，老师自然就静了下来，静下来才会有深沉的思考，才会有更牢的掌控，才会显示出课堂的成熟和底蕴，否则老师夸夸其谈，讲得再好，也是在满堂灌，将学生放到一边的课堂绝对是吃力不讨好的。赵老师的课上，有一个学生多次答到"蜘蛛后悔"，老师没有注意，我想如果能把这一细节抓住加以体会，同样会有精彩出现。

其实，自信也好，尊重也罢，都是来自老师的厚积累和深储备，厚积累才能薄喷发，一厚一薄，方能应对自如。因此，我们一线老师要做的，就是通过阅读对知识加以积累，通过实践对能力加以积累，通过记录对经验加以积累，通过反思对教训加以积累……如此，我们的课堂才会有可能充满自信，才会有可能彰显尊重，才会有可能娓娓道来、不紧不慢，才会有可能亮点纷呈、精彩不断。

放慢在文字上行走的脚步

旅游大抵如此：每次出游，导游总会先把要游览之地做一番介绍，对其景、事、人等极尽渲染之能事，给人无尽的期待。人未至，景已知晓。可我们绝不会至此就不去游览了，因为最有意义的不是我们知道了其景其事其人，而是我们在游览的过程中去感受景的美、事的奇和人的名，没有这个过程，旅游又会有什么意义？

语文课堂教学同样如此！课堂上，我们语文老师又何尝不是一个导游？我们只告诉学生文章写了什么，只告诉学生人物是什么样的，只告诉学生情感如何，而不带着学生去揣摩文字写了什么，不带着学生去感受人物是什么样的，不带着学生去体验情感如何，这样的课堂又会有什么意义？

《触摸春天》是统编教材小学语文四年级上册的一篇课文，讲了一个春天的早晨，盲童安静欣赏感受春天让人感动的故事。故事简单，却蕴含了较深的情感和道理。课堂上，我们当然要告诉学生盲童的内心世界是多姿多彩的，盲童对生活是热爱的，谁都有权利创造一个属于自己的精彩世界……但是，如果只告诉学生这些结论，是远远不够的。我们说出这些结论时，或许是带着情感告诉学生的，或许这些结论本身就蕴含着情感，可是我们的这些情感能否传给学生，能否让学生也能带着情感说出来，需要我们反复自我告诫，毕竟老师的情感体验不能完全等同于学生的情感体验！否则，就是情感的强加，强加就是课堂教学的霸权主义！

当我们放低身段，蹲下来和学生一起读课文时，我们不难发现，盲童的内心是乐观的，因为她虽是一个盲童，但是她并没有视自己为一个盲童而闭门在家闷闷不乐，而是整天流连在花香中，穿梭在花丛里，这一穿梭一流连，我们仿佛看到了她快乐的奔跑，听到了她爽朗的笑声，这种乐观是何等让人难忘！

我们不难发现，盲童的内心是善良的，因为她用双手拢住了一只蝴蝶，她知道那只蝴蝶的存在，她也一定知道蝴蝶害怕人的惊扰，她同样也知道自己多么渴望能亲手触摸蝴蝶，她本该急切地用手去抓住这只蝴蝶，可她知道，这样会伤害蝴蝶，会让蝴蝶变得和她一样残缺不全，于是她不忍心，善良让她拢起了双手，蝴蝶似乎也被这一善良所感动，睁着眼睛任由盲童拢在手中，这一幅善良的画面在我心中定格！

我们不难发现，盲童的内心是自信的，在她这个凡事都需要他人帮助的年龄，她拒绝家人的陪伴，在春天的深处，感受着春光。这种拒绝不是一时的兴起，而是长期坚持下的一种自信，一种赢得了家人信任的自信，当她放飞蝴蝶的瞬间，她扬起头来张望，自信真的让她看到了蝴蝶飞翔的弧线，如此优美，我们还有什么理由不相信，终有一天她也会像蝴蝶一样美丽地飞翔？

我们不难发现，盲童还是辛勤聪慧的，她虽不能用眼睛观察花草树木，却用她的鼻子闻着花香，凭着对花香的识别，能够在绿地上、花丛中，自由地穿梭流连，能够准确地将双手伸向一朵月季花，这需要她平时多少辛勤的尝试、多少用心的记忆啊！

经历了这样的一个阅读过程，体验了盲童的乐观、善良、自信和聪慧，学生的内心世界也跟着多姿多彩起来了！

阅读是一场在文字上的旅行，我们虽然渴望到达旅行的目的地，但更应该去享受旅行的过程，所以，语文阅读，我们不能只告诉学生阅读的目的，更要放慢在文字上行走的脚步，和学生一起去发现风景，去体验真挚，去感受美好，去热爱生活！

感动，让行走蓄满能量

勤老师要外出三天参加培训，由于这三天她的课不少，经过安排后，还有一节课不好落实，我就主动帮她承担了下来。

一直以来，我都从事初中学段的语文教学，小学的课我听过不少，对小学语文课堂自然有一些了解，但这都是基于坐在讲台下用审视的眼光所做的了解，想想即将站在二年级的讲台上，心里还是有些期待的。

勤老师已经准备好了当堂的作业，让我发下去，下课前再收回来，我只是维持课堂纪律而已，所以也就没有花时间去刻意准备。上课时间到了，我站到了讲台上，学生们一阵兴奋，我一声"上课"后，学生"老师好"的喊声大而整齐，足可以听出孩子们的兴奋！还没等我把来上课的原因说完，孩子们对我所说内容的重复声、补充声此起彼伏。我说勤老师外出了，学生马上你一言我一语地补充起来，有的说勤老师去学习了，有的说勤老师要出去三天，有的说勤老师昨天下午走的，有的说勤老师下星期一来上课，有的说勤老师的上一节课是芳老师上的，有的说勤老师要坐火车去很远的地方……孩子们一句一个勤老师，言语间所流露出的那份童真的依恋、亲切、自豪，让我感动！

我提高声音，把大家的踊跃发言压住了，为了保持课堂安静，我强调了课堂纪律，"请大家在课堂上不要说与课堂无关的话"，我话音刚落，就有一个同学大声说"老师，我没有说话"，紧接着，"老师我也没说话""老师，……刚刚说了话""老师，……刚才也说了话"……孩子们似乎都在表明自己没有说与课堂无关的话，其实他们刚刚说的又有哪一句话与课堂有关呢？类似这样在课堂上积极展现自己认真守纪的表达、举动，不断出现，我也知道，孩子们其实并不是不守课堂纪律，仅仅是为了让我注意到他们的各自表现而已，可有时候着实让我难以应付。小学低年级的孩子的课堂表现与初中孩子的课堂表现是有差别的，我对初中的课堂可以说是适应有加，应对自如，可对小学的课堂还真的难以应付。本学期由于人事调整等工作安排，忠老师改教小学课程，莹老师和珍老师既带初中课程又带小学课程，他们也一定经历了或正在经历这样一个适应的过程，我却从没有听到过他们的一句埋怨，他们在工作和生活中所表现出来的那份宽容、善良、责任，让我感动！

发下去的作业，孩子们很快就做完了，有的同学交了后提出，能不能从图书角借书看，我说当然可以，于是一下子拥过来好几个孩子，我让他们排好队，这时又有三个孩子跟我说要当图书管理员，三人都很急迫，势在必得，我不知道要选谁，就随便点了一个同学，她屁颠屁颠地坐到了书柜旁边的凳子上，另两个同学一脸失望，我只好装作没有看见。很快，两人中的一人又来到我身边，"老师，那下堂课让我当管理员"，她说得如此恳切，我当然没有理由拒绝，点头应允，这时第三个孩子也按捺不住了，只见他气呼呼地向我走来，我心里在盘算着，他一定是也要申请下节课当管理员，我该怎么回答呢？"老师，那我马上用抹布擦图书行不行？"他的请求出乎我的意料，我还有什么不答应的理由呢？或许是孩子的天真感染了我，一个回答蹦了出来："嗯，你主动做累事脏事，是个男子汉！"只见他一蹦一跳地去拿了抹布，在书柜边忙碌着，头也不抬。"老师，我去整理图书。""老师，我去把柜子下面扫干净。""老师，我去把旁边的书再放上去。"……不断有孩子请求任务，考虑到图书角空间小，人多了拥挤不安全，我一律都没有答应。我突然意识到，孩子又何尝不是我们成人的一面镜子？当我们收到一份份工作文件时，当我们接到一个个工作任务时，不管是该做的或是自己认为不该做的，总是少不了埋怨、牢骚、推让，实在是鲜有主动的请求和担当！这样想来，师者，传道，绝不是我们面对孩子时的苦心言传，更应该是我们背向孩子时的用心身教啊！

……

这一切，都让我感动，让我的行走蓄满了能量！

给朗读减减负

　　"语文报杯"全国语文课堂教学大赛结束有一段时间了，可是关于比赛的记忆并不曾结束，三天，十五节课，内容之丰富，质量之上乘，反响之热烈，前所未有。古诗教学的典雅优美，写作教学的实用有效，文言教学的深刻透彻，现代散文教学的动情感人，选手的博学从容，扬中学生的睿智活跃，观众的勤学热情，评委专家的履职尽责……仿佛活动中一道道美丽的风景，犹如课堂上一幅幅精彩的画卷，多少次让我由衷感叹：语文，如此美好！

　　语文的美好，语文课堂的美好，在于朗读！关于这次活动的记忆，我最不能忘的，也是朗读！

　　拖长声音的朗读，让《关雎》充满了欣喜；缓急交替的朗读，让《茅屋为秋风所破歌》透出了焦急无奈；蓄满情绪的朗读，让《钱塘湖春行》带着自豪骄傲；自由圈画的朗读，让《小石潭记》露出了丝丝凄凉；慷慨激昂的朗读，让《富贵不能淫》彰显了大丈夫的顶天立地；自由选择内容的朗读，让《背影》承载着愧疚和泪水；一字一顿地朗读，让《昆明的雨》下出了怀念和乡愁；快速跳跃的朗读，让《社戏》唱出了善良和淳朴……

　　朗读之于课堂，之于语文课堂，之于语文，如衣食住行之于生活，花鸟虫草之于自然，既不可或缺，又增添了无限美好。对于这或缺和增添的拿捏，是需要智慧的，否则，一旦我们赋予其随性、肤浅、俗气和花哨，我们的语文课堂就会失去光彩和美好。

　　基于此，再回首这十五堂课，回首每堂课里的朗读，不难发现，对这"或缺"和"增添"分寸的拿捏，不都是十分到位的，如"范读—自由读—齐读"的呆板方式，让不少课堂雷同而丧失了个性；如"一段一方法，一句一语气"的过细过琐地指导，让学生变得无所适从；如不恰当的无原则的示范朗读，反而给学生带来了理解的障碍；如不问三七二十一上来就朗读的安排，让朗读的目的性、科学性丧失殆尽；如"读出起承转合的味道"的朗读要求，更是显得蛮横和不切实际……正因为分寸拿捏不准，朗读不但没能成为课堂上的风景，反而大煞了课堂上的一道道风景，实在是事与愿违，吃力不讨好！

朗读，作为一个语文课堂的要素，是需要我们用心去实践的！

应有明确的朗读目的。对目的的明确，就是对过程的决策，凡事皆如此，目的不明确，过程自然是反复无常，拖泥带水，目的明确了，方向清晰了，过程一定会明朗起来，语文课堂的朗读亦如此。语文课堂的朗读，哪怕只是朗读一句话、一个词，有时是为了引起学生对文字的注意，有时是为了更深入的研讨交流，有时是为了揣摩人物的内心情感，有时是为了整理文章的思路和结构，有时是为了检验理解的效果……凡朗读皆应有目的，这样的任务指向才是合理的、必要的、科学的。否则，漫无目的的、动辄就来一通的朗读，只能成为一种表演，只会让语文课堂变得华而不实。

指导应简洁明了。所谓指导，重在"指点"和"引导"，即三言两语明确方向和思路。对朗读的指导，应从采取的形式、使用的方法、指向的任务等方面，加以说明和强调，既要三言两语，体现简单干脆，又要一语中的，说得明白清晰。因为，太复杂的朗读指导，不仅不能让朗读有效进行，还会让学生无所适从。如教学《茅屋为秋风所破歌》这首诗，老师指导朗读时，强调既要读好所有的动词，读出轻重缓急，又要读出气势，读出层次，既要读出环境的恶劣、事件的发展，又要读出人物的处境、诗人的情感，既要自由读、个别读，又要集体读、分组读、男女竞争读……朗读贯穿课堂没错，但学生开始是小心谨慎、手忙脚乱，到后来无所适从、机械附和，这样的朗读让古诗形式的自由美、古诗文字的凝练美、古诗情感的自然美完全丧失，有悖于古诗教学的初心。

重视老师的示范朗读。示范是最好的指导，我们知道，对方法、形式、目的的说明更多的是理论的宣讲，而理论最终是要靠实践去检验的，示范就是最有效的实践检验。有些语文老师总是不厌其烦地分析朗读要注意些什么？采取哪些方式？脱口而出一二三四条，似乎学生记住这些条条框框，就能放之四海而皆可应对了，其实不然，殊不知这些空洞的条条，之于如何把有形的一段段文字变成有声的一阵阵吟诵，并无明显的作用。相反，往往是老师的一两句脱口而出的示范，恰恰切中了要害，让学生眼前一亮，豁然开朗，所有关于朗读的语气、停顿、重音等难题迎刃而解，胜过无数次的条条框框的理论指导。因此，我们语文老师的课堂朗读指导，要做的就是把自己从大量理论指导的烦琐中解放出来，把那些无效的理论指导的精力省出来，用在自身的朗读训练上，提升自身的朗读水平，努力做到课堂上张口即示、出声即范，尽显出语文老师的魅力，尽显出语文课堂的魅力。

当然，课堂朗读还要适时进行。需要时，毫不犹豫，不需要时，惜声如金。那些机械的、不加区别对待的，课堂一开始就安排自由朗读的行为；那些课堂上只要与老师的预设出现偏差，就安排再朗读的行为；那些老师一认为课堂气氛不够热烈，就安排放声朗读的行为，都是应该摒弃的。因为并不是所有的文章都适合一开始就进行朗读，并不是所有的朗读都能掩饰住课堂的瑕疵，并不是所有的朗读都能活跃课堂的气氛……尤其是那些年代久远的文章，其语言形式、表达习惯等都与今天有很大的差别，学习这样的文章，首要任务是读懂文意，而读懂文意是需要读思并行的，因此此时最好的方式不是朗读，而应是默默地带着思考去读。

其实，语文课堂的朗读，谈要明确目的、指导简洁明了也好，论老师示范、适时进行也罢，无外乎是我们感觉到了今天的语文课堂朗读所肩负的任务，所承载的重担太多，需要给朗读减减负。

艾略特曾说过"言辞在重负之下，会损伤、迸裂，有时甚至会破碎"，语文课堂的朗读又何尝不是这样，我们不希望学生只听到语文课堂上那些有声的朗读，更希望他们听到朗读背后的那些无声的经验、见解、情感、享受和真意。

古诗教学一定要"古"起来

郑老师今天进行公开课教学，课题是《己亥杂诗》（九州生气恃风雷），六（1）班的孩子上课比较活跃，可是今天课前表现得有些安静，又透露出一丝紧张，大概是看到后面坐着许多听课老师的原因吧。

郑老师从"说说自己喜欢的古诗句"开始，好几个同学都说出了自己喜欢的古诗句，并且谈了自己喜欢的理由，或稚嫩，或老道，或肤浅，或深刻，接着郑老师出示了自己喜欢的两句诗"落红不是无情物，化作春泥更护花"，引出了龚自珍，自然就导入了新课，语文因素明显。一堂课、一首古诗、四句28个字、六年级的孩子……怎么把这些很好地融合起来？我对这位曾经获得过部级优课荣誉的老师充满期待！

郑老师从读出诗的韵味切入，她在学生自由读的基础上，进行了具体而有效的指导，明确提出"一、二两声的字要读得长而轻，三、四两声的字要读得重而快"，通俗易懂，经过她本人的示范，学生很快就读出了状态，尤其读到"究可哀"时，对"哀"的读音长而慢的处理，真让人体会到了一股悲哀，仿佛诗人在不满而无奈地哀叹！释诗义和品诗情两个环节，郑老师是同时进行的，她着重用图片形式介绍了时代环境，通过一系列问题的引领，带学生理解了诗歌的含义，体会了诗人的情感，可能考虑到是六年级的孩子，她没有做过多过深的分析，但诗歌的内容和诗人的情感学生都能把握。最后，郑老师把教学落脚在朗读上，采用了师生分读、男女生分读、播放录音等形式，再次引导学生在读中去体会去理解，实现了当堂背诵的目标。于是感叹，不愧是部级优课获得者！

古诗教学，小学也好，中学也罢，有些东西是应该要关注的，就是要让教学"古"起来。

"古"的文化，即优秀传统文化的教育和传承。古诗流传下来，特别是那些经典诗词，更是优秀文化的流传，也是民族精神的流传，因此在古诗教学中，要善于发现诗歌中所蕴含的文化因子，我想这就是在古诗教学中的不忘初心，否则我们对古诗的教学又有什么意义？只要我们用心去读，用心去品，在每一首古诗中我们都能发现民族文化因素，只要能抓住这一点，学生就能得到民族文化的熏陶，古诗教学就能循其本了。龚自珍的《己亥杂诗》中，最突出的民族文化因素当然是天干地支纪年法，恰好今年又是己亥猪年。六十年一甲子，时间已经过去三甲子了，而天干地支纪年仍在我们生活中得到很广泛的运用，书画创作、日历钟表等经常涉及。其实有很多人并不知道具体是怎么回事，我想如果能在教学中照应到这一内容，是有必要的。

"古"的内容、情感和方法，即知人论世。结合诗人的人生经历和生活的时代背景，去理解诗歌意思，去体会诗人情感，是唯一的科学的方法和途径。古诗教学，最不应该做的是用我们今人的见识、经验、想象和思维，去教古诗，去读古诗。教古诗，要突出"古"，用"古"的方法，去教"古"的内容，去体会"古"的情感。"古"的内容就是诗人的人生经历和时代背景；"古"的情感，就是那个特定背景下，诗人的个人悲喜和家国情怀；"古"的方法，就是发自内心的或仰天长啸，或低首吟诵……在这首诗中，诗人的情感何止是哀，对社会齐暗的不满，辞官后仍心系国家的爱国情怀，对社会变革的热切期盼，都是我们在诗句背后读出来的东西。

"古"的教学过程，即古诗教学过程一定要简洁。诗是凝练的艺术，诗句是高度的概括，我们教学古诗时要凝练而概括。所谓凝练，就是要尽可能抓住有价值的字词，提出有价值的问题，来统领教学过程，问题少，留给学生的思考空间就会多，这样才能让阅读更加深入；如果教学过程中有过多散乱的问题，过多的破碎的字词，只能让学生无所适从，走马观花，无法触及古诗的核心。由此可见，古人"两句三年得，一吟双泪流"，写出了这一首首经典的诗词，我们在教学这些经典时，自然也要"吟安一个字，捻断数茎须"。

古诗教学，需要"古"起来，应该少一些现代的因素，这样方能循其初心，寻其本源，实现教学的核心目标。

关闭自身的明亮，让周围星光闪耀

生活就是这样，总会有这么多的"没想到"！

回首过去的三个月，没想到，生活中会有这么多的琐事，工作中会有这么不少的纠结，没想到家庭中会有这么些许的变故。

也没有想到，这么长时间居然没有写出只言片语，居然没有抓起毛笔临摹一个碑帖。

同样没有想到的还有，利用阳光云课录课之余，顺道拜访辛老师，在我对自己的处境迷茫和懈怠之时，他竟然细数出了我身上的许多优点，给了我莫大的慰藉和鼓励！

最让我没想到的是，学校第一堂公开课由宋老师执教！

开会，督促，再开会，再督促……经过两个星期的安排，新学期校内公开课终于开始了。

宋老师是一位五十多岁的老教师，所教学科是化学。于学科，于年龄，于目的……都没想到！宋老师的课是在实验室进行，实验室在综合楼一楼，清净整洁，来去方便；课是上午第三节，介于忙碌的早晨和饥饿的中午之间，师生精力充沛，轻松自由；学生是初三学生，他们正处于思想活跃、想法奇特的年龄，表达自由，思想精彩纷呈；内容是"空气的测定"，与我们的生活相关得不能再密切了，学生充满好奇，想一探究竟……于是，我一直充满了期待，期待听课的老师济济一堂，有化学、生物、物理、数学老师，也应该有语文、道德与法治、英语、地理老师，就是音乐、体育、美术、信息技术学科老师来了，也是不足为奇的！

可是……

宋老师从生活体验入手，开始了课堂教学，讲解、实验、强调、板书……着重演示了测定空气的实验过程，操作具体规范可行，现象明了清晰可见，结论确凿科学可信，知识得到了宣讲，过程得到了展示，任务得到了落实。我有了新的了解和认知，有了新的体会和感悟，我想，学生也一样，他们的了解、认知、体会和感悟，一定比我更充分、更深刻、更切实！

没想到，一个化学老师，如此重视文本。多年来，一谈到对文本的把握和解读，一些老师认为这是语文学科的事，无论从考试的内容，还是学生的反馈，抑或是老师们的谈论中得知，数理化等理科学科的教材越来越简单了，强调关注教材似乎成了理科学习之痛，没有课外资料的补充，理科的教学好像已经无法进行了，于是在理科学习过程中课外资料慢慢成了主体，教材被搁置一旁，甚至出现了完全抛开教材的课外学习辅导班。姑且不论课外资料的学习能否形成一个有效的体系，单就把教材搁置一旁来说，绝不是科学有效的做法，因为教材永远是一个范本，即规范的原本，其他一切都是由这个原本发展而来的，根深蒂固方能枝繁叶茂。我想，宋老师在化学课上如此强调教材的重要性，就是在做培根固本的事情，他教学上的枝繁叶茂、花香果硕的季节一定会很快来临。

没想到，作为一个化学老师，如此重视语言表达。宋老师在课堂上，多次要求学生把现象讲出来，把过程说出来，把原因阐清楚，把问题论明白。老师的教学，最直接的就是用语言表达的方式去告知，因此语言表达永远都是重要的。现实中有些老师把语言表达看成是语文老师的事，看成是语文课的要素之一，经常会听到用"某某老师讲课不行，但做题厉害"去评价一个非语文学科老师。其实作为老师，讲课不行，其他方面再厉害又有什么用？因为教学不是代替而应该是传授，传授是需要语言表达的，是所有学科都需要的，否则，"只会作图，而说不出过程""只会其然，而说不出其所以然""只会得出结论，而说不清楚原因"的现象就会一直存在下去，我们的教学就会变得肤浅，学生的成长发展自然也会受到影响。

在这个纷繁复杂、快节奏的时代，我觉得眼光应该停一停，否则一转身就流逝了；我觉得嘴角应该顿一顿，否则一转身没来得及谈论就错过了；我觉得脚步应该慢一慢，否则一转身没来得及等待就失去了……本不该如此的一堂课，一堂化学课，一堂老教师的化学课，却停住了眼光，顿下了嘴角，慢下了脚步，让课堂变得如此从容而充实，不仅带来了许多的"没想到"，也倾注了挽住了留下了很多很多。作为一个老师，一个语文老师，一个比宋老师年轻的语文老师，我能做的只有学习、看齐！

柏格森认为，人类智力的主要功能是穷究事物的奥秘，了解对象就像它们在现实世界中所是的那样，深入事物的本质。人类智慧一直在随着进化过程的发展而超越自我，跳出自身，进入对象的世界，并了解它们，这是人类智慧存在的理由，是不可阻挡的。

由此看来，我们在生活中，之所以会出现"没想到"，是因为我们对生活了解得还不够深入，还不能跳出自身，超越自我，进入生活深处。我们要做的就是，关闭自身的明亮，让周围星光闪耀，这样我们才能看清真正的生活，才能发现那些想不到的东西，也就不会出现"坐在一条小船上，漂在海上，靠在桅杆上，观看轻轻起伏的波浪，打开相机，拍下一张大海的照片，然后宣称"这就是大海"这样肤浅的认识了！

老师写好的文章，读读又何妨？

前不久我们班举行了一次综合性学习活动，其中有一个环节是介绍自己的村子。活动过程中，九个小组分别派一名同学介绍了自己的村子，结果九个村子一样，都是干净美丽、绿水青山、交通方便、房屋整齐，距离我的"听了介绍后，没去过的人一看到你的村子马上就能认出来"的目标，相差甚远。

为了给同学们一个"介绍要突出特点"的引导，第二天课堂上，我把自己写的一篇介绍家乡的文章，读给同学们听了，只希望他们能从中了解如何介绍一个事物。起初，我还担心我的文章由于是成人的眼光，回忆的内容能否吸引他们，甚至能否让他们坚持听下去，更不敢想到底能给他们在写作上有多大的指导！

我的文章是回忆家乡的萝卜，刚开始读到"为了证明自家萝卜的上乘质量和好的看相，连同萝卜叶子也一起带到市场，现割现卖"时，就有同学说"我爷爷这两天卖萝卜就是这样的"，我并未太在意，继续读。"每年总有一段时间，萝卜就成了餐桌上唯一的常客"，我这句话还没有读完，立即有同学大声说"老师，我已经吃了好几餐萝卜了"，我开始意识到我和学生虽年龄差距不小，可是对文字的感觉还是有相通之处的。

随着朗读的进行，勾起他们真切回忆的、引起他们情感共鸣的地方越来越多，学生的反应也愈加强烈。"为了看地下萝卜长什么样，一次次拔起萝卜又扔掉"的童年经历，"拔出萝卜带出泥"的切身体会，"用镰刀割去萝卜茎叶"的方法，"空心萝卜切开后，呈不同形状"的共同体验……无不引起课堂上阵阵骚动。"秋天的萝卜赛人参"得到了不少同学的附和，"吃多了，在公众场合会有伤大雅"的表达，更是让大家哄堂大笑，同学们最认同的是各种萝卜的美味：素炒萝卜的清淡，青菜炒萝卜的甘甜，肉烧萝卜的香润，萝卜丝的嫩，萝卜条的脆，萝卜丁的酸……都让学生竖起了耳、扬起了鼻、瞪大了眼，仿佛他们都曾有过类似的经历。最让他们难忘的是那馊了的半瓷缸的萝卜，让很多同学陷入了沉默……我真的完全没有料到，一篇文章引起了同学们如此大的共鸣！

此后几天，同学们整天纠缠着我，要再听我的文章，究其原因，或出于对我少年生活的好奇，或出于对我家乡的了解，或真的出于对我写作方法的借鉴，或出于没有理由的附和……

我拗不过他们，转念想，文章既然已经写好，如此一读，既能进行写作的指导，又能加强情感的交流，读读又何妨？

于是又陆陆续续读了几篇写家乡的文章，学生的反响依然热烈。读到"跟猪去挖笋""因开关线弹到电扇叶片，而不敢开电扇"时，班级笑声一片；读到"梅干菜里的肉入口即化""青菜炒萝卜的嫩、香、甜"时，学生的饥饿感溢于言表；读到"肉烧萝卜馊了又舍不得倒掉""裤子屁股上打了补丁，被身后同学指指点点"时，班上一片寂静……我忽然明白，这大概就是学生爱听我的文章的原因了吧！即使身处不同的时代，文章却能引起他们的共鸣，文字中透露出的真实、诚恳，能让他们感同身受。

我又想起读文章的初衷，只是想给学生在写作上一些引导。看着他们"纠缠"的样子，看着他们入迷的情景，我的心头涌上一丝担忧：这样下去，到底能不能实现我的初衷？这是不是一种恰当的引导方式？于是，我也就又有了关于写作的思考。

对写作的学习，应该始于喜欢和期待。日常教学中，我们都曾有过这样的经历，每次布置作文，班上总是唉叹声、责怪声、不情愿声连成一片，仿佛写作是一场人生磨难，充满了怨恨、恐惧、躲闪和逃避，不到迫不得已的最后一刻，誓不动笔，这种状态下写出的文章，自然除了简单陈旧，就是肤浅俗套，文中的每一句话每一个字，似乎都打上了"应付"的印记，怎么办？只有转变对待作文的态度，转变成对写作充满喜欢和期待。如何转变？就是选择话题要适合，做到熟悉、在身边、新近；提出的要求要适合，做到明确、具体、少量；给予的期待要适合，做到评比、奖励、展示。这样，学生才会感到有话可说，才会感觉容易说出来，并且说好了能收获赞许，得到认可，得以展示，他对作文也就不会再充满恐惧和无奈了，不会再去草草应付了事了。

老师写好的文章，读一读，身边的人写身边的事，学生自然会喜欢；学生听一听，慢慢地也就会对写作充满了期待！

"停下来，欣赏一下身边的风景"，是写作避免记流水账的有效方法。我想，语文老师批阅作文的痛苦，莫过于学生犯的错误相同，而老师的评语既要指出学生相同的错误，又不能用相同的语言。这其中"相同的错误"，最常见的就是记流水账了，学生作文中"短短一百来字，记录一天生活"的现象比比皆是，这好比走路，只一味快速行走，势必会忽视沿途的风景，只剩下枯燥、匆忙和疲惫。此时，最好的做法就是放慢脚步，适时停下来，转转身子，前后左右欣赏一下，看看周边的蜂飞蝶舞，闻闻空气中的草芳花香，踩踩脚下的土石砂砾，摸摸身旁的青枝绿叶。作文也如此，写到一人一事一物，停下来，再多写写人的外貌爱好，多叙叙事的起因经过，多状状物的模样特点，多些，再多些，直到不能再多了，才去写另一人另一事另一物，长此以往，学生的写作内容也就多样了，层次也就深入了，情感自然也就丰富了。

老师写好的文章，读一读，带给学生的是风景；学生听一听，自会停下脚步，去欣赏，收获的是赏景的习惯和方法。

老师的写作示范，是对学生最好的引导。教练要熟悉运动的要领，医生要有高超的医术，较高的运动水平之于教练，高超的医术之于医生都很重要。同样，示范写作之于语文老师，其重要性不言而喻。无论是下水作文、文学创作，还是诗歌散文、小说评论，抑或是叙述说明、议论抒情，老师唯有亲手去写，才能更加体会选取新颖的、有价值的材料的意义；老师唯有亲笔去感，才能更加懂得锤炼优美、简洁语言的艰难；老师唯有亲身去验，才能更加理解构思出连贯、通顺篇章的欣喜；老师唯有亲自去试，才能更加真切地明白，学生的作文为什么会是空洞的，人物是虚假的，情感是干巴巴的，才能更加清楚学生作文的结构怎么去调整，主题怎么去凝练，语句怎么去加工，典籍怎么去引用……

老师写好的文章，读一读，是在做选材、构思、布局、炼句的示范；学生听一听，在充实内容、丰满形象、抒发真情方面，得到了最好的指导。

因此，老师写好的文章，读读又何妨？我把文章读给学生听，又何尝不是在培养学生的期待？又何尝不是在提醒学生停下脚步，欣赏身边的风景？又何尝不是在做示范引导？我想，如果我的学生在听的过程中，哪怕受到我的一点点影响，能把自己的家乡写得哪怕有一点点真切，有一点点美好，有一点点喜爱，这何尝不是成功的教育，何尝不是成功的文化自信教育呢？

老师写好的文章，读读又何妨呢？真的！

微观入口不零碎，自然流畅整体美

又到一年职评时！

前段时间，学习文件、成立领导组，组建推荐委员会，对申报人员进行任期考核，审核上报材料……职称申报季节，忙碌年年如是！职称申报之于申报者，它带来的忙碌用任何语言表达都会显得苍白，研读标准、搜集材料、整理材料、补充材料，是他们这段时间的生活主旋律，对于这样的忙碌，有一句调侃颇为贴切：材料一直不送走，就一直有的忙，直到有一天，实在受不了了，一咬牙一跺脚，评审通过不了就拉倒，于是材料交走了，才不会再忙了。

对职评的关注，我越来越感兴趣的是考评课，我以为职称考评课是较能代表一个老师真实水平的，因为这段时间，他们忙于材料的搜集和整理，没有更多的时间去精心准备、细心打磨考评课，因此，一个老师的基本功底、教学的原生态，在考评课中能得到最充分的展现。

今年，受教师发展中心的委托，我听了三节考评课。

刘老师是学校语文教研组组长，由于她的校内公开课时间还没有到，今天算是提前听了她的课。刘老师从生活中的桥入手，学生在第一时间就进入了情境，她出示了作者茅以升的一段话，带学生明确了作者写这篇文章的目的就是介绍桥的知识，进而明确说明文的文体，直接明了，这也算是对文本的重新建构！接下来，她引导学生理清文章的思路，并带领学生重点了解了中国石拱桥的特点，对说明文的特点把握准确到位。最后，她以赵州桥为例，师生共同学习，把说明对象的特点、说明顺序、说明方法、说明语言等内容穿插在一起，学生一定有不少的收获。最后，她还放手让学生自主学习卢沟桥部分，这是尊重和信任学生的充分体现，核心素养的培养就这样得到了落实。虽然，对"'上千年'不是列数字的说明方法"的说法，我不赞同，但这丝毫不影响我对刘老师课堂的期待和认同。

第二堂课的执教者是强老师，强老师是我工作室的成员，工作踏实，上进心强，生活、工作、做人都得到了同事的一致认可，教学成绩一直很好，获奖无数，成果颇丰，只是受到职称申报名额的限制，直到今年，据说她是毫无悬念地在学校里胜出，获得了申报机会。她执教的是朱自清的名篇《背影》，关于本文的教学，凡是语文老师都能说出个一、二、三，既简单又有难度，简单是因为内容都熟悉，也都教过这篇课文，可以参考借鉴的东西有很多，不至于无从下手，但由于是经典名篇，教学的角度、方法似乎都有人涉猎，要想出彩，难度着实不小。强老师从《春》导入，也做到了让学生第一时间入课，她独到地在学生朗读中抓住了"自已、狼藉、簌簌、举箸提笔"等容易读错的字词，让学生感受其透露出的凄凉的感情基调，让我很是惊喜，对她的教学之用心佩服不已。接下来的课堂上，她紧扣文中出现的几次背影，通过加修饰语、朗读、关注外貌、赏析一个词、关注一串动词的方式，引导学生体会父爱，感受"我"的自责和愧疚，课堂上充满了深深的感动。意外的是，她强烈推荐的朗读视频，播放不出声音，对她所期待的效果来说，还是有点遗憾的。同时，她的亲和力，她的善用表扬也给她的课堂增色不少，有一个同学把"不能自已"读成了"不能自己"，强老师却用"不怪小男孩犯了错"来安慰他，似乎显得有点不太妥当。

仇老师上的是第三节课，他是学校的教研室主任，主抓学校的教科研工作，他教学的是《昆明的雨》，从让学生朗读芜湖作家刘湛秋的《雨的四季》片段导入，语文味道浓厚，作者介绍、检查预习、整体把握、细读赏析、语言品味，一路走来，中规中矩，四平八稳，雨的特点得到了彰显，怀念之情有了感同身受，对语言的优美体会充分，对形散神聚的散文特点了解到位。我印象尤为深刻的是仇老师浑厚的朗读声音，成了课堂上的一道风景，也期待他在日后的教学中多发挥这一特长，培养学生的语文学习兴趣。当然，关于"作者介绍可以更适时、更有目的性一些"和"'怎样将零散连缀成文的'这一问题的提法可以更明确一些"这两点建

走向深处，便是语文

议，我也和仇老师做了交流和沟通，供他参考。

整理听课笔记的过程中，我又对三堂课进行了回顾，也就有了以下的思考。

阅读教学应该从微观入口。我们认识事物，一般遵循从微观到宏观再到微观的过程，如了解一个群体必定先从某个或者几个个体开始，进而形成对群体的认识，然后再回过头来有目的地去了解个体，达到研究的目的。语文教学也不例外，阅读教学中，只有先从细微处入手，才是实在的、真实的，才能形成宏观的认识，才能有更加深入细致的体验和品味。否则，一开始就用宏观认识文章来要求学生，是不切实际的，也是没有明显效果的，特别是那些既不给宏观认识的时间，也不给宏观认识的科学方式，就要求学生对文章加以宏观认识，更是不合理的。看看我们的课堂，一开始就进行"整体感知"的设计安排不在少数，这种整体感知就是不合理的宏观要求，学生既缺少整体感知的载体，也缺少整体感知的条件，在学生对内容并不熟悉、老师又急于完成预设环节的情况下，整体感知其实也大多是一句空话，况且，有很多文章其实本身就没有整体感知的必要。那为什么还有这么多的整体感知，我想还是基于老师教学的方便和习惯罢了。

多些丰富和充实，少些零碎和杂乱。语文教学中，让课堂内容尽可能丰富充实，让达成目标的方式方法尽可能多样，这是应该提倡的，但是，丰富不是纷繁，充实不是充满，多样不是花样。有些课堂常常是，大框架下杂乱的环节，主树干上零散的枝叶，问题后零碎的追问，这些让学生无所适从，甚至老师自己也是无所适从。为什么会有这样的杂乱、零散和零碎？还是因为环节的目的不明确，达成目的的途径与方法不合理，课堂的应对机制不具备，说到底，设计的原则仍然是方便老师教，而不是学生学，对学生没有信心，低估了学生的水平和能力，长此以往，学生的发展会受到限制，因为学生在这样一个判定的限制下，没有提高和发展的空间，得不到必要的训练。再回到这三堂课，都或多或少存在这方面的缺陷：刘老师与一个学生在"写出了石拱桥的什么特点？如何写的？"问题上长时间纠缠；强老师在"听读文本，整体感知"环节，十多个问题的抛出和追问；仇老师对作者全面详细的介绍。让课堂显得零散杂乱，非经过一番整理，是不能理得清晰和明白的，自然不能给人快乐的享受，我如是，我想学生亦如是。

机械的人为的环节设置，割裂了整体的一堂课，让流畅的自然的美散失殆尽。一篇好的作品，是作者的真情流露，创作过程应该是一气呵成的，对这样作品的教学，无论是设计安排，还是方法过程，抑或是师生的配合，也应该是一气呵成的。那种曾经的"段落大意、中心思想、写作方法"的三段论式的语文课堂教学模式，虽然已经淘汰，但现如今出现的"整体感知——细读赏析——拓展延伸"等课堂结构形式，又何尝不是以前教学模式的变形，同样值得我们去提防。其实，在课堂教学中，只要我们选好一个切入点，确定好一条路径，设计好教学行进的方式，就此走下去，或慢或快，或上或下，缓缓而来，款款而去，老师顺畅地引领，学生流畅地跟随，情感自然地流淌，这不就是一种理想的状态吗？非要人为地在某一处停下，画一条线，宣称前面这一段叫作"整体感知"，再继续行走，然后再画一条线，宣称这一段叫"细读文本"……如此往复，让那种流畅的连续的自然的美丧失殆尽，实在是没有必要和得不偿失。我想，今天的三堂课，虽然都有了师生的连续顺畅的行走，都带来了知识的自然接纳和能力的提升，都体现了情感的流畅，但相似的教学环节的设置，也在一定程度上影响了整体的流畅美。

法国哲学家朗·富勒说过："人类最强大的形而上的驱动力就是去理解，去排序，然后以更加有序、更好理解的建设性的方式重新安排。"英国哲学家伯特兰·罗素说过："我认为宇宙是无数的斑点和跳跃，没有整体，没有连续性，没有连贯性或有序性或任何其他属性……它由短暂的、微小的、杂乱无章的事件组成。有序、整体性和连贯性是人类的发明。"我认为，理想的语文课堂，大概就是抓住某一个斑点和跳跃，从微观入手，利用我们的驱动力去理解、去排列、去发现，让课堂变得有序、整体和连贯吧！

学生的精彩，成就课堂的精彩

每学期校内第一个上公开课，是我多年来的承诺！

这个学期由于要准备"阳光云课"，第一节公开课被另外一个老师"抢"去了，于是，云课录制一结束，我就开始准备校内的公开课。

本来打算周一上，可周一的语文课是上午第一节，早上老师们都是匆匆忙忙的，所以就安排在了周二上午第二节课，好在这之前没再有别的老师上公开课，我也就算是校内第二个上公开课的了。

内容选定的是史铁生的《秋天的怀念》，这是一篇感人的经典散文，作为公开课执教者不计其数，搜索一下，网上关于它的教学设计、优秀教学设计、优质课教学设计、国家级或省级比赛课教学设计，不计其数。

我该如何教学？

课堂上，我一直对学生强调，无论阅读还是写作，要时刻告诫自己"马上想到的，是肤浅的"，关于这一点，我想大家都有共同的体验：阅读时，面对一个问题，马上想到的都会是一些笼统的概括的帽子似的答案，一般都没有具体性和针对性；写作时，面对一个文题，马上想到的，内容也好，写法也罢，也一定是大家都想到的，同样不具有独特性。只有在马上想到的基础上，再顿一顿，继续往深处再想一想，才有可能想出契合这个问题的个性答案，才有可能构思出不同于大众的、内容写法都独特的文章。

面对《秋天的怀念》，我只有告诫自己，马上想到的，如抓住作者的经历和成就，如让学生自己说"怀念"，如老师告知学生母爱的伟大……这些都不行，肤浅了！还要往下思考！于是，我就想，抓住作者的经历和成就，放到什么时候最合适？绝不能像多数人一样，开头就介绍作者的经历和成就。是不是让学生说出怀念什么就行了？当然不行，学生更要说出怀念的原因，怀念的具体内容，以及最能体现怀念之处。老师告知了，学生是不是就能体会到了？不一定，最重要的是，让学自己切身体会到，同时还要说出来，这才是真体会！

思考的最好方式就是研读！

我开始研读课文，一遍又一遍，不带任何目的。在餐桌上悠闲用餐的同时，电视机前观看新闻的间隙，厨房里烧炖烹煮的等待之时，卫生间里晨起的闲暇，都成了我研读的时间。

慢慢地，慢慢地，偶然间有了发现！我发现，文中母亲前后的话，相似而不同，充满了矛盾，是作者有意为之，还是无意而成？值不值得去探究？母亲开始总是说"听说北海的花都开了"，最后一次却是"北海的菊花开了"，这次为什么不是"听说"了呢？按正常逻辑，"听说北海的花都开了"，后面应该是"我推你去看看"，而为什么是"走走"呢？"咱娘儿俩在一块儿"为什么不提妹妹，却在昏迷前提到"那个未成年的女儿"呢？连"跑、踩"这一类字都不说的母亲，昏迷前为什么要特别强调"我那有病的儿子"呢？《济南的冬天》里提到"济南的冬天是没有风声的"，文中"忍住哭声"的母亲又是一种什么样的状态呢？母亲刚才还在"絮絮叨叨"，而为什么突然又不说了呢？……疑问不断出现，我非常坚信，解决这些疑问一定有助于教学！

于是，我决定这节课就从母亲的话入手，从讨论这些矛盾入手，体会母爱的无私和深沉，带学生去体验语言的精彩，去感悟母爱的美好。

语文教学，环节的处理当然也不能忽视！

体验语言、感悟母爱之前，是需要对文章的整体内容加以熟悉的，采取什么方式？传统的学生朗读、老师范读、播放录音视频，我都没有采取，而是用了师生共读的方式，既有氛围的营造，又有距离的拉近，还有与老师同台竞读荣誉感的培养，一举多得，何乐而不为呢？可能是第一次上公开课的原因，新的学校，面对这么多的老师，孩子们并没有出现踊跃举手和我共读文章的局面，我是理解孩子们的。读的基础上，对概括进行了指导，强调了"不去关注细节和具体过程""不变换叙述角度""只讲原因和结果，过程一带而过”这三点，并布置了“从我和母亲两个角度概括文章内容”的具体任务。学生的回答，虽然还是有点啰唆和混乱，但在我的指导下，他们还是完成了任务，单就“始终同一人称，不变换叙述角度，完成内容的概括”这一方法来说，他们还是有切实的收获的。

随着课堂教学的进行，学生慢慢变得不紧张了，至于后面的主要教学环节，学生的表现可圈可点，虽然大部分都在我的预设之中，但课堂上的生成也不乏精彩，如“咱娘儿俩”只是两人，更能起到安慰儿子的效果；如“北海的菊花开了”，一定是母亲拖着病体艰难地去了北海亲自看到的结果；如“絮絮叨叨”读出母亲细数着儿子过去生活的点点滴滴，爱溢于言表；如结合自己的生活体验，说出了“最强烈的想念，就是日夜想念，处处都在想念，梦中也在想念”……

当然，没有遗憾的课堂是不真实的！本想安排让学生大声朗读母亲的话，增强对情感的体验，由于时间关系没有进行，我想如果能进行，一定还会有精彩出现的。

课堂的精彩，永远是学生的精彩！教学设计也好，课堂引领也罢，都是在为学生的精彩铺路而已，成就了学生的精彩，也就成就了课堂的精彩！

站在语文的角度看英语课堂，挺好

　　语言都是相通的，所以语言的教学也应该是有相通之处的。所以，除了语文课，我同样对听英语课兴趣不小。时间安排的原因，我错过了徐老师和马老师的两节英语公开课，遗憾不小，好在李老师和潘老师的公开课，我还是全程听了、看了，也做了一点思考。

　　听英语课，我一直担心越来越听不懂，原因倒不是老师讲得越来越深，而是由于缺少学习，我的英语记忆越来越少。于是课堂上那些出自老师和同学之口的流利的英语表达，我听起来似乎感觉越来越吃力了。我一直认为我的英语基础不错，对自己的英语发音尤为自信，考大学时，一百分的英语试卷我得了九十六分，应该算作高分了吧，遗憾的是，大学没有进到我渴望的英语专业。后来，陪女儿学习的过程中，也没有丢下对英语的学习，时不时还翻翻女儿的英语课本，跟在后面也做做练习，虽不能深入透彻，但基础常识也还知晓一些。

　　李老师的课在教室里进行，她用学生对话的形式开始课堂教学，用生活中大家所熟知的手表作为对话的对象，让课堂一开始就充满了语言的味道。课堂教学的主体部分是对文章的阅读和理解，李老师先用三个问题引领学生对文章进行整体阅读，了解内容，随后开始对文章进行细读精读。难能可贵的是，她对三段文字采用了不同的检验形式：第一段的阅读，她让学生对其内容进行对和错的判断，直接明了；第二段的学习，她呈现给学生的是横线上的空白，任学生去填写，简单清晰；第三段文字的理解，她设计了一个问题，由学生去思考、交流和表达，干净利落。在这判断、填空、表达中，学生对"旧金山""玩具""自豪"等词进行了识记，也学习了"avoid"等单词的用法。李老师达成教学目标的方式的多样有效性，实施教学过程的有序层递性，学生收获知识的真切实在性，都得到了一一体现。

潘老师教的班级，我已经是第二次来了，干净整洁，文明有序。在如此环境中观课，当然是一种享受。潘老师的课，无疑更增添了享受的内容，她从题目入手，从学生感兴趣的影片入手，在学生争先恐后对影片类型的抢答中进入了课堂教学的主题，气氛热烈，这无疑是一堂课所需要的开端。潘老师的教学内容是引导学生写影评，对于评论的写作，我一直以为是语文教学所特有的，我也就愈发感到自己眼光的局限，这也增添了我对潘老师教学的期待。整堂课，她呈现给学生的只有一段文字和两段视频，依照"名称——种类——内容——评论"的次序，或学生说，或老师提示，把充足的时间给了学生，把表达的自由给了学生，这恰恰是尊重学生的最直接体现，是对学生核心素养的最切实的关注。最后当堂的影评的写作练习，无论于学生的学习，还是于老师的教学而言，都应该是自信的最佳展示，只可惜后面现场展示的环节，我没有听，我想一定有很多精彩。

对课堂的思考，是不分学科的，语文也好，英语也罢，有听就有收获，有观就有思考。

练习不应成为检验阅读理解成效的唯一方式。如何将练习与阅读理解有效地结合起来，应成为不同学科教学中共同关注的话题。阅读就是借助文本去把握信息、了解人物、理解情感，而检测阅读的效果、理解的程度，应该采用多样的方式。练习不是唯一的方式，更不能让练习替代了阅读，一旦以练习代替了阅读，阅读就会淹没在练习当中，就会给阅读设置了限制，附加了条件，带上了功利，这样阅读的目光就会变得狭窄起来，真阅读、元认知阅读就无法进行，自然，这样阅读基础上的理解就会受到模式化的影响，不会全面深入。况且，练习题设计者的学识、能力、理念不同，他们所设计的练习题的质量也不同，一旦练习题质量不高，就会导致阅读的片面化、肤浅化，甚至非科学性。因此，练习不能成为检验阅读理解效果的唯一方式。我们还应让学生真正读、自由谈、任意说、规范写。我想，课堂上，学生如果能在真正读的基础上，谈几点个人看法，说一说阅读收获，写一写心得体会，这才是真正有效的阅读理解，语文、英语课堂如此，道德与法治、历史、数理化等课堂也如此。我想，李老师如果能把教学练习的内容再减少一点，把学生读、说、写的内容再增加一点，阅读会更精彩，课堂会更精彩。

给学生更合适的时间更合适的任务，才能取得更大的成效。新课程理念强调学生的主体地位，老师是学生学习的合作者，作为合作者应当在合适的时间做合适的事。于是，对老师的要求，就是要把握住合适的时间，我想这种把握无非就是：一堂课把多少时间给学生？多少时间留给老师？做合适的事，我想也就是：时间给学生时，老师该干什么？时间给老师时，老师又该干什么？当然，不同的课堂，由于内容、方法、过程的区别，时间如何合适给予，事情如何合适安排，也会不同，但原则是一致的，那就是，尽可能多地留时间给学生去思考、去阅读、去表达。在给老师的时间里，老师尽可能多地去引导、去点拨、去调动，给学生提供思考、阅读、表达的机会，绝不能给学生并不充分的条件，却要求最充分的结果，给学生安排了无法完成任务的时间，实施了根本不能完成任务的过程，选择了不合理的落实任务的方法，却要求任务的圆满……我想，课堂上，如果潘老师把《哪吒》视频的播放时间放得更长一些，学生写影评一定会更顺畅，因为只有熟悉才能评出个所以然，毕竟短短几分钟的视频播放，如果之前对此不曾了解，写影评就会显得有些强人所难了。

两个学科，两堂课，两点思考！生活就是这样，有时候需要跳出局限，变化视角，走出狭隘，就像今天站在语文的角度看英语课堂一样，挺好。

我也更期待着，下一次用英语的视角看语文课堂，会是什么样的呢？

寻一般共性规律，找独特个性风格
——以七年级语文下册第一单元为例开展单元群文教学

受疫情的影响，线上教学进行了一个多月，由于师生互动和作业品析的缺少，线上教学的进度普遍较快，就拿七年级语文学科的教学来说吧，一个多月的线上教学，已经完成了本学期教学任务的六分之五，复学后，一方面要对线上教学内容进行再梳理，做到线上线下的衔接，另一方面，又不能对线上教学过的内容加以重复教学，摆在我们面前的是一对矛盾。

此时，开展单元群文教学，能够有效避免这样的矛盾。所谓单元群文教学，就是在单元目标下把一个单元的几篇文章放在一起，作为一个整体进行比较教学。如七年级语文下册第一单元，三篇现代文，分别是《邓稼先》《说和做》和《回忆鲁迅先生》，都是写名人的文章，并且作者都是名人，教学时既要把握其共同因素，更要抓住其各自的独特之处，只有在这样的异同比较教学中，才能更好地完成单元教学任务，实现单元教学目标。单元群文教学既是对线上单篇课文教学的梳理，又是对单元整体教学的补充，这在线上教学的基础上，对线上线下教学的衔接来说，显得尤为重要。

那么，以七年级语文下册第一单元为例开展单元群文教学，会有以下三个方面的收获。

一、写代表性的事仵和场景，寻一般的共性规律

写人离不开事，人的性格、形象往往在事件中得到彰显，因此通过叙事来写是写人的一般规律。本单元三篇文章都是通过对生活、工作、学习等事件的叙述，来写人。写邓稼先，叙述了他科研、生活的场景；写闻一

多，叙述了他进行学术研究、争取民主、英勇斗争的事件；写鲁迅，叙述了他接待客人、夜晚工作、关心青年的感人细节。让人物形象在事件中变得丰满，让人物性格在场景中变得鲜活。

同时，在叙事中，又都遵循了选取代表性场景的原则。受文字篇幅的限制，文中并没有也不可能对人物一生所有事件加以叙述，只能在有限的篇幅内选择有代表性的几个场景，这既是客观实际的需要，也是行文简洁的需要。邓稼先，是我国著名的两弹元勋，和作者是几十年的同学，文中选择他科学贡献、民族情感、同学情谊、科学献身等六个场景来写，是合理的；闻一多是著名学者，又是著名的民主战士，对于同是诗人的臧克家来说，写闻一多先生研究典籍、写作、进行革命宣传等场面，是恰当的；鲁迅是家喻户晓的文学家，同为作家的萧红并没有在文中写他人所共知的鲁迅的文学成就，而是着重写了鲁迅待人接客、饮食习惯、夜晚工作、关心青年等生活场景，体现了对读者的尊重，是科学的。

这是写人作品在写法上的一般规律，是由单篇形成单元组合的核心和纽带，抓住这个共性，就是抓住了单元的教学目标。

二、不同的场景组合方式，显独特的个性形式

三篇文章，虽都是有几个场景组合而成，但组合的方式各不相同。《邓稼先》篇幅较长，写了六个场景，至少需要五次过渡，如果通过过渡句或段来对六个场景加以组合，很可能会出现过渡语言的重复，容易导致组合混乱，因此使用小标题的方式，来实现场景的巧妙组合和过渡。《说和做》只有学者和革命家两个场景，于是用"闻一多先生还有另外一个方面，——作为革命家的方面。这个方面，情况就迥乎不同，而且一反既往了"，就很自然地完成了两个场景的组合和过渡。而《回忆鲁迅先生》篇幅更长，场景更多，从笑声、走路姿势，到开玩笑、读青年来信，再到看电影、夜里工作，最后到尝鱼丸、包书。内容涉及饮食起居、待人接物、读书写作、休闲娱乐等方面，这么多琐碎的场景，在一篇文章中，更是无法用语句或段落加以组合和过渡，同样也没有必要使用小标题的方式来进

走向深处，便是语文

行场景的连接，于是作者采用了自然空行的方式，将多个生活场景串联起来，简洁之中更见智慧。

三、行文各有侧重，现独特的写作风格

不同作者的文章，即便有共同的内容、相同的结构、一样的写法，但由于作者的生活经历、价值取向等不同，文章的风格自然也会各不相同，这些人的独特性，往往在文章中会得到不经意的体现，而这又恰恰是闪光点和精髓所在。因此我们的语文教学，更要关注这些独特性。

杨振宁是著名科学家，他的文章，除了回忆友情、表达民族感情外，当然还会有科学精神的体现。几千年中国传统文化培育出来的最高奉献精神，"鞠躬尽瘁，死而后已"的精神，"是为了民族而自豪，还是为了稼先而感到骄傲"的实事求是精神，"我不能走"的勇于担当、自我牺牲的精神。文章引用的准确、数字的具体、表达的严谨，无一不打上了科学精神的烙印，字里行间散发着科学精神的光芒。

臧克家是著名诗人，他的文章自然充满了诗的元素，赞美了闻一多先生严谨刻苦的治学态度、英勇无畏的斗争精神、言行一致的高尚人格。"目不窥园、足不下楼、兀兀穷年、沥尽心血"等四字短语的排列，"他，是口的巨人。他，是行的高标"等长短句的对称，"一月不梳头"等夸张手法的运用，更是一句句赞美的诗语，其优美整齐、凝练精致的语言，在文中俯拾皆是。

萧红是著名作家，小说成就斐然，她的文章体现的是小说创作的叙事风格，因此注重细节刻画，果然，鲁迅先生笑声的明朗，走路的轻捷，待客的热情，读信的耐心，通宵的写作，对人的尊重……在文中都有精彩的细节体现。或是一串连烟卷也拿不住的笑的"咳嗽"，或是一幅举着象牙烟嘴沉思的剪影，或是一次次戴起眼镜对青年来信的阅读，或是像一个乡下老人般安静地等待，或是一个整晚都写作的雕塑般坐着的背影，或是一次方方正正的，连一个角也不准歪一点或扁一点地对书的包扎……这些细节，虽小而碎，却清晰动人，精彩难忘。

我想，在这个单元的群文教学中，我们如果能让学生在学习《邓稼先》时，从中体会到科学精神；在学习《说和做》时，能感受到如诗般的人的好和语言的美；在学习《回忆鲁迅先生》时，能抓住鲁迅生活中的细节，那么，这一单元三篇文章的教学也就抓住了核心，学生的学习也就掌握了方法，自然学习效率也会高。

阅读，按它应有的方式打开

——以七年级语文下册第三单元为例开展单元群文教学

在现代文的阅读中，我们会发现写人的作品很多，这些写进文章中的人物，大人物、名人物毕竟有限，绝大多数都是普通人，他们生活在不同的地域，工作在不同的岗位，具有不同的性情，代表了不同的群体，但这些人物有共同的"小"，那就是都是地地道道的。其实，小人物不代表平淡，写小人物当然不代表肤浅，那么究竟如何去阅读这些写小人物的文章呢？

立足小人物，突出"小"。我们生活的世界，大由小组合而成，多由少构成，伟大由平凡积累而成，因此，"小、少、平凡"并不是可有可无的，它们让生活更加丰富，让世界更加真实。小，不能狭义理解为空间，而是渗透在生活的方方面面。尤其是文学主题的多样性，决定了作品的思想、人物、生活是多样的，所以，文学作品中的"小"，不能仅仅理解为空间的小，那些平凡、贫穷、粗俗等都是"小"的体现，我们在阅读这类作品时，把握人物"小"的体现，非常必要。我们只有体会到了人物的平凡，人物的卑微渺小，才能切身感受其生活的不易，进而给予同情。阿长，是一名长工，没有姓名，有着烦琐的礼节，说话切切察察，行为粗俗，她虽然身材高大，但是其小人物的处境，是真实的、清晰的、无人怀疑的；老王，一个车夫，身体有残疾，没有亲人，被组织抛弃，住所破旧，身体虚弱，他的死无人关心，其小人物的生活状态，是实在的、明确的、不容否认的；《台阶》中的父亲，一个地道的农民，勤劳谦卑，只愿自家的台阶更高，其小人物的命运，是有共识的、刻骨的、鲜有异议的。无论阿长，还是老王，抑或"父亲"，他们的人物之小，正是他们处境之艰难、生活之艰辛、命运之艰苦的原因，这种艰难、艰辛、艰苦，具有普遍性，是千千万万大众身上所共有的，因此其小，即平凡，即普通，然而，他们各自的"小"又有着其独特性。我们在学习中，就是要体会这种独特之处，我们越是体会到了小人物的不同的"小"，越是能感受到他们的处境、生活、命运之艰，唯有深刻体会到这种艰难、艰辛、艰苦，我们才能抓住学习的根基，让下一步的学习更加稳健深入，更加触及人物的灵魂。

紧扣大品质，突出"大"。大自然总是相对的，大与小，多与少，高与低，长与短……都是矛盾并相互依存的，小是为大而现，少是为多而生，低是为高而设，短是为长而出。小人物，往往生活艰难，地位卑微，命运艰辛，可他们所具备的不都是艰苦卑微，不都是平凡普通。作为文学作品，写小人物同样不仅仅是为了展示其"小"，更多的是为了突出其"大"，因其小而更显其大。我想，如果我们阅读只关注其"小"，那么这样的阅读就是浅层次的，就是停留在表面而没有深入的。立足人物的"小"，去分析认识其"大"，是阅读的正确路径，唯有此，人物才有其价值，阅读方能有其价值，方能被欣赏，方能深入灵魂，方能提升境界，否则内容就会流于浅俗，文章就会流于平淡。阅读中，我们不难发现，言行粗俗令我讨厌的阿长，却能为我买来《山海经》，她的伟大在于，克服了常人认为无法克服的困难，来实现对我的祝愿、关心和希望，虽然我们没有血缘亲情；生活艰难的老王，尽管生活在社会最底层，却做到减半收费，送我鸡蛋香油，他的伟大，在于他尽管需要别人的关心，却依然力所能及地关心逆境中的我们一家，彰显了他的善良，虽然只是鸡蛋十来个、香油一瓶；生活目标不高的父亲，尽管经过一生的努力造起了高台阶，可他依然谦卑恭敬，他的伟大在于从一砖一瓦开始，在起早贪黑中坚持，最终实现了自己的理想，书写了农民的勤劳执着和朴实本色，虽然曾经贫穷也终将老去……当然，这些伟大不是空喊出来的，需要我们从篇章中去体会，从段落中去感受，从词句中去深究，从细节中去分析。我认为，在阅读中我们如果能从这些小人物身上发掘出"大"的元素，体会到这些伟大，分析到这些本真，深究到这些善良，感受到这些美好，我们的阅读才是真阅读，才是有效阅读。

把握厚情感，突出"厚"。散文，写人也好，叙事也罢，其目的不仅仅在写人叙事，而是在表达情感。大人物，有着大的人生经历，有着大的社会贡献，一旦写进作品当中，自然有大的情感，或赞美，或歌颂。而小人物，或许没有精彩传奇的人生阅历，没有惊天动地的功绩，没有轰轰烈烈的社会效应，但并不代表他们没有深邃的思想，没有深厚的情感，没有深沉的思考，没有深远的影响。因此，立足小人物，紧扣大品质，最后的聚焦点还应该是厚情感，唯有此，阅读才能抓住核心。鲁迅对阿长的感激和怀念是深厚的，所以他当然希望她的灵魂安息，安息在仁厚黑暗的地母的怀里；杨绛对老王的感激和愧疚是深厚的，所以她当然希望她的愧怍反思，传递在幸运者和不幸的人之间；"我"对父亲的同情和无奈是深厚的，所以"我"当然希望他的谦卑坚忍，抹去那个时代那个阶层留下的烙印……理解了这些深厚的情感，对小人物的阅读，才是真正的大阅读，才是真正的大理解。

翻开书，打开生活，渺小、平凡、大众、普通，充斥在我们周围，这才是图书应载的内容，才是生活应有的样子。阅读不是要去也没有必要去寻找感天动地的事迹，而是要去体验最微小的真实，去认同最细小的感动，去共鸣最平淡的情感，去获得最普遍的体验，其实，这些微小的真实、细小的感动、平淡的情感和普遍的体验，恰恰孕育、升腾、弥漫在小人物的生活之中，需要我们在对他们的关注、了解和阅读中去体验、去获得、去认同、去共鸣。

我依然想，如果我们在阅读《阿长与〈山海经〉》《老王》《台阶》这类作品时，能关注人物的"小生活"，能发掘人物的"大品质"，能体味人物的"厚情感"，这才是阅读应有的样子，这才是守住了阅读的初心。

因为，阅读本该就有它自己的打开方式。

第二部分

走向研修深处

收获，一路向南

农历己亥猪年的大雪节气过后，江南虽未见寒冷，但羽绒服、加绒裤已经穿上了身。临近冬至，工作室组织观摩第十一届"四方杯"语文课堂教学大赛，一行十一人踏上了南下的列车，高铁一路南驰，将近十个小时后抵达改革开放的先行示范区——深圳，出高铁站、进地铁站、挤上地铁，再换乘，出地铁站、前往酒店、前台登记，直到晚上近九点，终于入住房间，安稳下来。回想这一路行程，高铁购票、预订酒店、订午餐、市内线路规划，都由王军老师一人完成，尤其是她提醒并指导大家使用乘地铁二维码，让行程一路顺畅。大家都对她心怀感谢，我也开玩笑说建议她当工作室副主持人。

由于晚到，没来得及报到，第二天一早，我赶到会场。因为太早，工作人员刚好到达，我于是得以排队在第一位，登记、核对信息、交费、领材料，等我报到结束，才发现身后已经排成了长龙，并且人群正在纷纷涌入。立刻，不大的深圳市新安中学第一实验学校的校园人声鼎沸，热闹非凡。我及时进入会场，用材料袋占了十个座位，几乎是中间的一整排，看着不断进入会场的人，这占据的一整排十个座位格外显眼，在不断"这儿有人吗？"的询问中，我开始感觉自己有些过分，多么希望他们能马上到达来缓解我的尴尬啊！好在熊琴、强芳、赵继勤、王素娟四人很快就到了，我让她们四人间隔坐开，才略略减轻了我霸占座位的难堪。

开幕式八点准时开始。大凡这类的活动，开幕式的程序大体相似，承办方主管部门领导致辞、承办方领导致辞、专家讲话、带着广告宣传目的的主办方致辞……今天也不例外，深圳市教科院领导、新安中学第一实验学校领导、相关报刊社负责同志等依次发言，枯燥而烦琐，我对新安中学第一实验学校校长的一句话印象颇为深刻，他说"来到深圳就是深圳人，大家如果想留下来，我们都可以谈"，引起会场一阵笑声，也引发了我对深圳人才引进、使用、管理机制的感叹，我想，恐怕也只有改革开放先行示范区的学校才敢这么说！

大赛前的两场报告，我也是期待已久的了。连中国先生着重谈了语文课要有教师的气脉精魂，语文课堂上老师要高兴，学生要高兴，分数也要高兴。语文老师要咬住语言，才能让思想在其中穿行并成长。是啊，我认为，教研也好，课改也罢，都是为了让师生高兴地去教语文和学语文，而这与分数是并行统一的，并不矛盾，可现实中常有老师把教研与分数对立起来，似乎一搞教研就必定会影响分数，似乎死学苦记就是提分的不二法门。其实，像连老师所说，课堂上能让自己高兴，能让学生高兴的老师，一定也能让分数高兴。是啊，教研的目的是为了教师的自我提升，教师的提升又何尝不能带动学生的提升和分数的提升呢？

第二场报告，是一场研究成果报告，是宝安区语文课程研究报告，该成果获得2018年国家基础教育成果一等奖，只遗憾主持人倪刚老师因事未亲临现场，他安排工作室成员甘老师做了汇报。课程的构建是一项长期而艰巨的任务，我惊叹于五年的研究和坚持，更惊叹于五年的踏实实践，能有如此丰硕的成果也就不足为奇了。

名师示范观摩课环节，最受与会老师的关注。当肖培东老师跨上舞台的那一刻，整个会场立刻静了下来。是啊，两个多月前得到通知，多少一线老师，无不盼望着这一刻的到来。现今的语文教学，大家对"浅浅地教语文"似乎都能说两句，足以见到肖老师的影响。我是第一次在现场见肖老师，他执教的是贾平凹的《一棵小桃树》，课堂上没有华丽的设计，只是紧扣文本，以教材上旁批的五个问题任务为依托，生发课堂，生成任务，他用心对待学生，耐心等待学生，精心引导学生，博得会场阵阵掌声，尤其是对一个角落里的女生"老师，我还没想好"的回答的应对，更是彰显了他的教学智慧，课堂到此戛然而止，留给全场一阵惊叹和无限想象。我从心里感叹：名师课堂不愧为名师课堂，是我等普通平凡之辈望尘莫及的啊！

活动的主旋律是观摩十一节课，来自十一个省市的十一位语文老师带来了十一节风格各异的语文课堂，有古诗歌教学，有现代散文欣赏，有写作指导。贵州的张秋荷老师用以字填空的方式，一路梳理《狼》的全篇，边读边品，自然流畅；深圳的杨轰老师出示了两张图片，边比较边练习，想象之中写作能力得到了提升；海南的赵玉翠老师在《陈太丘与友期》和《散步》两篇古今散文的比较中，带学生品味了古今美文，弘扬了传统美德；云南的戚小祁老师从议论句入手，在对"有没有议论句"的研讨中，从《唐诗两首》中挖掘出百姓的苦；陕西的李万贤老师与学生一起探讨了植树的牧羊人的一丝不苟，几十年如一日，忠于这片土地，他到底是不是一个好人？辽宁的曲艳秋老师在《蒹葭》和《关雎》的比较研读中，引导学生感受了古代诗歌的美；江西的周佳老师独到地抓住"亦"字，去读卖油翁，去读康肃公，去读文谈人，去揭示道理；广东的王珂珂老师抓重点词语"扑、抓、悄悄、躲"，带领学生找细节，并用范读带领全场进入了情境，也就有了学生"母亲的'有我'和'无我'"的精彩表达，让秋天的怀念又延续至这冬日；上海的罗山河老师发现了"一定、证实、我以为、好像"这些看似矛盾的词语，并以回答学生问题的形式，在"三妹和我是不是真爱猫"的讨论中，让学生明白"不能妄下断语"的道理……

听每一堂课，对我来说都是一次洗礼、一次熏陶、一次汲取、一次深悟，观课的收获是满满的、厚厚的。当然，收获不只是学习他人的精彩，也在于引发自己的思考。

课堂教学依据文本的次序进行，清晰明了，但处理不好，则是零碎。《狼》的教学，以文段顺序，一路教来，狼的狡诈和屠夫的心理描写间隔出现，问题不断出现，填空不断出现，显得零碎而混乱，老师设计的初心，可能就是依据先后次序逐段进行，老师易于把握，不会出状况，而没有想到虽然文字的次序先后是清晰的，可是内容是前后有交叉的，学生的学习自然不会像老师设计那得样清晰，因此语文教学应根据学生的需要安排环节。

学生有所收获除去自身阅读实践的途径外，课堂上老师的指导也是一个重要途径，这一途径主要依靠课堂，老师只有在学生不完美、犯错误的情况下，及时准确指出，学生方能从中得到最直接的收获。我想如果课堂上部分学生的回答是完美的，也就没有老师的指导和纠偏了，还有"确认过眼神"的课堂，几位同学的练笔精彩得让人叫绝，看不出不当之处，自然老师的课堂指导是缺失的。

概括不是越细越好。对阅读内容的概括，实际上就是先对阅读内容进行梳理，然后在梳理的基础上加以总结，把握大致内容。概括是为了梳理情节，快速了解文章写了什么。《陈太丘与友期》本就是一篇较为简单的文章，课堂上却夸奖学生概括得非常详细，概括得好，我想对概括的理解是否存在偏差？

《秋天的怀念》的课堂上，当我们刚刚浸入学生对母爱的体验时，突然来了一个"选择自己喜欢的段落加以朗读"环节，让人不解。"诗言志"中"志"指的是"留白、卒章显志"，"吾射不亦精乎？"是反问句，"吾射不精乎？"就成了疑问句，这些是否是知识性的错误？对只有一个字的课题非得进行全班齐读，对"一屠晚归"中的"晚"分析出了过多的背景，是否有必要？……

十一节课带给我的思考很多很多，让我的心里无比温热，一如这深圳的天。记得来时的车上，有老师调侃，坐两天的车，来听两天的课，值不值得？今天想来，当然是非常值得！

踏上回程，又跨上高铁，和三天前的来程相比，多了的不仅是行李箱中脱下的冬装，更有满载于心中的收获和思考。

收获，一路向南！

匆而不忙是语文，纷而不乱显智慧

这次小学语文研训项目二的活动，因为肩负着特别的任务，所以前期做计划、调整、再做计划、再调整，最终方案从形成到开展，时间短，众多事务纷纷而至，一切都显得如此匆匆。可是，负责人强老师从容接受，示范课执教者甘老师欣然承担，兼职教研员朱老师积极协助……这一切都彰显了研训项目团队的工作效率，彰显了研训成员间的融洽和谐，和语文教学的自信，在如此的项目中研训成长，对成员来说是一种莫大的幸福。

活动从甘老师的示范课开始。甘老师语文教学的精彩，我虽未曾有过现场观摩，但早有耳闻并好像已经成了小学语文界的楷模，即使在中学语文教学的圈子里也是耳熟能详，抑或在社会上也能算小有名气了。课在横山小学三（1）班的教室里进行，她没有选择高大上的报告厅堂，没有奇求现代化的录播设备，这显示了甘老师满满的课堂自信、教学自信和语文自信，于是也就更增加了我对她这堂课精彩的期待。

课从猜两个艺术形象的谜语开始，孙悟空和灰太狼这两个谜底，让课堂气氛顿时活跃。他"从哪里猜出是孙悟空"的追问，让课题得到明确。通过写课题、读要求、提要求，课堂任务也更加清晰起来。接着，甘老师用两段示范下水文字做引领，让同学猜猜所写对象，这两段文字对人物外貌的描写，一鲜明一模糊，学生很快从中明确：抓住外貌描写，一看就能知道描写对象。甘老师再进一步让描写对象走上讲台，面向大家，切实体会文字与人的吻合，于是课堂就顺利过渡到当堂练习的环节，在"写同学外貌的与众不同"的要求下，学生开始练习，老师走入学生中间，交流指导相随，不久就有学生完成了任务，且想展示的欲望颇为强烈，甘老师没有急于迁就这少数程度好的孩子而忽视其他学生，而是在静心等待中体现了"关注全体"的教学理念。时机成熟之后，部分学生的习作在课堂上得到展示，大多数孩子都能从描写中判断出描写对象，这当然是课堂教学效果的最好证明。这其中一个小男孩乐于表达、勤于交流、敢于应对的表现，给全体听课老师留下了深刻的印象。课堂剩下的时间无几，甘老师最后引导学生从"看到"到"想到"、从"外貌"到"性格、品质和爱好"加以拓展，以期课堂教学的完整与完美。虽没有下课的铃声，可在对时间的自然把控中，甘老师让课堂戛然而止，令人不舍起身，回味无穷。

　　研讨交流在会议室里进行，杨校长忙前忙后，由于时间紧，所有的客套礼节一并省去。甘老师简单地对自己的教学设计进行了说明，项目包负责人强老师从目标呈现、方法引导、注重反馈等方面进行了评价，中肯而专业；黄老师在研讨中提出了审题对习作教学的重要性，引人深思；高老师细数了课堂明晰的教学层次、学生学习兴趣的激发，佩服之情溢于言表；杨校长则从其他学科教学的角度，提出了对语文教学、习作教学的思考，充满了对语文课堂的赞美和对甘老师语文课堂的褒扬；兼职教研员朱老师的点评，更是彰显了她高深的专业学养和厚实的教研功底，她对课堂教学"立标、得法"的点评恰当而精准，对小学三年级到六年级的习作教学序列安排的介绍，清晰而简洁，尤其是她提出的"如何对教学专题之间的间隔时间加以填充"的提醒和思考，更能看出她对统编教材的研究与把握是扎实而独到的……

　　当然，我也一直在聆听着、记录着，也一直在收获着、思考着。

　　写作教学的减负只能靠我们自己。写作教学的困惑，是伴随写作教学始终的，语文老师的写作教学负担，从小学三年级习作教学就已经开始了。原来，无论是小学还是中学，我们在作文教学中总期望着两次引导后，学生就能文思泉涌；总期待着两次评改后，学生就能文从字顺；总预想着两次示范后，学生就能文采飞扬……于是，我们的每篇练习、每次批改、每节讲评，都努力去做到包罗万象，努力去追求面面俱到，殊不知一篇练习，要求越多，常常导致内容越单薄；一次批改，关注越全，往往越切中不了要害；一节评讲，强调越细，学生的获得越零散肤浅。最终导致的是学生无原则的借鉴，无由来的雷同，留给我们老师的又是没完没了的批改负担，没休没止的无奈。甘老师在课堂上，只紧扣住"与众不同的外貌"，因为专一，因为明确，因为聚合，所以深入，所以高效。我想，如果我们能自信一点，能大胆一点，能创新一点，练习时要求少一点，哪怕只对一个方面进行训练；批改时，关注窄一点，哪怕只提一个方面的问题；评讲时，针对性强一点，哪怕只聚焦一个方面的得失。只要是真的训练，只要是实的问题，只要是明的得失，一篇两篇，一次两次，一节两节，……坚持下去，我们在作文教学中的困惑自会消失，我们在作文练习中的无奈自会减少，我们在作文批改中的繁重自会卸去。我想，甘老师如果在今天的课堂上，更加自信一点，毫不犹豫地只守住"看见"而舍去"想象"，只守住"外貌"而舍去"品质、性格、爱好"，课堂也会更加高效，如果我们都能这样，我们在卸下自身的重担的路上，会走得更快更稳。

　　植入生活因素，让语文教学更具适用性。内容的适用性，是语文教学必须要关注的，只有我们教了适用的内容，学生才能学有所得；只有我们教了适用的方法，学生才能学有所思。然而，现实的语文课堂上，一些老师想当然的教什么，想当然的怎么教，想当然的要教到什么样，经常是全然不顾孩子们的心理年龄，毫不在意学生的水平能力，一心想着自己的方便顺利，一意念着自己的轻松便捷，语文课堂的适用性自然散失殆尽，教和学脱节，师与生被隔开，问和答偏离。再看看甘老师的课堂，生活的因素俯拾皆是：一个片段，一个同学，一次外貌展示，于三年级孩子，于一次写作练习，最是真实的生活，最具生活的真实；两段下水文字示范，两个谜语猜答导入，两次人与文字的比照，于一节语文课堂，于一次示范教学，最是恰当的教学，最具教学的恰当。这样的教学，自然会让学生表达的愿望强烈，会让学生动手的意识迫切，会让学生对课堂回味无穷，会让学生对学习充满期待。因为生活因素的植入，所以课堂的内容是适用的，所以教学的过程是真实的，所以学生的学习是获得的，如此的课堂当然也就是示范的了。同时，我想课堂上最基本的生活因素应该就是一个个孩子，这才是课堂的起始点和落脚点，如果甘老师在课堂上能更多地去关注孩子的差异性，更多地去精炼自己的分析、表扬，把节省出来的时间让给孩子，我想，教学的指向性和收获性会更加明显。

又想起这次活动，示范引领是目的和初衷，一次短暂的示范呈现，带来了一段长久的引领，引发了一番深度的思考。虽然过程匆匆，却不见忙碌和乱扰，我突然明白，是语文让生活变得匆而不忙，是智慧让生活变得纷而不乱，这大概就是语文的智慧了吧！

秋收一生藏

依照计划，9月底工作室有一次活动。

郭老师工作的学校在县城，任务本就繁重，可她还是积极响应号召，主动提出到农村学校支教。尽管支教学校比较偏远，她每天都是坐公交车，上午去一个学校，下午去另一个学校，不停奔波忙碌，可她乐此不疲。这种大局意识，这种奉献精神，这种乐观态度，感动了很多人，也感动了我。

于是，我们决定将这次活动安排在她所支教的学校——新林九年制学校。

活动安排了两节公开课，郭老师欣然接受，工作室里的王老师因为客观原因，无法承担另一节课的任务，考虑到时间紧，大家日常教学任务都不轻，我决定自己上阵，也算是在迎难而上这一点上，给成员们一个示范和引领吧。

于是确定活动时间，联系活动地点，报告教研员丁老师，拟写活动通知，下发教研文件……一切顺利，只等9月29日下午的到来。

农村孩子们离家远，加上疫情防控期间校园封闭管理，中午几乎都在学校里吃午饭，因此下午上课时间较早，而新林又距离县城较远，为方便活动开展，我通过有资质运输公司包了一辆车，中午十二点半准时从县城出发。

现在已是秋天，车驶出县城，扑面而来的是秋的美丽，是秋收的美丽，成熟的庄稼金黄，收割后的稻田整齐，村庄的农院静谧，远山绿肥中夹杂着瘦黄……大家又想起去年的春天，在一个桃花还没有完全开放的日子去采风赏花，留下了满满的遗憾。

近一个小时的车程后，我们来到了新林九年制学校。新林九年制学校虽是一所农村学校，可在县域内是一个办学招牌，获得国家级、省级、市级奖项无数，每年接受参观考察者无数，办学水平效能评估年年优秀，尤其是在几任校长的努力下，学校"德育生活化"办学特色声名远扬，真正把德育教育融入生活当中做到了极致。

戴口罩、扫码、测体温、登记……严格履行了这些必须程序后，我们走进了校园，干净、整洁、有序、和谐，几乎渗入了校园里的一草一木。

汪校长早已从办公室里出来，在门口等待我们一行，这足以看出汪校长对教研的重视，这几年，学校在汪校长的带领下，老师们在教研中成长迅速，工作室、研训项目包都有落户，参与的研修人员更是不少，承担公开课、示范课的老师日益增多，这大概就是真正的教研所带来的一种必然结果吧。

课即将开始，我和汪校长寒暄了几句，在他的带领下来到了录播教室，一切准备工作完美无瑕，大家落座后，拿出笔和研修手册，将手机声音关闭，坐等上课铃声。

郭老师带着《"飞天"凌空——跳水姑娘吕伟夺魁记》这则新闻特写，开始了第一节课的教学，她的课堂从三段视频开始，提出了四个疑问，在学生的讨论中，提出了"新闻特写"。接下来，郭老师带着学生研读课文，思考探究，着重探究了运动员在跳水过程中被放大了的东西，是如何放大的？又是如何形象起来的？得出了"动静结合"的结论，最后郭老师让学生做了一次当堂片段写作训练，并在对学生的写作成果的展示中结束了课堂教学。

我的《一着惊海天》的课堂，在对两幅手机截图的展示中开始，引导学生通过标题来了解身边的新闻，插入介绍副标题的作用，接着展示了两则来源不同的关于"繁昌撤县设区"的消息，告知学生了解新闻来源的必要性，随后引导学生概括新闻内容，提醒学生明晰新闻态度，感受新闻情感，最后通过与新闻消息的比较，带领学生认识新闻通讯的特点，在完成了"五读"的任务后，课堂在预定的时间结束。

稍后的评课环节，大家畅所欲言，对课的视频方式导入，对课堂的读写结合，对文章语言文字的赏析，对教学过程的顺序性，对设计的独特性，对单元的整体性，等等，都做了充分的评析和交流，尤其是黄浒初中、恒杰学校、平铺初中的三位年轻老师的勤学、勤思让我感动，他们提出的"年轻老师怎么去把控学生的课堂活动"这一话题，完全可以作为一个课题来研究。只是稍稍有些遗憾的是，大家对两节课的优点谈了很多，而不足则提得很少。最后，教研员丁老师做了点评，他相当于从"关注教材的编写意图、要有文体意识、强化目标意识、处理好环节和目标的关系"四个方面，给大家做了一个简短的培训，既有对两节课的肯定，也有对缺点和不足的建议，他的肯定充满了鼓励和关爱，他的建议中肯而科学，既有对语文教学理念的引领，又有对提升语文教师素养的建议，还有对语文教学艺术的思考，这些对今后的语文课堂教学有着很强的适用性。

因为既听了课又上了课，我的思考或许更多一些，有来自观课时的挑剔，有来自上课后的反思，也有来自研讨中的顿悟。

实用性应该是应用文体教学的核心目标。实用，就是要在生活中有实在的用处，要能用所学来应对生活。应用文体因其应用特点，所以在语文教学中不可缺少，语文又是与生活紧密相连的，语文学科工具性的特点也决定了应用文体教学的必要性，如书信、新闻、演讲稿……对书信文体的教学，当然是要让学生认识书信，并能正确写作书信；对演讲文体的教学，当然是要让学生认识演讲稿，并能正确撰写演讲稿；对说明文体的教学，当然是要让学生认识说明文，并能正确写出说明文。同样，对新闻的教学，我想是要让学生认识了解新闻，并能通过恰当的途径获得新闻，正确撰写新闻稿件。也就是在信息爆炸的今天，怎么去选择新闻，选择后怎么去阅读，阅读后怎么去把握新闻信息，把握后怎么去表明自己的看法。基于此，今天的课堂，郭老师介绍了"主标题和副标题之间的关系"，介绍了"新闻特写"的概念，并组织学生观看相关视频，进行课堂练习写作等，都是对新闻实用性的关注和落实。同样，我的课堂上设置了"五读"的环节，也是让学生能从看标题、辨真假、知内容、明态度、做比较等方面去读新闻，去看消息，以至于拿到一张报纸，或者登录一个新闻网站，能知道如何去阅读，进而通过正确的途径从外界获得真实有用的消息，也算是没有脱离实用性的要求。不过，郭老师由题设疑的四个问题中有三个问题实用性不强，研读课文思考探究的两个问题，同样对实用性的关照不够。同时，我在课堂上对"惊海天"的分析，仍然略显得多余，对实用性的目标不可避免地有所冲淡。

语文教学要依照螺旋上升的原则，循序渐进，不可急躁。语文的学习是一个螺旋上升的过程，在某一阶段要有一个旋转停留的过程，这一旋转停留的过程正是语文学习的积累过程，积累到一定程度，学习就能螺旋提升到下一个高度，如此循序渐进。自然，我们的语文教学也应遵循这一规律，耐下心来带着学生，在这螺旋的过程中引导他们去阅读、去写作、去观察、去生活，积累语文学习的要素，为上升到下一个高度打下坚实的基础。切不可急躁，在下一个高度阶段做着前一个高度阶段的事，最终会得不偿失。在我们现实中，在下一个高度阶段做前一个高度阶段事的现象仍很普遍：幼儿园教百以上加减乘除；小学阶段学习《新概念》并乐此不疲；七年级开始补习物理；八年级开始补习化学；九年级为了考进高中实验班，开始补习高中数理化；高中开设大学课程，冲刺各级学科竞赛，获取自主招生的加分资本……殊不知，如此拔苗助长，茁壮的只是极少数天才孩子，而带给绝大多数孩子的除了浮躁、虚荣，还有学习的一知半解，于孩子的学习、成长、生活，有百害而无一益。今天教学的两节课同属于一个单元，都属于"新闻阅读"层面，这一单元有着明确的学习任务：新闻阅读——新闻采访——新闻写作，并且这是一个循序渐进的序列任务，这样来说，郭老师在课堂上，结合文章内容和学生一起了解新闻内容，认识"特写"特点，"放大"分析人物，都是对"新闻阅读"任务的落实，而我在教学中强调"读标题"，注重"看来源"，引导"知内容"，共同"析情感"，提倡"做比较"，也都是努力去实现"阅读"这一层级的任务，由此来看，两堂课是从容的，是依序循规的。但仔细审视，急躁仍偶有发生，郭老师迫不及待地拿出十多分钟，引导学生去进行写作片段训练，似乎就是在"阅读"阶段干着"写作"阶段的事。

在语文教学中要把握好文学的度。在语文教学中，对文本进行文学性的挖掘和赏析，是一个不可或缺的内容，随着学生核心素养和语文学科核心素养的提出，语文课堂的文学因素日益增多，文学欣赏的广度和深度日益增加，甚至是"逢语文课堂必有文学赏析"，于是散文、小说教学有语言赏析，诗歌、戏剧教学有语言赏析，即使在说明文教学中，在新闻消息教学中，也都要努力让文学欣赏充满课堂。自然以介绍为目的的说明文，作为官方宣传的新闻消息等，也有着文学性的语言，也有着一定的态度和情感，但这只是一个组成部分，不能成为主体，适当关照其语言的文学性和情感性是必要的，但不能成为课堂的主体，不能冲淡其应有的课堂主旋律。郭老师在课堂上扣住"凌空"和"飞天"的美，分析"静中有动、以动衬静、动静互衬"的敏捷美、迅疾美、从容美和沉稳美，带领学生赏析运动员动作的优美，彰显了语文课堂的文学性，但容量过大，几乎占据了大部分课堂，我觉得对文学性的度的把握还不够恰当。同样，在我的课堂上，和学生一道对舰载机着舰的生死考验、完美配合、意义重大等进行体验分析，虽恰恰是语文教学文学性的体现，但仍然可以做得更精简一些，仍可以让文本文学性赏析在课堂中的位置更恰当更科学一些。

回程的车疾驶在乡间的柏油路上。中秋将至，忙碌的农人、忙碌的庄稼，也让田野一片忙碌，脱壳晾晒，颗粒归仓，以备冬藏尽其用。我突然明白，我们不就是那一个个农人，那一棵棵稻子吗？在田间地头劳作着，在浅水沃土中生长着，为了积蓄生活的所需。只不过农民的秋收冬藏为了一年，而我们的秋获不仅为了收藏一个冬天，更为了积蓄我们的一生！

语文的传承，在这个秋天

时候已近深秋，大自然的主旋律渐渐成了收获、凋零和枯黄。收获不是勤劳的终了，而是下一次播种的孕育；凋零不是衰老的终极，而是下一次萌发的积蓄；枯黄不是生命的终结，而是下一次葱绿的贮存。

秋，真正的是一个过渡，是一种传承，是一方延续。

又想到语文，想到语文教学，和秋一样，从课堂到生活，从小学到中学，过渡着，传承着，延续着。

也因此，有了不同学段联合开展写作教学活动的想法，确定主题、邀请对象、商定形式，落实地点时间，拟文下发……一切如此顺畅，要感谢朱老师，朱老师在域内是个名人，无论是在专业教学方面，还是在社会活动方面，当然，她的工作室真正是一个名师工作室，能和她的工作室联合开展活动，也算是一次难得的机会，一次不小的荣耀了。

活动内容是研讨两节作文习作课，分别是为四年级上和七年级上的学生，其中七年级上的作文习作课由芜湖市第二十七中邢殚老师执教。和邢殚老师的相识，机缘于"阳光云课"，芜湖市教育局开展的阳光云课录制活动，真正实现了优质教学资源的社会共享，我有幸参与了录制，和我一道录制七年级语文课程的，伊始只有三人，其中就有邢老师，邢老师的"雁过留痕"作文教学法，在一定范围内小有名气，在这种方法的指导下，有300多学生的习作公开发表，我常常感叹，这会有多少文学的种子在孩子心中萌发呀！邢老师也作为点评教师，多次参加文学活动，并接受过市级官方媒体的采访，可她每次录制云课前，都要征求我的看法，其谦虚诚恳让我印象深刻，我也一直有进一步了解"雁过留痕"教学法的好奇。于是就着这个机会，请她来繁昌讲课和交流，她欣然答应，这也更增加了我对了解"雁过留痕"作文教学法的期待。

因为她是第一次来繁昌，对她来的交通方式，我有点放心不下，建议她打车过来，这样可以免去对路径寻找的劳神，经过斟酌，她还是选择了由先生开车送来的方式，只是耽误了她先生半天时间，我有点过意不去。

我提前二十分钟来到活动场地——繁昌五中，走进校门，高耸的陶行知先生的塑像矗立在广场上，先生目光犀利敏锐，神态安详自若，他洞察了教育的深邃，关注了教育和生活，他"生活即教育，社会即学校，教学做合一"的教育理念深入人心，他"千教万教，教人求真；千学万学，学做真人"的教育名言，家喻户晓。繁昌五中这几年，在几任校长的带领下，教科研成绩斐然，是全国陶行知研究示范学校，对各级各类教科研活动都支持有加，师生从中也获得了不少的益处。

下午一点半，活动从实验小学吴老师的写人习作课开始，吴老师从一段视频入手，让学生说说家里有哪些"动物"，通过几幅图，引导学生怎么去介绍人，进而强调从外貌、性格、爱好等方面抓住特点，在此基础上，安排"写出自己印象最深的家人"的课堂练习，课堂最后在学生朗读展示自己的习作中结束，有引导、有示范、有练习，学生自然有收获。

邢老师的第二节课，以《散步》为例，通过还原文字的方式，告诉学生作文要点名主旨，要适当加入细节、景物、动作、语言等描写，要有恰当的议论抒情，要把详略安排得当，既要看到"大雁飞过"，又要做到"留下痕迹"，有方法，有措施，有过程，学生同样有收获。

随后的研讨交流环节，邢老师向大家详细介绍了她的作文教学实践，给听课老师们带来了不少启发，给他们的课堂教学实践增添了不少信心。两个工作室的成员方老师、丁老师、王老师分别谈了自己的体会，评价了自己所见的课堂和所闻的经验，实在而中肯。工作室主持人朱老师也就此机会，用"趣字当头，实字在后"八个字，对作文教学进行了评析，精确而恰当，是的，作文教学确实要做到"趣实结合"，趣而不实则浅，实而不趣则空，给了我，也给了大家切实的启发。

受到现场交流气氛的感染，我也谈了自己的思考。

语文总是一脉相承。现今的语文，从小学到高中，都是部版统编教材，无论在编排体例上，还是在内容安排上，抑或是在单元的分类、任务的设定、范文的选择、习作的序列等上，都是延续和传承的。同样，今天的两节课也是这传承的最好体现：一是写人，一是记事，写人离不开记事，记事又缺少不了写人，两者相互融合；写人要求写清楚，印象深，记事要求有主旨，用方法，都是强调会写人、会记事；写人也好，记事也罢，都提供范文例作，写人有借鉴，记事有引领。我们的语文教学，就是要抓住这些传承下来的东西，努力让之传承下去，小学的语文也好，中学的语文也罢，其实都有共同的语文因素，因为传承，它们的教材不应是孤立的，它们的课堂不应是孤立的。小学的语文教学要干小学的事，但又不能仅干小学的事，还要想到几年后的初中，中学的语文教学要干初中的事，但也不能只干初中的事，还要关注到这之前的小学。能做到这样，我们今天的活动也就算是有了一定的意义，只可惜，今天的初中课堂，并没有充分考虑到七年级学生刚刚由小学过渡而来，对曾经的小学因素关注照顾不多，显得感性不足而理性有余。

过程和细节兼顾。在写作教学中，"过程"就是要让学生能记事，能写人，即学生能把一件事讲清楚，能把一个人写清楚，但写文章如果只是把一个人、一件事写清楚，那是远远不够的。因为这样的写人记事，只是停留在实用阶段，属于生活的范畴，而我们的语文素养，是要包含艺术因素的，要真正成为艺术的写人叙事，那就要注重细节。我们都知道，阅读错过字词，就错过了整个作品，错过了这个作家。我想，写作同样如此，不能忽视精彩的细节，想想我们读过的经典作品，对之所记忆的，无外乎都是一些经典的难忘的细节，如朱自清的父亲的背影，如阿长的大字的睡相，如阿发家的罗汉豆，如林黛玉的葬花，如鲁智深的倒拔垂柳，如屠格涅夫笔下的那一只苍蝇从死去老太婆的眼睛上从容地爬过，如俄罗斯诗人笔下那片片雪花在死去战士眼膜上的飘落……从今天的两堂课来说，吴老师强调写人要写清楚，邢老师强调记事要记清楚，都是照应了写作的过程，都是兼顾了细节，如果说注重过程是写作教学的基础，那么兼顾细节则是写作教学的核心和升华。理想的写作状态，就是在能写清楚过程的基础上，让细节带上情趣，成为意象，这样的写作才是真正做到了生活和艺术的完美结合。

注重情感的引导。我们的写作，写人也好，记事也罢，其实都不是最终的目的，表情达意才是作文的目的所在。因此，情感的表达是习作的落脚点，自然，我们在作文教学的伊始，就应该注重情感的引导。我们都有这样的体验，学生自认为写出了感人的事，自认为表达了真的情感，可就是无法感人，究其原因，这些情感都没有突破我们日常生活中的"一般实用"的原则，也就是我们用实用的眼光来看，应该就是这样的，因此不具备感人性，也不能打动人。写作的情感只有超越实用功利性，才具有独特性，独特的情感自然就会打动人。如朱自清的《背影》中，爬月台去买橘子，从实用功利出发，应该是年轻的我去，可却是年老的父亲，超越了实用功利，所以动人；给我买来《山海经》，从实用功利来看，应该是有学识的读书人买来，然而却是目不识丁、连姓名都没有的阿长，这种情感就完全超越了实用功利，当然感动了鲁迅，也感动了读者。因此，只有写作的情感具有唯一性和独特性，才有永久的生命力。《背影》之所以能打动一代又一代人，它所表达的情感绝不是"父亲把大学生的我，当作孩子一样来关爱"，而是"我对父爱的拒绝是公然的，而被感动流泪是偷偷的，父爱子，无论儿子如何反应，都一如既往，子爱父，爱得惭愧，爱得内疚"，这两种爱的隔阂，才是情感的唯一性。当然，这些经典的作品、经典的情感，虽然出自经典的作家之手，是他们经典生活阅历的沉淀，距离学生的生活和写作还很遥远，可是，在我们的写作教学中，注重独特情感的表达引导，实现写作流露真情实感的目标，也是非常必要的。

同时，写作教学不能忽视修改。所谓写作修改，不能仅仅指老师的批改，而应更多地强调学生的自改。现实中，很多情况是，学生一挥而就写完作文，交给老师，老师批阅分发下去，学生关注一下分数，又开始准备下一篇作文，如此循环。其实，新的统编教材对作文的修改非常重视，就以小学语文四年级上册为例，每个单元的习作，都有明确的修改要求，可遗憾的是，这两堂课，都没有落实修改的任务，对写作教学的课堂来说是不全面的。我想，如果吴老师能充分利用课堂资源，选择一个大家都熟悉的习作对象，学生练习后相互修改；邢老师如果能在主旨、细节、景物、动作等众多方面，选择一个让学生当堂加以练习，并在此基础上进行适当评议修改，她的课堂一定会更加精彩，课堂上学生的表现也一定会更加精彩。其实，写文章不在于数量的多少，能写好一篇文章，就能写好文章，我想，如果我们在写作教学中能就一篇文章，让学生在反复修改的基础上，进行反复训练，也不失为一种有效的对修改任务的落实方式。

如果，这些许思考也算是收获，我真的愿意，让这在秋天里对语文的思考，成为我语文教学实践的一种传承和延续。

成长，也是一种爱

新学期第一次研修活动，之所以安排在田家炳中学，是因为工作室到目前为止唯独没有在这里开展过活动。田家炳中学位于县城，按理说开展活动更为方便，只是唯一一位在此学校上班的工作室成员熊老师要生宝宝，所以一年多来没有安排她承担活动，现在宝宝一岁多了，非常可爱，虽然工作、家庭中的事情依然繁多，但可以抽时间参加工作室活动了，于是安排她上一节研讨课，活动自然就安排在了这里。

下午，走进校园，顿时一股莫名的亲切感扑面而来。想想在这里工作的十二个年头，正是我"太阳刚出山"的年岁，无限感慨涌上心头，这期间有刚来县城的兴奋，也有压力没法释放的无奈；有每周十六节课匆匆来去的忙碌，也有那年外出培训十五天的清闲；有超负荷工作的坚忍，也有成长成功的喜悦；有每月入不敷出的艰难，也有偶尔拿奖励的欣喜；有大雪后铲扫路面冰雪的热烈，也有烈日下街头铲牛皮癣的怨愤；有"三五饭店"咸鸭锅子的鲜香，也有"儒林食府"小碟菜的辣爽；有和他的精彩记忆，也有和她的感人故事……

活动从熊老师的课堂教学开始，她执教《回忆我的母亲》，从老舍、冰心的两段深情的文字导入，题解之后，就一心一意和学生一道从文字中解读母亲的勤劳。在她的引导下，文字中母亲的勤劳俯拾皆是，学生们信口道来，好不热烈。至于她所认为的"爱憎分明、性格和蔼、宽厚仁慈，都是由勤劳衍生出来的"的表达，更是让我幡然醒悟，是啊，一个勤劳的人，她自然地会是爱憎分明的、性格和蔼的，必然是宽厚仁慈的。所以，她的课在充满感情的朗读声中结束，也就在情理之中了。想当年，熊老师的课堂语言和我一样，零碎而烦琐，可今天，听到她的简洁而蕴涵深刻的表达，我有些吃惊。我知道，我因为拍云课，正在艰难地努力让自己简洁起来，我却不知道她是什么原因，我想可能是她受了宝贝女儿健康成长的感染，这种成长与变化，无疑是母爱最好的体现了吧。

第二节课由罗老师上，相同的课题，不同的学生，罗老师依然那么从容淡定。他又一次让我们意外了，他抓住了第二、三、七三段，学生在他的启发下，疑问油然而生：为什么勤劳的人的生活总是如此贫困？进而引出第八段，原来这承接了上文"天灾、官兵、地主让勤劳的人生活贫困"，又引起了下文"我的人生经历以及母亲对我的影响"，文章布局一目了然，再加上对母亲形象的品析、对抒情段落的诵读，不觉又让我想起了课堂开始前的那幅沙画，那首写母亲的歌，那个叫韩红的动情的嗓音，课就这样结束了……想想罗老师，从曾经的羞于表现，到现在的笔下生风、文字颇丰、主动请缨、积极展示，他的变化便是成长的最好见证。

讨论交流延续着课堂的热烈，邢主任看出了理性和感性的分别，期待两种风格的完美结合；芳老师关注到了母亲对大家庭的爱，并引发出对自身教学的思考，彰显了一个女性的善良和细腻；程老师"抓细节、品形象、重朗读"的评说，让执教者备受鼓舞；赵老师在中小学语文教学比较中，提出"一课时显得仓促而不放心"，正是她最有价值的思考；华老师对课堂目标达成的赞许，对两位老师迥异风格的羡慕，也让我羡慕起她听课观课的成效；军老师关注到品读对情境的带入，关注到对学生阅读方法的指导，关注到课堂容量的适宜，也让我们关注到她的关注；娟老师"抓住语言缝隙处"的阅读经验的分享，仿佛让我们看到了一条条通向文字深处的小径，我们坚信，走过去一定是柳暗花明、美不胜收；马老师一直在记录着这些美好的瞬间，她没有表达，其实是最美的表达！

我自然没有理由不和大家分享自己的思考，虽然我的思考还显得浅显和稚嫩。

长篇幅的文章教学，要处理好整体和局部的关系。篇幅长的文章，内容自然就会多，教学中首先要让学生熟悉内容，后面的教学才能逐步深入，而熟悉篇幅长的文章的内容，自然需要较多的时间，大家又总感觉花过多时间去熟悉内容，不值得，也不乐意去做。于是就会出现矛盾，要么内容没熟悉，就开始深入局部，让人感觉像是根基不牢固的建筑，随时会坍塌，充满了不踏实感；要么，花去很多时间和很多精力，在文字表面纠缠，无法深入，走马观花，劳神费力，肤浅平淡，毫无味道。如何规避这种矛盾，我想就是要在熟悉内容的方式方法上下功夫，找到最省时、最省力、最有效的方法，来实现用最少的时间、最少的精力，实现对内容最大限度的熟悉！其实，只要我们把文本再读细一点，把思考再深入一点，方法总是有的。在此基础上，再对局部的美加以深入的品和赏，这样的语文课堂，自然成了有源之水、有本之木。

放到整个单元中来确定每篇文章的教学目标，显得尤为重要。这一单元提示里说得很清楚：学习本单元，要了解回忆性散文、传记的特点，比如内容真实、事件典型、注重细节描写等。还可以从中学习刻画人物的方法，品味风格多样的语言，提高文学鉴赏能力。看看这一单元的几篇课文，我们不难发现，每篇文章在内容选材、刻画人物方法、语言风格上都各有特点，要抓住的就是这各自的特点。如《回忆我的母亲》的特点就是注重细节、语言通俗、饱含感情，于是教学时，从通俗的语言中品味饱含的情感，就不会偏离目标。树木总是长在森林当中，认识一棵树，当然要先了解这片森林。语文教学也是如此，先了解整个单元，了解其他几篇文章，再确定某一篇文章的教学目标，我们的教学才能和谐。

写人离不开事，所以写人的叙事散文，要分析人物形象，更要理清叙述思路。人总是生活在社会当中，总会充当一个社会角色，总会少不了社会活动。认识人，当然要看他的活动，在活动中去了解他，相反，没有活动的人是静止的，不鲜活，不真实。同样，有活动，就会有过程，就会有先后的、因果的、详略的区分，只有详细理清这些，人物形象才能突出，才能更加清晰。

听着大家的探讨，看着大家的交流，对"成长"的欣慰涌上心头，是啊，我们整天埋怨这也不对，那也不是，总是责怪没有成长的土壤，其实成长在听一堂课中，在参加一次研讨中，在一句肯定的话语中，在一个提出的疑问中，不知不觉就实现了，这又何尝不是一种爱，一种对自己的爱，一种对职业的爱，一种对学生的爱呢？

管控了情绪，便能把握一切

今天的活动缘起，还在两年前。

2018年1月，市人代会期间，郑老师虽是人大常委，但是属于我们县所选出的代表，所以参加我们代表团的所有活动。得知她是心理学教授，我就有了请她作讲座的想法。于是，主动联系她，却意外记起她还是我的大学心理学老师，才明白刚开始为什么对她的名字总感觉有些熟悉，可毕竟毕业已经快三十年了，况且当年作为公共课的心理学，由于课时少、非专业课，我对之关注不多，自然对教授这门课的老师的印象也不深，不过这以后，脑海中还是搜寻到越来越多的关于她的记忆，关于她的心理学课程的记忆。

两年来，多次萌发请她来作讲座的念头。可是，要么一旦提出，担心她忙，让她为难；要么放眼身边，大家各自忙碌，又觉心理讲座未必迫切；要么生出想法，很快又因我忙而暂时搁置，一直至今。

今年，受疫情的影响，假期一延再延，刚开始延迟，还有一种无须上班的庆幸和高兴，可是紧随着这庆幸而来的却是不能外出的郁闷，是一切停止的烦躁，是对线上学习的焦虑，于是又充满了对假期结束回归学校的期待，现在终于等到全面复学的日子，可是面对正常工作和生活的回归，却又有着说不清的无所适从。

我意识到，真是到了该请郑老师来作讲座的时候了。

于是，微信联系、得到回复、商定时间、确定内容，一切顺利。

4月22日下午，郑老师自驾车从芜湖赶来，一路导航，还算顺利。只是从S321掉头后，没有开上辅道，她怎么也找不到右转到学校的路口，经过我的电话指引，她只好再掉头、行驶、掉头、右转，终于来到学校的门口。

　　她的讲座，从分析我们的精力投放点开始。我们在日常生活中，精力投放到了家庭、工作等各个点，因此会产生各种各样的情绪，同时需要管理这些情绪，就此引出讲座的主题，随后从三个方面做了讲解。情绪管理的重要性方面，她举了"九人过桥"和"死囚实验"两个例子，我们很容易就明白了情绪会影响我们的生活状态，不要让某种情绪来得太强烈，持续太长久，否则就需要调整。情绪的管理方面，强调了积极情绪有三个来源，即来源于积极的认知，也就是我们要转换关注问题的点，努力看到积极的一面；来源于积极的自我心像，先关注自己得到的，再关注那些失去的，把自己想象得很成功；来源于感恩的心态，感恩的时候能让我们身心愉快，会密切我们与他人的关系，从而使神经系统渐渐放松，压力得到舒缓。消极情绪化解方面，需要我们接纳现实，接纳情绪状态，不要抱怨，对既定的现实，任何抱怨都是无济于事的，只能给我们增添徒劳的烦恼和郁闷。

　　讲座，一直延续；讲课人的优雅知性，始终相伴；我的思考，也随之进行。

　　生活中需要积极情绪，教学中同样需要积极心理。学习的过程，是一个不断出现问题的过程，在这一过程中不断去解决出现的问题，学习自然就会不断有所收获。生活中需要积极情绪，教学中同样需要积极心理。在日常教学中，我们有时埋怨学生这也不会，那也不懂，抱怨学生这也不听，那也不信，强调这题我也讲过，那题我也说过，而很少去想学生虽然不会不懂，虽然看似不听不信，可他一直在努力去听去信去记忆去理解，这些努力又何尝不是积极的因素，而且更需要我们去关注呢？我想，如果我们关注了学生的勤奋，他就会变得更加刻苦；如果我们关注了学生的爱心，他就会变得更加善良；如果我们关注了学生的良好习惯，他就会变得更加懂分寸，行为得体；如果我们关注了学生的一个奇妙想法，他就会变得更加思维活跃；如果我们关注了学生的一次成功，他就会变得更有成就；如果我们关注了学生的一次礼貌，他就会变得更加文明守礼；如果我们关注了学生的一点快乐，他就可能变得一生幸福。

接纳现实是态度，适宜应对是方向。现实是已经发生的事实，我们希望的也好，我们不希望的也罢，都不会因我们的情绪而改变，此时，再去假设如果当初怎么样，再去抱怨某一些人，又有什么意义？就像现在的线上教学，我们总是埋怨学生抄袭作业，并摆出一万个抄袭的证据，表明我们的无奈，其实再仔细想想，再多的埋怨有什么用？迫于生计，家长也不可能做到全天候的监管；受年龄和环境的影响，学生无法做到理想般的自觉；防疫形势的原因，老师暂时还不能和学生面对面地交流……这些就是现实，一段时间内不会改变，那所有对学生和家长的埋怨都将会是徒劳，与其徒劳，不如我们去想办法让他们无可抄之物，无可抄之处，这就需要我们有所改变，改变一贯的作业布置方式，改变固定的作业布置内容。在这个网络信号大范围覆盖的时代，我们只有发挥自己的智慧和汗水，努力做到布置自己原创的作业，才能让学生无处搜索，无法抄袭，这其实应该是对现实最好的接纳和应对了。我又想起了前几天，学完《望岳》后，我知道，这一首诗的内容、人物、写法、字词等凡是能想到的，网络上都能立即拈来，这时候再去重复这些作业没有丝毫意义，我就布置了"结合自己的经历写一段话，用上'会当凌绝顶，一览众山小'，字数不限"这样一个作业，学生自然无处搜寻，抄袭也就能有效避免。所以，无论是疫情防控，还是线上教学，即便我们有再多的不满情绪，都无法改变现实，此时，接纳是最好的态度，适应应对就是最正确的方向。

一场讲座，我有了如是的思考。

讲座即将结束，接到电话，县领导来学校检查复学工作，我只好去门口等候迎接，请江校长到时候对讲座进行总结。可是我在门口等了十多分钟，也没有等到领导到来，于是又回到会场。正当郑老师准备结束讲座，我进行总结时，电话又想起，领导说马上就到，我只能请江校长先到门口迎接。我很快对讲座进行了简短的总结，并对工作室成员提出了要求，布置了编写研修简报的工作。

随后便送郑老师回程，我挽留她吃完晚饭再回，可她一再体谅我的忙和不便，坚持要走，由于县领导还在校园里检查工作，我只好匆忙送别，过后才想起竟然还是忘了好几件事情，最遗憾的没能在学校大屏幕前和她合个影！

一个多小时后，郑老师发来信息，她已顺利到家，说是由于导航选择了不同的路线，回程比来途更快。

是啊，一次空间的行程如此，人生的行程又何尝不是如此呢？我突然明白，既然我们的情绪都是可以管控的了，那还有什么不可以把握呢？行程也好，疫情也罢，甚至是孩子的成长、我们自身的发展，我们都可以掌控在自己的手中，牢牢地，牢牢地！

精彩的遇见，精彩的憧憬

工作室一直想开展一次活动，而且是想请一线名师来开展活动，已经计划很久了。

与强红瑞老师的相识，缘于2018年11月在桂林举办的"中语杯"全国中青年教师课堂教学大赛，当时在报名的微信群里，偶然发现"河南强红瑞"，强姓在全国姓氏当中怎么算都算不上一个大众姓氏，我奔走过很多地方，几乎没见过强姓本家，常常是要么被人惊奇地反问"有强这个姓？"，要么被不知不觉改姓成了"张"。印象中我只知道安徽芜湖、江苏无锡、甘肃等地有强姓居民，不知道河南居然也有，于是怀着好奇我就和她在网络上打了一声招呼，没想到她并没有因为我的冒昧而拒绝理睬，而是立即回应了我，我很是感动。

很快，通过朋友圈、微信公众号，我惊奇地发现强红瑞老师可不简单，她名震三门峡，声扬河南省，是省学术技术带头人，赛课拿过全国一等奖和省一等奖，政治荣誉也不少，是响当当的三门峡市"巾帼英雄"，她多次给教师做培训，她的名师工作室每天推送一篇文章，已有两百多万字的教学成果……我在为她骄傲的同时，又颇感自责，这些年我在专业上成长缓慢，教学研究似乎一直在啃老本，有"江郎才尽"之感。于是萌生了请她来繁昌的念头，一方面了却我一直以来想请名师上一堂示范课的心愿，同时借此机会请她对我工作室的工作加以指导。又是一次没想到，她毫不犹豫地应了下来，只是问了我一句"你凭什么相信我能行？"，我坚定回答"凭你的成果，凭咱们强氏家族的自信"！于是，时间、内容、主题、行程很快就商定落实，一切顺利得让我有些不敢相信。尤其记得除了时间安排外，其余都是由我来定的，强老师没有提出任何要求，这足见她的那份自信，我想这份自信的来源，应该就是她的厚积累、勤研究和丰硕成果吧。

在全体工作室成员的期待中，强老师踏上了来繁昌的行程，由于没有买到直达的车票，她要从南京转车过来，行程近六个小时，她却显得非常乐观，并开玩笑说"终于有吃泡面的机会了，难得难得"。下午接站，我特意叫上了工作室的强芳老师，以特别的方式来一次强家人的聚会！在车站等待的时刻，我在犹豫要不要举个写有"强红瑞老师"的纸牌，因为我真的一直在担心到时候她从出站口出来我能不能认出她来，后来想还是没有必要，因为通过微信我对她的印象已经比较深了。六点整，人群开始涌出出站口，我用眼光在搜寻，一拨人，两拨人，突然，缓缓而上的电梯上出现了一位长着披肩长发、身着黑色上衣的女士，优雅美丽，没等我来得及在心里确认，我俩都不约而同地举手相互示意，是的，就是她，就是强老师，就是那个从老子《道德经》创作地灵宝出发途经南京而来的名师——强红瑞老师，我顿时明白，刚才那心有灵犀地挥手示意，一定是来自我们同姓同源的宗族默契。

为迎接强老师，晚上我安排了工作室成员聚餐，席间，我对强老师说大家期待您来有好长时间了，强老师很谦虚，一再说担心课和讲座与大家想象中的差距很大，让大家失望，工作室的王军老师迫不及待地说已经超出了大家的想象，她说想象中强老师一定是才高人美，没想到竟然是如此的美！

又一次没想到，见到强老师后，她脱口而出"获港"，我颇有些疑惑，但很快明白过来，他一定是想到了毛泽东那篇经典的新闻稿，一定是想到了中国人民解放军百万大军横渡长江，她的这种对教学资源的积累意识令我佩服，在她的眼中真正是教材第一、教学第一、语文第一！作为东道主，我当然要主动创造机会实现她的愿望，虽然她并没有向我提出要去获港看看。于是利用活动前的上午半天空闲时间，我陪她去了获港，登上板子矶，来到渡江第一船登陆点，感受教材文字中透露出的那份雄伟豪迈和气势磅礴，好在这与语文教材有关，与语文教学有关，也就不能算是在工作日违规旅游了。可是没想到这里开始收门票了，觉得这段历史，这个青少年德育教育基地，被牵扯上了经济利益，心里真不是滋味，塞满了不快和不服。强老师拍了很多照片，我也是，我们都相信这将为以后的教学增添更多的真实素材，必将有助于对教材的二次开发。

正式活动，在下午一点半，从一堂课开始，强老师在五中的录播教室执教《卖炭翁》，这是一篇经典篇目，教学设计、课堂实录网上比比皆是。名师的课堂当然要有亮点，我充满期待却又有一丝不安，毕竟她是我请过来的，也知道大家对这堂课的期待，假如万一，她的课上砸了怎么办？我也不敢往下想了……

强老师的课堂导入非常简单，唐代李白、杜甫、白居易三位大诗人在她的言语当中顺畅流过，即导入了新课，接着从对"翁"的解释和现在老人的生活状态入手，进入课堂学习，真正做到让学生从第一秒开始就学语文，她从朗读、讲故事、识作者、知背景、品析语言、当堂背诵等几个环节，缓缓行进，娓娓道来，行云流水般地在不知不觉中结束了课堂教学，惊叹、会心、称赞、佩服、意犹未尽……成了大家不言而喻的共识。过后想想，强老师的课堂精彩之处在于她的语文教学艺术，她从四个层次递进式进行朗读教学，示范引导恰当；她从两个角度讲述故事的设计，这对当今孩子一遇到概括就表达混乱的现状是一剂良药；她通过知人论世的方式来教学写作意图和目的，能让古诗文教学更加豁达和深邃；她品析语言的环节安排在最后，更是艺术的处理，是她对课堂调控自如的体现，因为这一环节的长短深浅全由她掌控，而丝毫不影响课堂教学的效果，又恰到好处避免了我们经常出现教学内容完成不了的窘境；她以思维导图方式提示背诵，让课堂检测更加具体形象有效……当然，我想如果能在讲述故事前，老师做一点"加入同学们自己的语言和心理活动"的提示和示范；如果能在品析环节更多地引导学生关注"品"的过程；如果在学生提到还有一双牛的眼睛也在关注时，能引导学生关注诗中关于牛的诗句；如果能在最后对前面出示的学习目标有所照应……我想这堂课的精彩会增加不少。

强老师的讲座就像她的课一样，延续着这位一线名师的风格，开始的第一秒就让大家在听语文教学讲座。她紧扣语文课堂，无论谈课堂最佳切入点，还是谈提炼主问题，无论是说课堂收放自如，还是讲引导学生读写结合，抑或是布置有创意的语文作业，每一内容都一语中的，说到了一线教师的心坎上。她提出的切实可行的操作方式，更是效用度极高，无怪乎讲座结束时，大家惊呼五个字"满满的干货"，她的讲座没有高深的理论，而是教学案例俯拾皆是、信手拈来，这需要平时多么大的勤勉、多么厚的积累、多么真的用心啊！强老师在讲座中提到的读写结合和实践作业，我也做过同样的教学尝试，曾每周安排固定一节课，就同一篇美文让学生写读书笔记，把学生写得好的读书笔记作为范文供全班阅读，作为写下一次读书笔记的范本，我也曾在每个传统节日布置作业——传统节日主题手抄报，且成效明显。

茫茫人海，碌碌尘世，精彩注定很多，遇见的精彩、努力的精彩、成就的精彩、回归的精彩……这一切的精彩似乎在己亥猪年的四月都不期而至，注定会让这个喜事差连的己亥猪年，让这个繁花似锦的四月更加精彩。

我和强红瑞老师同样也精彩地憧憬：一年、三年甚至五年后，我们的工作室会怎样？我们的工作室成员们会怎样？最后，作为主持人的我们，又将会怎样？

守住语文个性，稳步行走人生

　　这次活动，机缘于2019年"两会"期间的邂逅，那天下午会议结束回住处，上大巴车后突然发现辛老师坐在车上，先是短暂的一愣，很快明白他也是来参加会议的，随后就知道他是坐我们代表团的车顺便回办公室（他的工作单位就在我们住所旁边），于是我就逮着这个机会，在车上向他提出了我的想法——想请他给我的工作室成员做一次讲座，他欣然答应，很是让我激动。

　　辛老师下车后，车上有人问这是谁，考虑到问我的人是一个农民企业家，我估计他对"教研员"没有什么概念，就回答他"这个人是全市中学语文老师的'总瓢把子'，我们全市中学语文老师的成长都归他管"，"哦，啊？了不起，这个人你也认识啊？"他虽不完全明白，但分明能看出他的吃惊和对我的羡慕！其实，辛老师虽是市中学语文教研员，他却对我们这些草根的语文老师非常熟悉，最让我钦佩的是，他和你见过一次面，下次再见到一定能叫出你的名字，我就曾经这样被感动过！我和辛老师的第一次接触，得益于北大骨干教师工作坊研修，当时辛老师是坊主，带着我们做了一次收获颇丰的研修。记得在一次线下集中研修中，受到辛老师的点名表扬，我想这应该就是一个草根语文老师前进的最大动力了吧！后来，我们一起参加过市级教研活动，他作为专家给我的课题结题，来到我的学校给全体老师作讲座……多次和辛老师接触，受到的启发很多，不仅有学术上的严谨和求精，更有做人的低调和亲民！

　　新学期开学第一周，我就和辛老师联系，他说让我等他回话。一天上午，我接到辛老师的电话，和我约定好了时间，并且让我给他出讲座的主题，我一个草根语文老师也是糊涂胆大，居然真给了他一个主题，现在想来还真觉得有点不妥。后来才知道他的时间安排很紧，还有的讲座他已经答应了却一直没有时间进行，这一次是刚从省里参加完考纲修订，抽出半天时间来到我工作室的，我又是一阵感动和自豪。

讲座在繁昌五中举行，下午两点开始，其实强芳老师上午就把各项准备工作做好了，我还是觉得要早点去，一点半我准时到了活动地点，下车后拿出手机，发现辛老师发来了一条短信，说他已经到了，我赶紧打他电话，见了面，才知道他参加活动一向是要提前到的。为了扩大此次讲座的受众范围，县教师发展中心下文要求全县语文老师参加，两点一到，讲座准时开始。作为主持人，我当然要有一个开场白，也是经过了好长时间的斟酌，我用"熟悉又陌生"五个字介绍辛老师，我觉得"熟悉"是因为辛老师是省特级教师，是课标、考纲制定和考试命题专家，担任各级各类教学大赛评委无数次，多年从事教科研工作，成果丰硕，大家通过各种平台，对他的名字耳熟能详；说"陌生"是因为毕竟鲜有能和辛老师面对面交流的机会。我尽量缩短我的开场白的时间，好让讲座在大家的期待中开始。

接下来，辛老师用两个半小时和大家在一起做了交流，他紧扣的是语文核心素养，强调了语文核心素养是制定新课标的核心，是命题的原则，是教学改革的依据，是语文教学的指向，他结合自身的学习、研究、命题经历，理论充分，事例翔实，同时处处照顾到了我出给他的主题"个性语文"。"核心素养"和"个性语文"这样完美的结合着实让我敬佩，这么短的时间能完成这样的作业，我当然知道辛老师幕后做了多少精心的准备，为了一场草根语文老师聆听的讲座，他能做如此精心的准备，我想这不正是体现了辛老师"教学研究"的个性吗？其实，"个性语文"也好，"个性研究"也罢，都是希望我们语文人要充满语文个性，我想，我们的语文个性就是语文老师要追求深度的语文知识储备、独特的语文人格魅力和恰当的语文教学艺术，就是要实现对学生传统的语文文化的熏陶、自觉的语文学习习惯的培养和合理的语文个性的培养！

我时常发现，当学生回忆他学生时代的老师的时候，第一个想到的往往是语文老师，之所以会这样，我想就是因为语文老师的课堂有着独特的语文个性，语文学习影响着学生的人格个性。

让我们守住语文个性，和学生一起走向稳健的未来人生！

唯有个性，方能不负课堂

工作室的这次活动，目的是磨课。

王素娟老师今年参加赛课，她去年拿的是市二等奖，今年冲着市一等奖而去，于是大家就有了这么一个机会。

活动在王老师所在的学校——繁昌三中举办，活动下午两点开始，一点五十，成员们从各自的学校都赶到了，马瑶老师还是坐公交车来的，我很是过意不去，为了方便活动开展，工作室活动大多安排在城区学校，马老师住在镇上，实在是难为她了，可是每次活动现场看到她都是满脸的笑容，丝毫看不出怨气，我打心里高兴，觉得年轻人就应该这样，因为人的所有经历，尤其是艰辛终将会成为财富的！于是每次活动结束，我都要把马老师回家的事情安排好，才放心。好在，罗彦桃老师和她住在同一个镇上，而他每次来参加活动是开车的，因为不在一个学校，所以虽不能一同来，却可以一道回，罗老师的司机角色当得是相当的好，在工作室里，他不仅在教学与写作上充当了大哥哥的角色，处处加以关心，生活上同样如此。

王老师执教的是《湖心亭看雪》，这是篇经典文言文，自然只有上出个性，才有可能成功。她敢于挑战，实在勇气可嘉。王老师从苏轼的诗句入手，直接切入主题，安排了三个环节，先是带学生了解作者的痴行，然后和学生一道欣赏了美景，最后通过探讨课题为什么是"看雪"而不是"赏雪"来体会作者的痴情，目标清晰且基于学生的需要，达成和落实的情况也不错，尤其是王老师通过删字和换字的方法，带学生体会了雪后西湖天地苍茫和物渺人小如米似豆的奇景，让人有身临其境、情入其中之感，课堂教和学的个性得到了很好的彰显。

100

课后，就地进行了研讨，成员们的团结精神又一次得到了展现，大家纷纷发言，或强调优点，或提出不足，或交流感受，或建议修改，热情热闹热烈之程度远出了预期。罗老师就"金陵客与作者到底能不能成为朋友"说出了自己的想法，很有思考的深度；程能飞老师觉得"痴"作为一个重点，很值得学生去体会，同样也需要一个过程，于是新版教材将之从八年级调整到九年级是有一定道理的；马瑶老师提出了自己教学中对"痴"的困惑，很值得大家探讨；王军老师对老师课堂上前面提出了问题而后面没有落实做了提示；强芳老师对学生理解作者的痴情的方法提出了自己的看法；赵继勤老师表示这篇课文在课时安排上可以做些调整，从小学教学的角度来观看评价；熊琴老师则觉得老师在课堂上显得有些着急，匆匆忙忙很容易让学生觉得无所适从，并谦虚地表示这也是自己的困惑……

被大家的积极和热情感染，我也发表了自己的想法，结合自己的实践经历提出两点意见和大家共勉。

一堂课要做到环节简洁，在环节进行中尽量不要节外生枝。有些课堂经常是上着上着就偏离了方向，于是不得不校正回位，这"一偏一校"带来的不仅是时间的浪费，更是一种可怕的干扰。因为要环节简洁，所以我们要让课堂白描起来，白描就是把更多想象、发挥的空间留给课堂留给学生，完成课堂内容、情感的独特构建；因为要环节简洁，所以老师在进行总结提炼时，要做到一言到位，一语中的，能一句话说清楚的，绝不用两句话，切不可绕来绕去，自己出不来，学生更是晕头转向。

同时，课堂上要想方设法调动学生已有的生活经验，为落实教学目标服务，这一点我有亲身体验。我在教学《答谢中书书》时，让学生体会"自康乐以来，未复有能与其奇者"这句话所蕴含的情感时，学生一时难以深入，我问学生有没有崇拜的人，一个学生回答他崇拜我，我立即问他崇拜我什么，他说我字写得好，于是我就问他如果你在某件事上说出"自校长以来，除了我没有人能说出奇妙之处"，流露出的是什么情感，他立刻答道当然是自豪，于是作者那种古来知音共赏美景的骄傲和自豪之情就出来了，这正是调动学生的生活体验所起的效果。本文中"天与山与水与云"等写景之处，也可以调动学生的生活经验来做类似处理，这比让学生硬是就字词做死抠的理解和老师做声嘶力竭的讲解要好得多，智慧得多。

最后，我给大家做了一个小讲座，说是小，因为时间不长，内容也不多。说是讲座，其实是把前不久获奖的教学成果给大家做了一个汇报，从"当前语文课堂个性的缺失""对语文课堂个性和深度的认识及其价值""语文课堂教学个性化的实施路径"三个方面，算是和大家共同分享些许教学经验和体会吧，至于有没有给大家带来一点收获，有没有浪费大家的时间，我也一直是耿耿于怀，念念不忘，这样心心念念的担忧也一直充斥着我的生活，这也算是我做人做事的一点个性吧！

线上云微课，教学更深广

受疫情影响，研修活动在网上进行。

于是，群体下载安装"钉钉"，组建工作群，逐一入群，调试声音和图像……一切很顺利。很快就确定了研修活动的时间是下午三点，并将研修活动的主题和议程通知到了每一位成员。没想到临近中午，收到下午临时会议的通知，研修活动除了调整时间，别无选择。仔细梳理，只有第二天上午才会有空闲的时间，于是，研修活动改到了第二天上午十点。

这一次研修活动"微课教学研讨交流"主题的确定，源于线上教学。

延迟开学初始，教科所就组织老师录制微课，供孩子们线上学习。这种微课的形式，重在知识点的传授，是科学的。辛老师对语文学科的微课课程录制的要求，更是充分考虑到了学生的需求、教育的规律、资源的配置和教学的成效，无论于教学理念的引导，还是于学生学习习惯的养成，都会是影响积极而深远的。

感谢牛老师的信任，工作室才有了三节课的机会。虽说是难得的机会，可是要录一节课，定要花去不少时间和精力，尤其在这受疫情影响，人的内心都有说不出的烦躁不安的时候，很难说不是一个负担。

安排谁录？我首先想到的罗彦桃老师，他并不年轻，但在教学上的钻研一直没有停下，况且，他的微课曾获过省级奖项；然后想到的是马瑶老师，她年轻，自然空闲的时间要多一点，最重要的是，年轻的她学习意识强，校内公开课、比赛课踊跃参与，在学科的研讨交流中，无论是谈自己，还是说他人，总能够知无不言，言无不尽，透着一股教研的韧劲；王素娟老师经过多年的学习钻研，自我提升不少，无论是课堂教学，还是经验总结，都在一路向好，刚入工作室时，她还耕耘在偏远的乡村学校，很

103

快，凭借学识和能力，她力挫对手，挤进了县城的名校，她自然也在我的考虑行列。

一沟通，三人未做任何推辞。于是，选题设计、课件制作、视频录制、作业编写、送交审核、按时上线……三节课都一气呵成，走上了资源应用平台，走进了全市七年级孩子的学习生活。

研修活动在十点准时开始，上午九点五十，大家就早早地上线了。三位老师依次就自己的微课教学、制作等，和大家进行了经验分享。罗老师一贯展现他有条不紊的风格，从录制到格式转换，从录屏到过程剪辑，从QQ到"钉钉"在线，让人从中获益匪浅；马老师谈了教学内容的选择和安排，她的微课制作，综合运用动画、声音、色彩，兼用丰富的图框线格，确实是难得；王老师依然谦虚低调，能把PPT直接转化成微课视频，神奇而可行，令所有人充满好奇。

因为都是切实的经验，都是真诚的分享，于是，接下来大家的交流发言，非常踊跃积极。强芳老师畅谈了自己线上教学的经历，透露出了发现平台软件能边教边录的欣喜；华琪老师虽没有录制过微课，明确表示通过今天的研讨，她对第一节微课的录制充满了期待；赵继勤老师关注到了微课教学的简练，并对在小学语文教学中尝试微课方式兴趣颇高；王春老师回忆起自己微课教学的过去，对"纯文字版"的样式记忆深刻，愈发感到学习新事物的紧迫；郭梦瑶老师所言"微课教学内容选择之重要"，既是自己的学习体会，也说出了大家共同的反思；程能飞老师结合自己的教学实际，对微课的制作和教学的设计都提出了自己的思考；熊琴老师回顾了自己最近刚录完微课的经历，毫无保留地推介了同事的精彩，既有这段时间学了很多知识的满足，也有第二节微课录制成功却没有开展教学的遗憾；最后发言的是王军老师，她推荐了电脑录屏软件，并细数了自己曾录课的点点滴滴，总结出了一个原始而有效的预防出错重录的法宝——写作脚本，她对完美的追求，总是这样的朴实。

充实、收获、热烈，总是感觉时间快得不合常规。不忍心占用大家过多的时间，我只和大家交流了自己的两点思考。

微课教学，更能见人眼光的长远和深广。微课5~10分钟的时长，课件展示短暂，是单向的教和学，缺少互动。因其时长短，内容的选择是聚焦知识点，因为是知识点，也就有别于日常的课堂教学。日常的课堂教学我们关注更多的是教学的面，似乎什么都要讲到，我们才会放心，自然"广而泛"的习气充斥了我们的课堂教学，"深入、思考、探寻"距离我们愈来愈远。而微课教学关注的是知识点，当我们聚焦在一个点上时，自然就能深入，因此更需要知识的拓展和延伸，否则停留在一个点上翻来覆去、颠三倒四，无法生发开来，只能让人乏味，而这一拓展延伸生发的过程，就是一个审视人的学识的历程，激发人的构建潜能的过程，投射到人的身上，是日常教学与自我提升的结合。由此可见，微课教学虽不见人，但其所折射出的人的研学历程，所彰显出的人的教学风格，是长远的、深广的。

　　激发阅读兴趣，是作品介绍类微课教学的立足点。微课教学，不能没有立足点和出发点，作品介绍类的微课教学，目的应该是激发孩子的阅读兴趣，所以必须以"激发孩子的阅读兴趣"作为微课教学的立足点和出发点，以此作为微课设计、内容选择、方法使用的依据。作品中的经典故事、优美诗句、核心思想、著名人物等，容易激发学生的阅读兴趣，应该成为微课教学的内容选择。由此来看，罗老师在教学《司马光和〈资治通鉴〉》时，介绍了"司马光砸缸"的故事，王老师在教学《北朝民歌》时，介绍了诗歌《敕勒川》，都是抓住了立足点和出发点，效果自然明显。同时，我们也要注意，处理好熟悉和陌生的关系，对激发学生的学习兴趣至关重要。如果教学的都是学生熟悉的内容，自然就会显得肤浅，相反，如果选择的内容都是学生陌生的，则又会显得深奥，自然难以激发学生的阅读兴趣，因此熟悉和陌生要兼顾，在熟悉的基础上增加陌生的因素，让学生感觉似知却又非懂，阅读就会欲罢而不能，兴趣就产生了。这一点，罗老师算是成功的，他不仅介绍了司马光砸缸的故事，更教学了很多人并不了解的具体砸缸的经过，学生有收获之余也激发了兴趣。只是在内容的安排上，我倒觉得对司马光的人物分析过多，而对《资治通鉴》的介绍太少，可能教学过后不是激发学生对《资治通鉴》的阅读兴趣，而是激发了学生对《司马光传》的好奇。

微，小也，短也，少也，但不是所有的微，都小，都短，都少。课微，也如此。课之微，学之广也，教之深也，兴之多也。

语文的路上，从不缺少幸福

　　根据安排，国培送教下乡在孙村初中进行，因为有课例点评的任务，我不得不参加活动，因为我的学校上午有两项县级课题开题，我只能向评审专家作出说明并表示歉意，其实有潘校长在家，也无需担心，一切工作他会安排妥当的。

　　一场小雪仍未化尽，寒风伴随的小雨让今天显得更加湿冷。第一节课的缘故，有许多事要忙，一切匆忙而有序，开门、开设备、调设备、开空调、拉横幅……足见汪校长的精心安排。

　　第一堂课由婷老师来上，婷老师是一个刚入职两年的年轻老师，因为跟着我的工作室成员一道去桂林相处了一个星期，我俩也算比较熟了。刚开始因为电脑无法播放她的课件，她着实紧张了一下，好在她沉着冷静，只用了几分钟的时间就下载安装了所需要的软件，解决了问题。再想想一个月前去桂林的动车上，第一次吃到的外卖就是她点的，我不禁感叹年轻人就是有信息技术天赋，就是紧随时代步伐。

　　今天的两节课例都是《愚公移山》，婷老师从字词句和朗读入手，把学生分成两组，分内容进行阅读和理解，师生共同分析了愚公移山所面临的困难，让学生体会了智叟对愚公的嘲讽以及妻子对愚公的疑问和支持，最后不忘对学生进行理想信念教育，课堂所表现出的老到和亲和力，绝不会让你想到她是一个刚入职两年的年轻老师。

　　第二堂课的执教者是江苏省特级教师李旭东老师，李老师受教师研修网的安排，从江苏南通来到安徽繁昌，毫无保留地展示了自己的教学能力和技巧，李老师根据第一堂课学生的表现，临时对教学设计做了调整，他从学生耳熟能详的几个寓言、神话故事入手，开始了漫谈式的课堂教学，梳理愚公移山故事的同时，穿插对重点字词的理解和识记，植入对传统文化的介绍和讲解，进行人物形象的分析和比较，开展朗读语气的指导和示范，一个接一个不断出现的问题，指向明确，内在逻辑连贯，一路教来，自然流畅，娓娓道来，既是一次知识文化的教学与传承，更是一次理想人格信念的交流和叮嘱。

难能可贵的是，李老师把他的课件都留了下来，更难能可贵的是教数学的汪校长陪大家听了两节语文课，我记忆中凡是在孙村举行的语文教研活动，他都参加听课，我就想下次一定要让他也参加评课环节，我们语文老师很有必要听一听数学老师对语文课的评价，因为教语文的功夫在语文外！

因为后面还有李老师的一场讲座，点评环节我是尽量压缩时间，当然有这个机会我自然不忘宣传一下我的"个性和深度语文课堂"理念。语文课堂的个性体现在老师的个性彰显和学生的个性展示两方面，语文课堂的深度，是要在时间上某一点、空间上某一处、对象上某一个上做一些停留。同时我还和大家探讨了文言文教学一定要把握好字词句教学的度，要避免出现过多或过少两个极端。我也和大家交流了语文教学一定要教语文，要体现语文因素。最后我还就"课堂问题指向性要明确"和"对文本进行校本化的二次开发"两点与大家进行了共勉，当然我也穿插了对两位老师的课例的评价，还特别提到了婷老师的课堂不足之处，都是我个人之见，如有不妥还请婷老师谅解。

不知不觉，时间已经到了上午十点半，李老师又登场，用一个小时的时间做了一场"核心素养关照下的真学课堂"主题讲座，李老师说，真学课堂主要包括真设计、真活动、真思维、真训练、真反馈、真评价六个方面，的确如此，现在的语文课堂存在借来设计、肤浅活动、无需思考、无效训练、泛化反馈和畸形评价现象，所以提倡本真课堂也算是针对性极强的了。其实想想，李老师的本真课堂所关注的语文课堂现象，与我所关注的"语文课堂浅阅读"现象也是有很多相通之处的，只不过是他潜心研究，勤奋耕耘，现在已经成体系了，而我仍在徘徊，止步难行。

语文的路上，从不缺少幸福。语文人，要做一个寻找幸福的人，这样才不会辜负与语文结下的缘分，因此，当我们往语文深处行走遇到困难时，就应去想一想幸福就在前方，我们一直在路上。

语文的路上，从不缺少幸福

语文教师的成长，从尊重共性开始

这次研修活动的主题是"小学语文新教师汇报展示课"，虽是小学语文活动，但由于工作室成员赵老师要上一堂课，所以安排工作室全体成员参加。

赵老师刚走上讲台不到两年，这次汇报课她准备了很长时间，也紧张了很长时间。直到上课的前一天晚上，她的教学设计还在修改，我真是为她担心！活动当天，她很早就来到了约定的地点，八点，我准时开车，带上她和工作室的王老师、华老师，向新港中心小学进发。尤其要提一下华老师，她上午第一节课实在是调不开，等下课再动身又会来不及，我就告诉她，喊一个同事帮她看一下课堂，她提前十分钟动身，这是一个不错的主意，一切都很顺利。其实，工作室研修与日常工作的矛盾，一直是一个回避不了的问题，好在，大家都能有正确的认识，都能积极克服困难，当然这与大家所在学校的支持是分不开的。生活中，有的感谢很容易被我们忽略，我又何尝不是如此呢？想来内心充满了自责和愧疚！

活动从两节课开始，新港中心小学的孔老师执教了三年级下册的课文《方帽子店》，她从指导学生读课文入手，着重培养了孩子们复述故事的能力，她对学生读课文的指导方法多样，亲自示范，效果非常好，教学目标得到了落实，达成目标的路径也清晰明确恰当。工作室成员赵老师执教的是二年级下册的课文《蜘蛛开店》，没想到最后她还是没有按照昨晚的最终设计来上，由此可见她是一个追求完美的人！赵老师从热身游戏入手，展示蜘蛛的图片，主要设置了读课文、识字词、讲故事三个目标，她引导学生说出自己识记字词的体会和方法，很有成效，并通过采访、思维导图等方式来引导学生们讲故事，教学目标同样得到了落实。

随后，进行了评课交流，活动组织者要求工作室安排一位老师做评课发言，想想，大家对小学语文教学都不熟悉，一定都不想发言，我于是就两堂课的收获和大家做了一个交流。

我从对这次活动的主题——"小学语文新教师汇报展示课"的分析入手，两位执教老师一个于 2016 年入职，一个刚工作两年，的确是"新教师"，他们都通过课堂告诉了大家她们平时的教学实践，算是不折不扣的"汇报"，同时都在各自课堂上凸显了自己的教学亮点，真正是一种"展示"。

发展要遵循规律，大自然如此，人也如此！

语文教学的规律，就是要尊重共性，追求个性。看看我们现在的语文教学，两个极端比较突出：一是只有共性，设计、作业、课堂都是拿来主义，都是借用别人的东西，丝毫没有自己的元素；二是盲目地追求个性，心态猎奇，把规律丢在一边。这必然会导致语文教学的畸形发展，尤其对年轻老师危害更大，因此，青年教师的教学应该从尊重共性开始。

语文教学要尊重学科教学的共性，即要以课堂为主阵地，要落实检查学习任务，要确立恰当的教学目标；语文教学要尊重认识规律的共性，即语文教学的进行应该由浅入深，由现象到本质；语文教学要尊重世界观的共性，即要以人为本，把学生当作语文教学的主体和核心。

语文教学要追求个性，就是语文老师要让自己有个性起来，尤其要有自己的阅读个性，要习惯于研读文本、文字背后的东西，要有自己的有效阅读；语文教学追求个性，就是要在教学中让学生彰显自己的独特个性，让他们会听、会说、会读、会写；语文教学追求个性，就是要在教学方法上凸显语文特征，语言文字是语文的载体，因此语文教学要引导学生在语言文字上做停留，去品去赏去析，将之当作风景。

今天的两位年轻老师，都以朗读、识记字词、语言表达为教学目标，课堂上都对目标进行了各种方式的检查落实，课堂教学是扎实的，对学科教学的共性给予了充分的尊重，同时对朗读的指导特色明显，尤其是分角色师生共读，让人印象深刻，对字词的识记能结合课堂实际，充分利用课堂资源，让人耳目一新，还有通过思维导图对学生复述、讲故事的引导，更是成效显著……这些无疑是两位年轻老师十足语文教学个性的展示！

当然，语文教学个性风格的形成，需要更多的在语言文字上的实践，需要更长时间的积累，两位老师因为年轻，所以在语言文字上的深层耕耘略显稚嫩，不过，我们相信，她们的语文教学依照这样的规律去实践，她们专业的快速发展会成为一种必然。

做一个被阅读照亮的人

此次活动之所以安排在平铺初中，一方面是因为工作室唯独还没有在平铺初中开展过活动，另一方面是因为这几天天气不错，平铺的生态环境较好，顺便可以让大家欣赏一下沿途的美景。

果然，一出县城，车进入峨山境内，扑入眼帘的都是青山、绿树、红瓦和白墙，油菜花半苞半放，田野中黄绿相间；灌木丛半覆半露，山坡上疏密相随；房屋顶半平半斜，村庄里高低相伴。日光、白云伴着天空，芳香、甜润和着微风……终于可以感叹，春天，在连绵的雨水过后，终于来了！

在弯曲的柏油路上行驶了四十分钟，当大家还在对窗外的一切目不暇接的时候，车驶进了平铺街道，街道两旁店铺林立，虽是下午，行人也是络绎不绝，足以见证平铺老街曾经的繁华。只是随着经济的发展和社会的转型，人口往城市集中已是一种普遍现象，农村的空巢和留守情况越发严重，好在国家出台了乡村振兴战略，必定会给农村发展带来大的转机，农村重现曾经的繁华指日可待，不同的是，会比曾经更加富裕幸福，更加令人向往。

车从街道上三三两两的人群里，挤进了平铺初中的校园。平铺初中的校园不大，教学楼、行政楼、实验楼呈L形排列，一条通幽的小径伸向食堂，校园内树木葱茏，花坛灌木修剪整齐，地面干净整洁。和其他农村校园一样，随着农民进城，学校学生数也在逐年减少，但许校长的管理可是水平能力皆高，连续多年的办学效能评估考核结果都是优秀。作为一个小规模学校，这在全县也是绝无仅有的，学校的办学特色、科技创新、中职招生等工作在全县也都有不小的影响。

学校为这次活动做了充分的准备，特意为会议室配备了一个移动投影，茶水、电脑、电子屏宣传，甚至卫生间位置的提示，都准备得一应俱全。我非常感动，能为这次只有工作室十几个人参加的活动，做如此精心的准备，足见许校长的用心，也足见他对教师成长的重视。

活动在罗老师的讲座中开始，为提升成员的写作水平，培养自觉的写作意识，我特意和罗老师沟通，请他作一个讲座，他欣然答应。罗老师是工作室成员之一，是他所在学校的教科室主任，近几年教科研热情很高，成绩也颇为显著，在《人民教育》《教师报》等核心期刊发表文章多篇，多次被约稿，他的课堂教学也获得过国家级奖项，最近还被命名了名班主任工作室主持人，所以安排他来讲"语文老师怎么写文章"这个主题是最合理的选择。罗老师从个人的写作经验谈起，建议大家日常要善于记录生活中的事，要让记录成为一种生活习惯，尤其要记下那些有趣味的、有疑问的、有价值的和有遗憾的事，并做好保存和积累，到需要的时候再拿来整合，就能形成一篇篇的好文章，最后罗老师还结合自己的经历和大家分享了向报刊投稿和参评论文的经验。大家频频点头称赞，更是纷纷感叹认同，莫名中就有了一股尝试的冲动，讲座的效果在这一刻得到了完美的彰显。我想，其实不是所有的讲座都要有高大上的精深理论，像罗老师这样的草根老师，为我们这样的草根老师做的草根讲座，有时候也是很精彩和实用的。

接着，大家就各自阅读的经验做了分享：马瑶老师强调了读书需要一种氛围；王军老师告诫自己读书也是一种姿态的放低；王素娟老师谈了读书要记录点滴；熊琴老师明确了读书是有效用的观点，提倡教学需要"恶补"的阅读方式；华琪老师推荐了约同伴共读的读书方法；郭梦瑶老师从"栉风沐雨"的教学案例说起，提出了自己的阅读困惑；赵继勤老师认为，读书就是用美好的姿态行走；强芳老师觉得自己要处理好健身和读书的矛盾；王春老师感叹自己现在的阅读更多是关注教学的实用性……听着大家真实精彩的分享，我既高兴又不安，高兴的是，有大家这样的潜心阅读和深刻思考，成长是必然的，成为名师的那一天很快就会到来。不安的是，我作为工作室主持人，真担心凭我的能力能不能陪他们一起，帮助他们发展得更好更优秀？

　　活动进入了总结阶段，关于阅读和写作当然无需我多说，我只是就近段时间阅读的《像哲学家一样思考》一书，从哲学可以指导生活、哲学可以指导教学、哲学可以指导学习等三个方面，和大家做了简单的交流，我只是想与大家共勉：

　　哲学可以让人学习如何复核，拒绝那些宣称的事实，尽可能开阔视角去思考问题，挖得更深，飞得更高，得到智慧，让生命更加精彩，这不就是我们应有的生活态度吗？

　　哲学可以让人学习如何提出问题并再次提出问题，从不同的思想领域找到内在的联系，再生发出新的见解，这不就是我们日常的教学状态吗？这不就是我们课题研究的方式方法吗？

　　哲学可以让人学习寻找最可靠、最新的信息，进一步深入了解问题，不是去记忆数据，而是把不同想法联系到一起，看到事实背后隐藏的东西……这不正是我们自身学习所需要的吗？

　　古人说"闭门即是深山，读书随处净土"，阅读应该成为一种状态，更应该成为语文老师的一种生活常态，因为阅读可以照亮很多东西，如教育，如生活，如成长，如人生……

　　做一个被阅读照亮的人！

第三部分

走向生活深处

繁昌，曾经是一个县

繁昌，曾经是一个县。

对于出生并生活在响水涧的我，小时候以能去繁昌为骄傲，虽然响水涧属于繁昌县。其实，小时候所说的"繁昌"，大多是指繁昌县城，人们也都习惯把去县城说成去繁昌。

记忆中，我第一次去繁昌是在上小学五年级那年，被乡里选中，去繁昌参加数学竞赛，下午接到村里大喇叭通知后，赶紧由哥哥送着到乡里集合，当时同去的共有五人，来自乡里的不同小学。虽然第一次去繁昌，兴奋激动，但关于那次去繁昌的前前后后，已经鲜有记忆了，只模糊记得是一个徐姓男老师带队，住在春谷旅社，在城关一小考试，还有竞赛中的一道试题"一个池塘的浮萍，需要20天才能长满，每天长一倍，请问长满半个池塘还需要多少天？"，五人中只有一人答对，那一次竞赛，他还在市里获了奖，初中毕业后，他上了芜湖一中。

后来，我也只是在参加中考、高考、体检的时候，来过繁昌几次，但已经开始感觉到县城之于农村的优越了，也就萌发了对繁昌县城的向往。再后来，参加工作，虽然在乡里，但开会、办事、送考……去繁昌的机会越来越多，县城之于乡下，其往来便捷，其熙攘繁华，其琳琅满目，其繁弦急管，我想居住生活在县城的愿望愈加强烈了。

身边开始陆续有人在县城买房，陆续有人送孩子去县城读书，在那个收入微薄的年代，我不做生意，也没有额外的援助，每月几百元的工资，只能保证我一家三口的简单生活，要存积蓄买房，对我来说，短时间内是无法实现的。于是，工作之余，别人忙于挣钱买房，我只能安心看书学习，日子就这样静静地流淌着。

2003年暑假，县城一所中学选调教师，我报了名，参加了考试，除了几道生僻成语题我不久前阅读过，还有那篇作文是用心写以外，无其他特别之处，只是考试的当天晚上，我总是翻来覆去睡不着，内心烦躁不安，整整一夜。妻子调侃说："结果还没出来，你就这么激动了！"我淡淡一笑，只是告诉她有一种预感，至于预感的内容，当然无法说出。第二天上午，我闲来无事，就躺在凉床上睡着了，十一点零三分，手机响了，一看是县城的固定电话，迫不及待按键接听，果然是县教育局通知入围，可是和同校的一位老师分数相同，而学校只能录用一人，下午要说课分出胜负。放下电话，我在客厅漫无目的地转了几圈，才想起告诉妻子，说到只能录取一人，我们都有些无奈，距下午说课时间也就剩下三个小时了，吃饭、坐三轮车、转中巴车到繁昌县城，时间也就差不多了，根本就没有时间去准备说课，况且不知道内容，加之内心难以平静，更是无法准备，同时我的祖祖辈辈都是扛锄头、背铁锹、扒泥巴的地地道道的农民，自然是无关系可找，无后门可走，想到这些，反倒内心轻松了不少，于是吃饭、坐车，提前二十分钟来到了规定地点。

到了才知道，说课的共有三个学科六个老师，都是两两分数相同，有的来自同一学校，有的来自不同学校，抽课题、准备、说课、等待……两个小时后，结果出来，我留下来填表，同事落选回家。第二天，我拿派遣证、报到、转组织关系、办交接手续，第三天我租房，第四天我搬家并联系女儿上学事宜，第五天我开始上班……

就这样，我就工作、生活、居住在了县城，一切快而突然，顺利得毫不真实！引来了不少羡慕的目光，后来才知道，那一年只有硕士研究生毕业才能分到县城中学，所以大家调侃说，我相当于读了硕士研究生毕业回来。

这样被羡慕着到了2006年，芜湖市区划调整，原繁昌县的七个乡镇从繁昌剥离，划入市区，设立了新的三山区，我的家人，我原来的同事也都成了市民。很快，在每月相差近千元的工资收入面前，在一个又一个补发的奖励面前，我的那一点工作生活在县城的优越感，早已丧失殆尽，进而再一次被妻子调侃，因为靠了自己的努力，结果我却从市里来到了县里。

作为一个食人间烟火的凡人，我又开始有了繁昌能成为市区的憧憬！渐渐地，我发现我的工作交流、专业成长，大多限定在县域的狭小环境当中，能走出县域，加入市行列，经常性接触本领域市级高层次人和活动，远没有区里的老师方便，于是，对繁昌能成为区的愿望，亦和当年想生活工作在繁昌县城一样愈加强烈。

这种愿望强烈到极点，是在我做了校长，开始每年一度的春招工作之后！

春招工作，是政府出台的一项于学生、于家庭、于学校、于社会都有益的利好政策。给部分学生一条最适合的人生之路，实现人的真正发展，既尊重了人的个性，又考虑了人的社会属性，同时兼顾到家庭、学校和社会的发展，百利而无一害！然而，由于社会宣传不到位，由于传统观念的根深蒂固，由于相关的保障措施不完善等原因，家庭、社会对这一政策的认可和接受程度较低，从事这项工作，完成下达的任务，自然困难不小。每一年某段时间，动员宣传、上门走访、个别谈心、参观示范……都会成为学校工作的重心，花去全校老师的大把精力，只为帮助孩子做出适合他的选择。可是动员宣传时，遇到因不满借酒发牢骚的家长；上门走访时，遭到避而不见的家长；个别谈心时，发现固执己见的家长；参观示范时，心怀怨气无理取闹的家长，大有人在。他们不了解自己孩子的实际情况，却梦想着孩子能考上北大和清华；他们看不到自己孩子的积极发展，却看到了那些阴暗和卑劣；他们不关注自己孩子的人生幸福，却顾及着自己的面子和虚荣；他们不引导自己孩子进行道路选择，却放任自己得过且过……于是，在春招工作中，不被学生理解认可，遭到家长侮辱威胁，因完不成任务压力倍增，山穷水尽走投无路想彻底放弃……已经成了常态，年年如是，周而复始！每到这个时候，大家普遍的释放压力、自勉的方式，就是说上一句"繁昌马上设区了，就不用搞春招了"！

"繁昌马上设区了，就不用搞春招了"，这也就成了我、我们很多人坚持下去的动力，一直至今！

繁昌设区，提上日程已经有好多年了，距离我的生活最近的，是从2018年开始。

2018 年，市人代会期间，市领导把繁昌设区的前前后后，向我们繁昌代表做了详细的介绍，我也就知道，繁昌设区真的不远了。随后两年的人代会上，领导一再叮嘱我们，要发挥代表的作用，做好繁昌与市区的等高对接，尤其在观念上，要做好"由居民到市民"的身份转变的准备，我也因此多次把消息传递给他人，虽然大家的心情都很迫切，但一项决定需要一定的时间，需要在充分论证的基础上做出！

这几天，关于繁昌撤县设区的消息，经过官方公布后，繁昌人民奔走相告，面对新的繁昌区，大家都有各自的憧憬，涨工资提福利也好，大建设高标准也罢，抑或是快通行更便捷，都是人们对美好生活的向往，对未来发展的期待，都值得肯定。

我也如此，只不过除去工资福利，除去快捷便利，更多了一个憧憬，那就是就此繁昌设区的机会，全社会对职业教育的重要性和必要性的认识，能提升一个高度、两个高度，甚至更多的高度。

繁昌，已经成为一个区；可繁昌，曾经是一个县，栖息过我的期待和向往！

发现自我，爱上自我，方能成为自我

　　王同学学习成绩不错，纪律观念强，从不违规违纪，老师布置的任务在他那里总能得到不折不扣的完成，他从不表达对同学、对老师、对家长的不满，从未见他和别人有过争论，在老师眼里是个实实在在的好孩子，他的生活充满了幸福。徐同学很活跃，学习成绩同样很好，但他对什么事情都要说两句，对什么人都要说两句，表示不满，可说过后又常常表现出后悔，不断道歉，再过一段时间，对道歉的事早已忘得一干二净，又管不住嘴说个不停，就是控制不住，他有时感觉很痛苦。

　　其实生活中这样的成人个例也不在少处。幸福，也就是生存质量问题。我们每个人会变成一个什么样的人，我们的生存质量如何，由两个基本条件决定：一是我们体验到的自我认同感的程度是更多还是更少，二是我们发展出的看待自我的态度是积极的还是消极的。

　　在青少年早期，我们的获得都是来自外界和他人，受到书本、家长、老师等权威的指导，依赖他们，不得不把他们的标准当回事并遵照行事。但随着急剧发生的生理和情绪变化，我们逐渐发现自己的情感和想法，开始探索属于自己的行事风格。当体验到越来越多自发的和真实的表达自己的存在，就会开始产生一种身份认同感，就会发现，在自己的行事、思考、感受中，有一种一致的独特的方式。当我们在行动中感知到自我、思考着自己的想法、感受着自己的情感时，我们的个性就会发展出来，就会变成个性鲜明的独特的人，也就是说"我知道我是谁了"。前面讲到的王同学，就是一直没有探索到自己说话行事的风格，他一直都没有发展出自我认同感，而徐同学有自己的想法和情感，慢慢地就有了自己的行事、思考风格，发展出了切切实实的自我。

我们对自己的发展持有什么样的态度？一般情况下，如果事情恰好是朝着我们所想的那样发展，我们就会形成积极的情感，如自尊自爱，表明我们对自己持有积极的态度。"自爱自重"并不等于"自私"，自爱自重既不是对自己的身体或智力品性的自恋，也不是利己主义，不是一种无节制的欲望，也不是不惜牺牲他人利益来满足自身利益。"爱邻人如爱自己"意味着，爱自己是善意的和高尚的，而不是一种自私行为。相反，一个人恨自我，不管别人待他多么好，通常他都会恨别人，生活在一个充满恨的世界中，生存质量可想而知。

　　其实，在人生的早年时期，我们对自我持有什么态度，完全依赖于他人的情感反射：如果我们为他人喜爱，我们就会觉得自己是可爱的，就会喜爱自己；如果我们得到他人认可，我们就会觉得自己是被认可的，就会认可自己；如果我们得到他人的信任，我们就会觉得自己是值得信赖的，就会相信自己；如果我们的存在被他人认为是有价值的，我们就会觉得自己是有价值的，就会看重自己。由此可见，我们要想对自我持有积极的态度，就要做到努力让自己被他人喜爱、尊重、认可和信任，这样才能自尊自爱自重。徐同学之所以感觉痛苦，就是因为他对自己发展出的自我并不是都满意，因此他常常对自己的自我表现感觉后悔，进而要去道歉，而他的调整应该从得到他人喜爱开始。

　　一个人的高质量的存在，不仅要发展出自我，形成自我认同感，更要积极对待自我，尊重自我，爱自我，即我们通常所说的"悦纳自我"，最终形成自主性的自我，也就是能够独立行事并决定自身行为。一个获得自主性的个体，他一定知道他是谁，他一定知道自己的好恶，他不会借用别人贴着的"道德"的标签来指引自己的言行举止；他会有一种真实感，可以与他人坦诚相待，他不怕看到自己的内心深处，也不怕让别人看到；他可以以一种开放的心态去接纳新观念，积极尝试新的生活方式和新想法，他们能充分享受生活中当下这一刻，而不去担忧未来；他们与众不同的风格会在他们所做的一切事情上留下痕迹，他们展现自身道德关怀的方式，是以一种积极的、建设性的态度去对待所有人和事物，如果别人拒绝了他，他的生活并不会就此破灭。

如果，我们都努力做到这样，慢慢地，我们就会发现我们被人喜爱，而不是被人拒绝，我们能够承受伤害和失败的打击而不丧失自尊，我们可以真诚表达我们的情感，而不用担心因说实话而被惩罚。

再慢慢地，我们发现，我们可以离开父母的保护，独立存在了。

庚子立春，翘首幸福

　　看电视，对时间和节目的选择，我一向是有规律的。只看央视新闻频道，并且只看《新闻三十分》《法治在线》《新闻联播》《东方时空》《新闻周刊》《新闻调查》《世界周刊》等新闻类节目，电视剧我已经有好几年未曾"打交道"了，总有一种不恰当的感觉，看电视连续剧的，都是生活比较清闲的人，而我的生活总被这样那样乱七八糟的东西所充满。近段时间，疫情的原因，呆在家里的时间颇多，在看新闻类节目的间隙，发现央视综合频道在播放电视连续剧《平凡的世界》，这部小说我每个暑假都要读一遍，已经五年如是了，对其中的情节，其中的人物，其中的情感，算是比较熟悉的了，我也从中体会过不少的感动，获得过不少的激励，感受过不少的振奋，留下过不少的悲伤。于是，每天下午这连播三集的电视剧，我颇感兴趣，也一直没有落下。

　　央视是官方媒体，央视一套的综合频道更是官方媒体的核心频道，其播放的节目内容安排、时间安排、形式安排……我想，都应该是有讲究的。再想想，《平凡的世界》这部巨著，给人最大的激励就是，在面对苦难的时候，执着不放弃，追求自己的理想，奋斗出自己的幸福。这时候，在官方的核心媒体核心频道播放这部电视剧，是在宣扬这种执着精神。的确，在这全民抗疫的时候，我们遇到困难了，面对每天确诊病例的激增，面对抗疫物资的短缺，面对大都市封城的无奈，但我们有中央抗疫工作的英明指挥，有加班加点的物资生产，有九天一所医院的中国速度，有来自全国的上万人的驰援，有院士专家团队的日夜科研！于是，我也就体会到了这部电视剧，在这个时候，这个平台，这种方式播放的真正意义，绝不是再次向我们展示路遥的才华，向我们展示演员的演技，向我们展示现代

126

的拍摄技术，向我们展示那段逝去的岁月，而是要让我们从中有震撼，有汲取，有思考，有行动。

我们要认识苦难，透明信息。苦难，没有人愿意拥有，但绝不能逃避！孙少安面对一家、一队、一村人无衣没粮的苦难，没有逃避，发出了"咱农民，一年辛苦到头，咋就吃不饱呢"的质问；孙少平面对每月、每日餐餐黑馍的苦难，没有逃避，高中毕业后毫不犹豫地想到的是自己烂包光景的家对他的需要；田福军面对全县、全社、全村农民不饱忍饿的苦难，没有逃避，县委常委会上发出了"去看看农民都生活成啥样了"的怒吼……现如今，对苦难的不逃避，对苦难的最透彻的认识，就是应该对疫情的真实现状及时公布，令人欣慰的是，现在透明的越来越多了，人们从手机、电视知道的也越来越多了，了解的数据也越来越准确了，确诊的人数，疑似的人数，重症的人数，死亡的人数，医院的人数，医护的人数，每天的数字变化都清清楚楚，各种谣言也变得越来越少，正是因为知道的信息越来越多。

我们要执着追求，信念必胜。《平凡的世界》之所以影响了一代代人，之所以被称为最励志的作品，之所以成为最有影响力的著作，就在于它透露出的执着奋斗，透露出的不懈追求，流进了人的血液，融入了人的灵魂，令人热血沸腾。孙少安对改变家庭贫困生活的执着，田润叶对追求自己不被世俗接受的爱情的执着，孙少平去外面世界闯荡的执着，李向前对相信自己一厢情愿所痴爱的人总有一天会被爱感动的执着，田福军对一定要让百姓碗里的黑面馍变成白面馍的执着……这些执着，无不让人震撼，让人铭记。有了这份执着，哪怕创业失败，也是一种成功；即使追求爱情落空，也是一种获得。执着，注定能改变生活，注定能改变人生，注定能改变社会，注定会变得不平凡，给生活，给人生，给社会一个交代，给世界一个惊喜。2020年虽然将会是不平凡的一年，规划收官，脱贫攻坚，注定会在历史上留下浓墨重彩的一笔，可是它依然是平凡的，平凡的年月日，平凡的山川河，平凡的花草木，平凡的天地人，平凡的你我他。平凡就会遇到困难，就像现如今面对疫情一样，我们只有再执着一些，再坚强一点，再笃定一些，再韧性一点，才能走出困境。困境终将走出，苦难总会过去，只要我们不放弃执着追求，在这个庚子伊始，尤为如此！

我们要怀有情感，不忘初心。诗人艾青的著名诗句"为什么我的眼里常含泪水，因为我对这土地爱得深沉"，喊出了多少国人的家国情怀。爱的深沉便是泪水，爱的深沉也是苦难，爱的深沉更是执着。孙少安对改变贫困的执着奋斗，源于那份对家人的爱的情感；田福军对让农民改变碗里馍馍颜色的坚持不懈，源于那份对百姓的爱的情感；孙少平对外出闯荡世界的坚定不移，源于那份对青春的爱的情感；田润叶对贫穷双水村的留恋不舍，源于那份对一个人的爱的情感。这些情感，或纯粹，或素洁，或淳朴，或朦胧，但都发自内心深处，来自灵魂底层，所以才会是如此的坚定深沉，才会生出如此的力量，震撼土地，震撼人生，震撼时代，震撼未来！身处抗疫情的战斗当中，我们更应该要怀有一份情感，怀有一份初心，去战疫情，去斗病魔。

一部电视剧，一个平凡的世界，带给我对苦难的不平凡的认识，带给我对执着的不平凡的追求，带给我对家国情怀的不平凡的感怀，而这不平凡的认识、追求和感怀，必将会带给我们抵抗病毒的勇气，带给我们战胜病魔的信念。

庚子年的立春时节，我们坐待春暖，我们静等花开，我们期盼美好，我们翘首幸福！

已不足，知不足，补不足

2020年3月2日，农历二月初九，星期一，阴天。

全社会关注、多部门保障的线上教学开始了。对这次教学，最期待要数家长和学生了！可是，回想几天来，和家长、老师、学生同样期待的还有一群人，他们忙碌在教育主管部门之间，奔波在学校家庭之中，穿梭于师生家长之列，搭建平台，通畅网络，升级带宽，提升服务，努力做到对这次线上教学的技术保障，万无一失。于是全省学校、家长、孩子也都摩拳擦掌，做了充分的、详细的、科学的安排，满怀希望地等待着线上学习大戏的开幕。

然而，2020年3月2日，早上八点。

打开电视机，没有信号；打开电脑，网络故障；打开客户端App，卡顿死机！故障，瘫痪，一切都无法观看……最终发现还是我们自己的教育平台给力，真正做到了顺畅清晰，真正是到位和万无一失！

其实像这样出现紧急情况，凸显相关能力不足的现象，也时有发生，而此时面对不足的考验，更值得我们深思！

《左传·鲁隐公六年》有记载："冬，京师来告饥，公为之请籴于宋、卫、齐、郑，礼也。"

鲁隐公六年冬天，周王朝发生了一场重大饥荒。鲁隐公得知后，立即拿出自己国家的粮食去救援。自己国库存余的粮食不足，又向宋、卫、齐、郑四国购买送给周朝，以帮助周渡过难关。周王室虽然没有向鲁国下达救灾的指令，但鲁隐公仍然竭尽全力救助了周。救人之灾，己国不足，旁请邻国，《春秋》的作者认为这就是"礼也"。

我又想起，小时候村里有个李奶奶，有人去她家借东西，她家里有，

129

自然毫不吝啬，她家没有，她也会到旁人家去借来，再借给别人，所以去她家借东西的人总不会空手而归。以至于后来，全村人都知道，一旦她来借东西，都知道她十有八九不是借去自己用的，因此也都对她有借必应，默契地从不问是谁借，借去干什么。

其实鲁庄公也好，李奶奶也罢，他们在自己没有或者不足的情况下，仍然要去别人那里或借或求，从大处说正是体现了中华民族的礼，从小处说更是个人道德的体现。

职业习惯的原因，我遇事总是联系自己职业去思去观。由鲁庄公和李奶奶的"己不足，旁请邻"，我想到了我们的语文教学，同样也蕴含了这其中的两个道理。

正视自己的不足。正视不等于承认，正视不仅仅是承认自己的不足，更是认识到自己不应该不足。承认自己的不足，人人都会，可是能正视自己的不足，鲜有人能做到！鲁庄公如果仅仅承认自己的不足，他完全可以两手一摊"对不起，我能力不足，帮不了你，不好意思"，甚至给人感觉理直气壮；李奶奶如果仅仅承认自己的不足，她完全可以笑容满面告诉前来借东西的人"我家也没有，你去别人家借吧"，也不会有人责怪她。然而他们都没有这样做，他们都觉得对自己的不足，对自己的缺少，感到愧疚，都想到他们应该充足应该拥有，进而应该第一时间帮助他人。正因为这种愧疚，他们才即使请求别人，也要帮助求助的人，以弥补自己的不足。其实想想，现实中我们存在不足，是太常有的事，就拿我们语文教学来说吧，语文的教学内容主要是对语言的掌握和运用，而语言是在生活中产生的，随着生活的变化，词语不断出现和消失；随着场景的变化，语言的使用也要不断调整；随着对象的变化，听说的内容也会不断更换……因此，我们有一个字不认识，有一个人物不了解，有一篇文章不曾读，都是太正常不过了，但我们不能将这样的不认识，当作理所当然甚至理直气壮，以至于在学生问到时，做出搪塞和回避，表示责怪和不悦，而应该要感谢学生让我们认识到：我们应该认识更多的字，应该了解更多的任务，应该阅读更多的文章，这样才叫真的正视了自己语文教学中的不足。

自我加压，弥补不足。正视了自己的不足，接下来的不应该是无视，而应该是弥补。鲁隐公之所以要劝说其他国家帮助周王朝，他是在给自己施加压力，他知道一旦欠了人情，就要想办法去偿还这个人情，就只能靠自己的发展，所以他才有励精图治，才有国泰民安；李奶奶之所以要去借别人的，她也是在给自己施加压力，她也知道一旦欠了人情，就要想办法偿还这个人情，就只能靠她的勤劳，让自己有更多的东西，以便再回借给他人，所以她才有至高的威望，才有很好的口碑。在语文教学中，面对不足更要自我加压，弥补不足，面对学生的提问，面对同事的建议，我们要做的不是为自己辩护，而是给自己加压，通过查找资料，翻阅图书，请教专家，然后再来回答学生的提问，来回应同事的建议，在这回答和回应中，来积累我们的知识，蓄积我们的能量，提升我们的能力，增长我们的智慧，实现我们的发展。

己不足，是一种现状。这不重要，重要的是，在己不足的状态下，我们要怎么做？

再回头看看几大运营商，面对线上教学的开始，他们其实可能已经认识到了自己的不足，意识到了系统会卡顿，但并没有正视不足，进而给自己施压去弥补不足，而是任其存在不足，总是理所当然地解释为"同时登录的人太多"必然导致卡顿。我想，他们完全能够也完全应该，在认识到自己不足的情况下，去旁请他人，发挥彼此的优势，规避各自的劣势，把不同的平台、不同的网络整合成一个，更方便学生使用，切实保证线上教学网络的顺畅、画面的清晰和服务的到位，进而为当前的线上教学再多尽一点自己应尽的社会责任，为当前的防疫工作再多履行一点义务，因为线上教学毕竟是特殊时期的特殊安排，全社会都应该采取相应的特殊之举！

生活是一面镜子，映出了我们自身的不足。可这"己不足"以后的"知不足"和"补不足"，其实更需要去映照！

坚守信仰，拒绝盲信

在学校里，经常听到学生说"这是我老师讲的"，言语间透出尊敬和崇拜，充满了骄傲和自豪。同样，日常在与家长交流中，也常听说"孩子就听老师的话，把老师的话当作圣旨"，于是在孩子的教育上，经常有家长请求老师帮忙。

作为一个教育者，我深深懂得教育的确需要榜样和引领，学生听老师的话，按老师的要求做，在教育教学中也是必要的，这样老师的教学意图、方法才能得到贯彻落实，教育教学才可能有效果。但作为老师，我们要明白这只是教育教学的有效方式之一，不能视之为唯一的必备的方式，因此在教育教学中，不应过分强调师道尊严，学生也不能把老师的言行当作信念来坚守。

其实，学生把老师的言和行当作信念的现象不在少数，小学低年级尤为突出。成人在生活中动不动就"坚守信念"的说法也比较常见，仔细想想，我们就会发现，有些所谓坚守的并不是信念，很多是在以信念之名，行盲信之实，是在不假思索地接受一个想法。这就是实实在在的"盲信"。盲信，能让我们愿意为一种想法上刀山下火海，哪怕这一想法在现实生活中可能早已失去其效力，即使在这一想法早该寿终正寝之时，我们往往还是会带着这一想法而活。

盲信的危害，古人早就有言。孟子告诫过读书人"尽信书则不如无书"。一个人，一旦盲信，他的情感立场就成了一道防线，他会在这一想法周围安营扎寨，时时警惕，抵挡任何觉察到的攻击，这种防御姿态会将一个人封闭在其自我中心困境中，干扰他去获得更多知识，从而有效地阻止他对他人感同身受。于是，他通常无法理解他人的价值观、民族习俗、

132

宗教信仰，他的成长由此受到抑制，失去了洞察、理解和冒险的丰富来源。学生一旦盲信，他对知识的理解，对文字的洞察，对思考的冒险，对创新的尝试，都会成为空话，这样的成长是不健全的，这样的发展是不健康的。

避免盲信的最好方式，就是坚守信仰。信仰，是对一种想法做出的承诺，是对一种想法进行过"加工处理"后忠于这一想法的行为，但不会妨碍一个人的学习和成长。信仰需要一种勇气，需要一种在考虑到可能性和概率，而非绝对性和必然性的情况下继续活下去的勇气。有信仰的人，虽然像盲信者一样，完全忠于自己的想法，但他们会做出决定，为自己选择这一将会以之为生的想法而负责。他们思考问题，就是好好地审查他们的想法，然后做出承诺，遵循他们最好的想法去生活。

学生一旦有了信仰，无论是对老师，还是对书本，或是对名家大师，他自然会提出疑问，进行分析，加以利用，进而获得知识，提升能力，自我成长。在客观环境需要时，能够对日常生活中的事务做出成熟的判断，能够坦然地应对杂乱无序、模糊混乱和怀疑散漫。

生活中，有些人常面临这样一个困境：是自己去进行思考并试着去了解，还是不假思索地就相信。

东方文明是智慧的。东方文明能够把"以人为本"和"探寻本质"很好地结合起来，确定科学发展理念。拥有东方文明的中国，从孔子、老子开始，将人的哲学和大自然的哲学进行了很好的结合和运用，丰富了伟大的中华文明。作为新时代的中国人，我们不能盲信一切，要有对"新时代中国特色社会主义"的信仰，要通过疑问、勇气、思考，让自己变得明智，提高理解力和技能，对日常生活中会用到的知识，做出成熟的判断，这就是一种智慧，更是中华民族的智慧，走新时代中国特色社会主义道路，就是这一智慧的最佳体现。

抗疫的思考，不仅在战疫

去值班的路上，发现平日繁忙的省道上鲜有车辆，路面也显得从未有过的宽阔，行驶格外顺畅，心里一算，全民抗疫已经两个星期了。

今年是庚子年，正当多少外地打拼的人规划好回家行程并准备付诸实施的时候；正当多少父亲母亲，准备好鸡鸭鱼肉青菜萝卜，迎接子女回家团聚的时候；正当多少商家接到订单，准备大干一场的时候；正当多少同志加班加点，忙完一年工作，打算好好放松休整的时候……一种病毒悄无声息而至，一场疫情铺天盖地而来，于是全国各地，都陷入紧张忙碌的防控之中。

一切，都不再是计划，一切，都开始重新计划。

开会，摸排，宣传……紧张有序，不再恐慌无策。一夜之间，不外出、不聚餐、戴口罩，似乎成了共识，个个铭记，人人遵守。

作为教育人，我又想到了我们的教育，想想曾经，我们用过多少方式方法，用过多少途径策略，用过多少手段手法，推动教科研的开展，推动教科研的深入，可依然收效甚微。我一直期待这种"一夜之间不外出的共识，不聚餐的铭记，戴口罩的遵守"的局面，会出现在我们的教科研当中，由此看来，也是未尝不可的。当然，我不是要期待教科研世界来一次新型病毒的侵袭，而是感到教科研局面的改变，确实受到诸多因素的影响。

变任务为自身需要。现如今，大家能做到自觉不外出、不聚会、戴口罩，主要是因为都意识到这是自我保护的需要，是自身安全的需要，所以也就能自觉遵守了。那我们的教科研，如果能让行政部门认识到是教育发展的需要，能让学校认识到是学校发展的需要，能让老师们意识到是自身发展的需要，是自己生活生存的需要，能让老师们在自身需要上达成共识，能让行政部门、学校、老师认识到做不到的后果，我想，老师自觉参与、深入参与教科研的局面自然也会形成。

适当的行政干预。新型冠状病毒疫情全面严密防控局面的形成，当然与行政干预是分不开的，从中央政治局常委到村社区党支部，从首都北京到边远山寨，会议、文件、督察组、小分队、志愿服务队，各种行政手段齐头并进，举国上下正在编织一张防控网，网正在扩大变密收紧。那么，我们的教科研是不是也能形成这么一张网？当然，我们不需要如此重要的部门指示，我们不需要如此复杂的方式推动，我们不需要如此全面的集体参与，我们需要的应该是主管部门的方向引领，应该是单位层面的制度保障，应该是核心人员的参与带动。教科研的深入开展，需要信心，需要支持，需要走错路走弯路后的鼓励，而行政干预，应该是给予信任、支持和鼓励。

示范是最好的引领。全民自觉戴口罩现象的出现，自然有着示范和引领的因素，我们打开电视，看到的是总理戴了口罩，各级官员戴了口罩，嘉宾戴了口罩，记者戴了口罩，医生护士戴了口罩；看到的是戴口罩者在大街上，在演播室里，在连线现场，在发布会上……凡应戴口罩者皆戴了口罩，凡该戴口罩处皆戴了口罩。这些示范，当然是对民众最好的引领，让民众感到人人应戴口罩，处处应戴口罩。同样，我们的教科研之所以没有形成人人参与处处显现的局面，是不是也缺少这样的示范和引领？如果校长、副校长、教科室主任、教研组长、骨干教师等，凡应参与者都积极参与教科研；如果课堂之中、办公桌前、功能室里、研讨会上等，凡应见其景处都出现教科研场景，我想全员教科研的现象一定会出现。

时间的脚步已经从己亥年进入了庚子年，岁月带来的不仅是时光的流逝，还有一种新型的冠状病毒，一场战斗，一场近十四亿人对胜利的期待。旧的一年已经结束，可战斗还要继续，同样，我们的期待依然那么强烈，我们的思考也依然继续。

抗疫的思考，不仅在战疫！

聆听学生话语背后隐藏的思维过程

前不久，部分退休老师因为待遇和退休公务员不同，向相关政府部门表达不满并提出诉求。学校接到工作任务，通过上门走访的方式，向退休老师解释。为此，学校共安排了五组人员，分别由校级干部带队，逐一走访，所走访的每一个老师，都明确表示理解学校的做法，也承诺会通过正当渠道维权，决不添麻烦，由此可见，上门走访的成效明显，目标基本达成。

随后，对走访工作进行总结的时候，大家都反映，退休老师们一致认为，他们这样做也是在为在职老师维权，所以所有在职老师应该感谢他们。这样说的理由是，他们是在给退休老师维权，而在职老师每个人都是要退休的，所以他们也是在为在职老师维权，所以在职老师要感谢他们……大家都觉得这些话听起来好像有道理，想想又觉得不完全正确，但又分析不出原因。

其实，仔细想来，这无外乎就是一个批判性思维的问题，即对一个判断应进行批判分析。"批判"这一概念可能会让人产生误解，"不要批评我"通常是指"不要对我指手画脚"，"他好批评人"是指他动不动就爱指责别人，有一种从负面角度去评价他人的习惯。其实，"批判"的原意并不是这样，而是指"把（某些东西）置于判断之下"，在哲学中意味着，看到一个想法或观念，思考它，判断它的有效性和价值，然后决定如何处理它。批判思维是一个辨别的过程，决定哪些想法是好的，哪些想法是坏的。变得有批判性，意味着我们每个人都要对我们信赖的想法的真实性和有效性负责。

进行批判性思维，要求我们要对相关的事实判断进行复核、澄清和推

136

理，对一个说法，应尽可能多地去明确其隐藏的假设和含义，进而做出评判。亚里士多德说："我们必须确保我们开始思考的事实是真的，只有在它们是真的情况下，我们的后续思考才有更好的机会成为准确的和富有成效的。"其实，这并不难以理解，因为在现实中，我们很少会去想一些和说一些没有隐藏的假设及含义的事情，以至于我们的陈述常常并没有表达出我们真正想要说的，或是他人没有表述出我们真正想要说的，事实上，我们往往会说一些自己并不想说的话。

再回到让大家困惑的这个话题，只要对退休老师们的说法加以复核和推理不难发现，里面隐藏了不少的假设，如"他们更多的是为了退休老师群体，而不是为了个人，所以都说在给退休老师这一群体维权""现在退休制度、政策一定不会有变化，现在在职的每一个老师都会和他们一样，在相同的政策下，以相同的方式退休""现在的在职老师退休后，一定也会遇到这样的事情""现在的在职老师退休后，一定会因为他们今天的做法表示感谢，感谢他们这次的行动"……这些所谓假设，绝大部分是未来还没有发生的，只能是一种假设和预测，这种预测不是逻辑上必然要发生的事情，比如退休政策可能会发生改变，退休教师的待遇可能会得到提高等，所以在这样假设的条件下，得出的结论不具备科学性和合理性。这样的条件看似合理，得出的结论不合理的例子生活中却很多，如我在大街上对随便遇到的一个老人说："我现在在为繁昌教育做着贡献，你的孙子以后会在繁昌上学读书，所以我现在在为你做贡献，你应该感谢我……"很显然，这种说法是站不住脚的，甚至显得荒谬。

由此可见，养成批判性思维的习惯，善于将论据变成逻辑的形式，可以帮助我们做出正确的推断。

生活就是一种聆听！我们在日常交流的大部分时间里，都会聆听别人说些什么。教育，亦是如此，但作为一个老师，我们不仅要聆听学生说了些什么，更应该去聆听学生话语背后隐藏的思维过程。

当学生说："我的结论是……"老师应该回应："很好，告诉我你是怎么得出你的结论的？"

当学生说："在我看来……"老师应该在听过看法后，接着追问："你是怎样得出你的观点的？"

当学生说："我相信……"老师应该说："很高兴你相信那些东西，你是怎样获得这一信念的？"

当学生反驳说："老师，我不同意你的看法。"老师应该说："谢谢你，我明白你的意思，现在请告诉我，使你不赞成我的一系列思考过程，我们可以一起来分析，看看里面是否有什么问题，然后接着对话。"

…………

走向深处，便是语文

面对疫情，教育要守住自己

全校复学已经三周了，一切紧张而有序。

想想疫情以来，各种忙碌历历在目。摸排统计一遍又一遍，从师生本人到家庭成员，从行踪轨迹到接触人员，从隔离观察到核酸检测，从居家防疫到线上教学，项目不断增多，范围不断扩大；复学方案一稿又一稿，从上学错峰到放学分时，从课间活动到有序如厕，从晨检测温到午检就餐，从洗手消毒到口罩佩戴，从信息报告到应急处置，程序不断调整，要求不断变化；演练推演一次又一次，从一米间距到快速通行，从线路行走到进班入座，从有序取餐到同向就餐，从更换口罩到垃圾倾倒，场景不断展现，细节不断完善。

由于疫情，一直在忙碌的还有线上教学。清晰记得，刚开始的线上教学定义成"不加重学生负担"，而到后来，慢慢地，对负担逐渐淡化，进而开始针对线上教学开展对各个环节的统计，对线上线下的衔接制订详细的方案，对所有学生采取有针对性的补缺补差措施，可是，伴随着个别学生极端案例的出现，又开始高呼减轻学生负担，不重复线上教学内容，关注学生心理健康……

面对疫情，教育需要守住自己。

教育需要稳重。教育教学，不能跟风，不能随波逐流，随波逐流只能是永远停留在表面，触及不到灵魂的深处，而教育是需要触及灵魂深处的。生活中的跟风现象非常普遍，听说别人家孩子报了兴趣班，自己的孩子当然也要去报，从不问孩子是否有兴趣；知道了猪肉价格上涨，大家一股脑儿地去养猪，也不管市场的需求怎样。同样，我们的教师，也不乏跟风现象，看到他班用辅导资料，自己班也照搬套用，不管自己的学生是否需要；看到他班考试测验，自己班也要组织，不管自己班的教学计划是否安排了。如此跟风，必然会出现肤浅。肤浅的学习理论，在教学中比比皆是，拿到一个作文题目，学生脑海中一旦闪现出内容，于是立即下笔，一篇文章就出来了，看似顺利满意，可结果是百分之九十五的学生，都是这样几秒钟的思想闪现，都是这样立即下笔，都是这样顺利，自然内容相似，结构相似，千篇一律，肤浅陈旧，毫无思考的个性和深度。我们要做的应该是，拿到题目，对马上想到的要加以否定，要时刻提醒自己"我这样想，他人也会这样想"，如此以后，再接着自己刚才想到的，进行多角度的扩散思维，再进行单一角度的深入思维，这样的思考才会是独特的、有深度的，写出来的文章才是稳重的。

面对疫情，我们当然也应该这样，自媒体时代，各种信息铺天盖地，各地政策全面繁多，此时，盲目地跟风，就会出现人家怎么做，我也学着怎么去做，只凭主观臆断。其实疫情的形式复杂多变，凭自己一瞬间的想法有时是不科学的，切不可看到别人做了，自己就紧张了，盲目草率地跟在别人后面模仿，以至于做了后，才发现有不当之处，有遗漏之处，有过激之处，于是又开始纠正，又开始补充，又开始说明，工作内容重复啰唆，增加负担不说，效能和威信自然受到影响。

教学需要契机。课堂是教学的载体，但教学绝不仅仅是课堂。学生的学习，是一个时间延续的过程，老师的教学也是这样，因为过程的延续性，所以需要契机。在日常教学中，我们很多老师都有自己的想法，并且有的想法还很有创新精神，可是考虑到环境的制约，又不敢坚定地走下去。就拿语文教学中的阅读教学来说吧，我们都知道学生要多读书，老师要引导学生多读书，可是现实中很多学生没有时间，我们的老师也安排不出更多的时间，于是有的老师就有了这样的想法：把课本的阅读时间压缩，用来让学生自由阅读。但实际上，我们又总是不敢这样去做，担心抓了芝麻丢了西瓜，所以常常是课本的课堂教学任务要完成，课外阅读的时间又要保证，当两者不能兼顾时，我们不得不牺牲课外阅读的时间，因为把课本的阅读任务缩减，心里实在是有太多的不踏实，很多人是惮于这样去做的。再看看现在的线上教学，近两个月的时间，学期教学任务已经完成了一大半，就拿七年级语文来说吧，六个单元的阅读教学、写作教学任务，只剩下了不到六分之一，并且线上教学的资源质量较高，老师对学习重点、难点的把握拿捏都比较到位，其实从另一个角度来说，又何尝不是一次实现我们教学改革的契机，既然已经在线上学习了一遍，何不用剩下的线下时间去尽情地开展课外阅读？我们既不担心课本的课堂教学，又有如此充足的时间，的确是我们开展课外阅读的大好契机。其实，岂止语文教学如此？数理化，政史地，都如此。虽然有的线上教学似乎成了夹生饭，给我们后面的加工带来了一定的困难，但夹生饭的处理需要智慧，如果我们把夹生饭处理好了，用对了地方，又何尝不是一件好事，这一处理过程恰恰给我们提供了创新实践的契机，因为我们有时候将饭煮熟很简单，可是让饭变得夹生，还真是不容易。线上教学的进行，为我们腾出来不少的自由时间和空间，提供了任我们去改革创新的契机。我想，如果我们能将此契机抓住，来进行我们的教学实践，一定能增强我们的教学自信。

教师更要自信。自信，就是有自己的想法，并坚定自己想法的正确性，依照想法去行动。想想生活中，那些人云亦云的人，恰恰是缺失自信的表现，是毫无主见的表现，是应对变化束手无策的表现。不可否认，现实中的确存在可有可无的老师，他们的课堂没有独特性，随时可以被替代；他们的初心不能坚守，已经被世俗功利淹没……再加上，随着线上教学的开展，社会上越来越多的声音，说老师可有可无，未来老师的作用似乎有越来越弱之势。其实社会对一个角色作用的定位，绝不是看他被替代，而是看他不能被替代。纵观近两个月的线上教学，资源不可谓不丰富，技术支持不可谓不先进，录课老师的教学水平不可谓不高超，无论是对教学内容的选择，还是对教学思路的安排，抑或是对教学方法的运用，都是代表着全省的最高水平，但是即便是名师云集，线上教学也大多是对学生加以单向的灌输。而对学习来说，最重要的知识获得和能力训练的过程，无法通过线上教学加以落实，以至于学生不放心，家长不放心，老师不放心，学校不放心，教育部门不放心，于是关于要求线上线下教学衔接的通知，一个接一个。之所以这样，无外乎线下教学是不可替代的，线上教学再完美，也需要线下教学的修补，不经线下修补的线上教学，总是让人不踏实，而这线下修补的重任，当然是一线老师。由此看来，老师的职业不可替代，老师的作用毋庸置疑，老师的可有可无当然无需讨论。作为一线老师的我们，自然只有不忘初心，努力提升自我，让我们不愧于这样的"不可替代"，才更能增强我们的自信。

教育的稳重，不是闭门造车的思考；教学的契机，不是守株待兔的机遇；教师的自信，更不是夜郎自大的自恋。这一切都需要我们进行理性思考，去领悟现实。

"凡是现实的，都是合乎理性的"，只有我们觉得自己正在不可避免地与天使一起奔向终极目标，那么生命就没有白费，我们也将获得更多的生活乐趣，理解了黑格尔的这句名言，我们再来看当前疫情防控下的教育教学工作，才不会丢掉我们教育所特有的稳重、自信和优雅。

叛逆，一出上演着的生活戏剧

正值暑假，孩子和家长一起相处的时间较多，可是这样的相处不总是伴随着温馨，相互之间旳埋怨也不少，为此，不少家长颇为烦恼和无奈，和孩子天天在一起，看着孩子的言行，觉得不顺眼，说吧，孩子往往是不耐烦，稍有不顺，就摔碗啦、赌气啦、使劲关门啦……不说吧，有时候实在看不下去，心里受不了。于是，大家都称孩子的这些表现为"叛逆"，家长们在相互交流中似乎也都知道，此时该忍的还是要忍，过了这段时间就会好的。

为何叛逆期的孩子会有如此的表现？该怎样应对呢？

其实，人的发展有一个心理和生理时间表，为每一个个体的人生戏剧提供了情节。这一时间表旳展开，使我们能够获得关于一个完整的人类生命从出生到死亡的概览。一般来说，人的生活是按照"婴儿期—儿童早期—儿童中期—儿童后期—青春期早期—青春期中期—青春期后期—成年早期—成年中期—中年期—老年期—最后阶段"这一挑战序列逐步展开的，在迎接下一个挑战之前，必须先解决上一个挑战，随着战胜每一个挑战，成长随之发生，我们生命中的每一个阶段都来自圆满完成了上一个挑战。

我们所说的孩子的"叛逆期"，正是他们处在"青春期中期"这一挑战序列。

这一时期的孩子在尝试中学会接受失败。在青春期中期，身心动荡仍在继续，他们感觉自己更像成年人，想独立于权威之外，即独立于其他成年人之外，成为他们的当务之急，这就是分离的挑战。他们开始按照自己的想法前行，在对生活的探索中想去更远的地方冒险，想要尝试各种新的经验，这是一段试验和犯错的时间。因为要尝试、试验，他们常常表现出为自己设定的目标去行事，自然有时会与成人为他们设定的目标相冲突，于是就出现了生活中的种种矛盾和冲突。其实，这一尝试非常重要，尝试会有成功，当然也会有失败，他们就是在这一过程中学会品尝成功，学会接受失败，学会接受失败而不会感觉自己是个失败者，也不会因为失败而丧失自尊，渐渐地，他们也就学会了如何设置更加切合实际的目标。

这一时期的孩子会出现痛苦而长期的反抗。因为需要尝试，而自己设定的目标又和成人为他们设定的目标相矛盾，于是就出现了反抗，反抗权威，反对父母，反对其他直接"控制者"和控制符号。他们在寻求独立的同时，通常会抛开他们对权威的情感，他们可能认为父母、权威等阻止了他们获得所需的尝试，他们感觉自己受到了限制和压抑。他们受到的限制和压抑越多，他们反抗的呼声就会越大，他们对那些约束和约束者的攻击就会越尖锐，当他们发现不能直接攻击约束者的时候，他们就会越来越多地攻击那些替罪羊，于是出现了门、碗、凳子、笔等被摔的情景。

这一时期会产生很大的矛盾。他们渴求尝试，进而需要与父母、权威分离，尽管他们忠诚于父母和权威，但分离对所有人来说都很痛苦。家长和权威也会感到被拒绝，通常不理解也无法接受他们的分离行为，毕竟，一旦分离成功，权威形象消失了，家长们会感到，孩子不再需要他们了，他们的生活目的也就失去了……所以家长如果不愿放弃控制，分离的过程往往是漫长的，并会引发危机，而事实是很少有家长轻易就放弃控制！所以出现危机和矛盾也就不足为奇了。

由此看来，孩子叛逆期的各种叛逆行为，其实是有其道理的，是生命成长过程中的自然表现，了解了这一点，我们也就能在面对叛逆行为时摆正心态，就能顺应这些特点去或忍、或谈、或引、或止。

家长要努力提高自我的成熟度。成熟，指个体智力发展达到顶点，对问题能作理智的判断和逻辑推理，情绪较为稳定，能自我控制。面对矛盾和冲突的出现，作为成年人的家长，应该要做深思熟虑的应对，努力让自己成熟起来，即冷静下来，表现出深度，思考得更多、更深、更全面一些，少一些对孩子的操纵，让冲突尽量缓和，让孩子在青春期中期这些年变得简单化，让他们成功确立独立的身份。家长不能简单地以牙还牙，肆意发泄自己的不满情绪，并对事情做出家长式的判断，以至于局面无法控制。

家长要学会宽容、接纳和善于沟通。心理学研究表明，叛逆过程中的孩子也会感到内疚的，了为减轻愧疚感，他们会寻求认同那些被他们伤害的人，也就是说，他们想要求得家长和权威的原谅。作为家长，我们虽然面临被挑战的危机，虽然我们感觉到被拒绝，权威形象即将消失，但一定要清楚这是孩子成长的过程，也是我们自己成长的过程中的一个必然阶段，是自然规律，谁也无法阻挡，唯有放下心来，坦然接受孩子的这些变化，多了解孩子的思想，多了解孩子的生活，顺着他们的学习和生活轨迹，去说说孩子感兴趣的东西，去肯定孩子所追求的东西，做一个默默的守护者和观望者，在某一个角落持续地看着他们，尽管这种观望有时会显得痛苦而纠缠。

家长要鼓励孩子多与同辈交流。青春期中期，无论是对孩子还是对家长来说，都是一个让人心颇痛苦的时刻，家长常常是相互之间诉苦和交流，并从中得到心情的缓解，其实孩子他们痛苦时，也会从同辈群体那里寻求理解和支持。青春期中期的一个重要特征就是"同辈顺从"，家长对他们的误解和拒绝越多，他们需要的和他们有着类似经历的同辈的支持就越多。作为家长，一定要明白和理解这一点，鼓励孩子走出去，多与同学、朋友交流，并为此创造条件，切不可对他们的交往以需要学习、要善交朋友等理由加以干涉和阻止，否则，寻求不到来自同辈的理解和支持，他们心中的压抑会越积越多，危机也就越积越大。

一个人的生命是结构性的，它呈现为不同阶段，我们在每一个阶段的生活和成长都能得到经验，也都能遇到挑战。每一个生命，都是永恒背景下特定时空中上演的一出活生生的戏剧，处在叛逆期的孩子们是演员，在演着生活的戏，我们无法预见也没有必要预见下一幕将会上演什么场景，或是最终收场会是什么样子，因为情节的发展是即兴的，我们要做的，就是充当观众的角色，用心去关注和欣赏，适当的时候喝彩一下，必要的时候评论一下，这样我们才可以清晰地确认我们自己和他人在认识旅程上的位置。

我的牵挂在远方

翻开日历，发现惊蛰节气已经来临。惊蛰，是各种小虫子开始苏醒的时候。疫情已经持续了一个多月，这其中的恐惧、感动、期待让人内心复杂。如今，趋势一路向好，花香草绿的春天势不可挡，武汉人局促在一市之内，孩子们约束在一屋之中，家长们忙碌在家务督学之间，商家们纠结着开业停业之困……这一切似乎都已快到尽头，所有局促，所有约束，所有忙碌，所有纠结，都即将消失。

然而，因为这疫情，我的内心却变得更加复杂。

还记得，疫情之初，作为最早采取防控措施的欧洲国家之一的意大利，当时有着不多的感染人数，却宣布了紧急状态，限制了航班，让很多人非常困惑，我也疑惑了好几天。

可是，突然间，一日晨起，打开互联网，确诊人数激增，疫情形势发展迅猛，让很多人措手不及，更让我寝食难安。

女儿大学毕业后，专业的原因，她提出想去国外学习，我颇感犹豫，妻子更是不情愿，我们共同的犹豫是，去国外读到底有多大的必要和意义？而妻子的不情愿还有对家里经济条件能否承受的担忧，还有对女儿远在异国的不舍和牵挂，后来经过我的劝说，妻子才勉强应允。于是，女儿开始递交申请、参加面试、申领签证，一切忙碌而顺利，终于在2019年的9月，坐高铁，从上海乘飞机，经曼谷，到了意大利，到了伽利略曾工作过的培养了世界上第一位获得学位的女大学毕业生的学校，开始了她为期两年的在异国他乡的学习。

我想立即和女儿通话，可是，时差提醒我，那边正是午夜。难熬的七个小时终于过去了，我联系上女儿，她的语气显得很平淡。那儿情况怎样？口罩、消毒液有没有？学校课程怎么安排？那儿确诊的病人多不多？中国领事馆有没有提示？……所有的问题一股脑儿全部抛了出来，她一一解答，让我们不要担心。其实哪有不担心啊！想想，国内疫情刚开始，还没有引起我足够重视的时候，她发来信息，提醒我们注意防范，并在网上给我们购买口罩，我当时还不以为然，对戴口罩更是不屑一顾，其实当时疫情已近在身边，可我还总觉得距离很远。可如今，身边疫情一路向好，虽然严重的疫情远在亚欧大陆的另一端，我又总以为近在眼前，让人揪心和不安。是啊，身处亚欧大陆的两端，担心即便不分昼夜，又有何用？于是，我只有一遍一遍叮嘱，呆在家里，不要外出；一次一次交代，外出购物，必戴口罩；一声一声提醒，经常洗手，随时消毒；一句一句强调，开窗通风，讲究卫生。

伴随着意大利的确诊人数飙升的，还有我的忧惧。

女儿所在的市，已经发出学校停课的通知，可依然有教育机构正常教学，而女儿身边就住着一位四十岁左右的女老师，还是每天去教育机构上课，她每天的进出自然是存在着风险的，相关部门对这一问题的反映，也表现得很是无奈，最后经过大家的直接劝说，女老师才决定不再上班，呆在家里。于是，自然想起我们在这特殊时期，没有中华民族如此的制度文化优势，没有中国政府如此的决策执行力度，没有中国人民如此的生命忧患意识，没有中国医护人员如此的逆行奉献精神，要挺过这一关是多么艰难！

国内官方媒体这几天对境外疫情的关注也多了起来，而对欧洲国家的关注似乎要少得多。

女儿发来一条信息，意大利官方的十条提示中明确表示"除非你是怀疑被感染，或在照顾病人，否则不建议戴口罩"，我纳闷，女儿纳闷。于是外出戴口罩的尴尬，必然导致一种矛盾，戴吧，怕被人怀疑，容易引起不必要的麻烦，不戴吧，又怕与人偶有接触，增加感染的风险。我当然忧惧，怕她外出不戴口罩，又不可避免与他人接触，也忧她戴上口罩，一旦被怀疑怎么办？

曾经有一个同事，对孩子的学习成绩非常在意，一次，孩子骑自行车摔倒，脚部受伤，他感叹道："现在我只要他的脚尽快好起来，学习不学习都算啥啊！"是啊，还有什么比身体、比生命更重要的呀？在生命面前，一切都显得如此微不足道！现在，每次和女儿视频也好，发信息也罢，我也不再要求她努力学习，交流的内容只有防范、防范又防范，安全、安全再安全！

这几天，不断接到电话：家人来电，血缘的关系，话语间各种担心牵挂自然而然；同学或朋友来电，浓浓的关心，让我常被感动，更增加了我对平安的期待！

从朋友圈得知，我曾经呆过的办公室门前的玉兰花开了，我曾经折断细枝插在窗边的柳枝泛青了，我曾经寻找野菜回家喂猪的田埂变绿了，我曾经留下足迹的家乡田野里的油菜花泛黄了……

又到惊蛰，虫声新透近了，蛙声一片近了，姹紫嫣红近了，鸟语花香近了，无限春光也就近了！

可是，我的牵挂还在远方！

语文教学，可以成为摆在教室里的地摊

2020年，挑战不断、新冠疫情、超警洪水……我们一次又一次去面对，去处理，去化解，去善后，于是农历庚子鼠年被打上了多灾多难的烙印。再翻翻历史，清政府阻挡不住八国联军的入侵，只能签订《辛丑条约》并做出巨额赔款；道光皇帝阻挡不住第一次鸦片战争的爆发，只能打开大门，中国开始了半殖民地半封建社会的屈辱近代历史；成立不久的新中国，遭遇了自然灾害……于是，人们慨叹"自古庚子多磨难"！的确，2020年的磨难不断，但面对磨难，中华民族不再像曾经那样无奈和屈服，而是科学应对疫情，全民抗击洪灾，坚决回应挑衅，中国特色社会主义新时代得到了充分的展现。

曾几何时，消灭地摊成了城市管理的重要内容。于是，城管严格执法，摊主极端应对，群众打抱不平的有关地摊的新闻，一直充斥着网络，社会舆论几乎一边倒地谴责城管执法人员，同情地摊摊主。今年年初，受新冠疫情的影响，人员不能流动，工厂无法复工，部分商店不许开门，学校严禁开课，熙熙攘攘的城市一下子缺少了烟火气息。于是全民行动，共克时艰，很快疫情得到控制，国家相时而动，出台恢复地摊经济的措施，城市的公园、县城的广场、乡镇的街巷，顿时充满了活力，繁华开始恢复。

地摊，是一种现象，是一种生活，是一种经济，更是一种文化。其实，地摊经济的繁荣，最是体现了我们党代表最广大人民群众的根本利益的初心，自然是不可阻挡的。

对语文教学做一番地摊模式的思考，来一番地摊因素的挖掘，自会获得一番地摊文化的启示。

内容的适用性，是语文教学的根本。地摊，摆在大街上、露天下，一方桌子，一排支架，一块雨布，一个箩筐，甚至一个塑料袋，就成了商品展示、交易的场所，其形式之简洁、方法之单一，让人不屑，然而，其展示之丰富、交易之顺利，令人称道。究其原因，是地摊摆出了适合它的物品，这里没有大宗物件，没有名贵高档，没有高雅文艺，有的是鞋袜帽衫的日常，有的是瓜果小吃的香甜，有的是锅碗瓢盆的凡俗，有的是虫鸟玩具的童真。人们在散步之余，扶着老携着幼，赤着手空着拳，一身轻松，悠闲惬意，自然对虎皮貂裘、对珍珠玛瑙、对深奥艺术毫无兴趣，而带老人选一双拖鞋，给孩子寻一个玩具，为自己挑一件小衫，帮同伴来一串小吃，这时是最恰当不过的了。于是，也就有了熙攘的人群，也就有了旺盛的烟火，也就有了入夜的繁华。再看看我们的语文教学，对着教参准备教案的、依着教案进行课堂教学的、照搬资料布置作业的现象，比比皆是。我们不去关注学生的状态，不去在意学生的需求，不去了解课堂的生态，不去重视课堂的过程，教案怎么深奥，课堂就如何难懂；活动怎么荒唐，课堂就如何怪诞；互动多么枯燥，课堂就如何乏味；作业怎么呆板，课堂就如何机械。至于语文教学应有的通俗、趣味、熏陶、快乐等地摊因素，都丧失殆尽，内容不适合学生，不适合课堂，丧失了语文教学的根本。

文化的彰显性，是语文教学的追求。地摊，或许没有大额的交易，或许没有高档的环境，或许缺少高大上的阔绰，或许缺少白美富的奢华，但从不缺少"适合自己的就是最好"的选择，从不缺少"勤劳所得就是价值"的光荣，从不缺少"扶老携幼就是亲情"的和谐，更多的是代表了便宜，代表了简陋，代表了勤劳。然而便宜不等于劣质，不求名贵中蕴含的是节俭和朴素；简陋不等于粗鄙，不羡华丽中蕴含的是简洁和淡然；勤劳不等于贫穷，不慕荣利中蕴含的是真实和和谐。这其中所蕴含的节俭朴素、简洁淡然、真实和谐，更是一种地摊文化，这文化宣扬美德、陶冶性情、歌颂亲情、彰显价值，让地摊不只是摊开在地上，而是植根在心中，流淌在血液里，更是融入了民族的灵魂。语文教学同样如此，无需追求手段的现代，无需追求理论的深奥，无需追求方法的专业，无需追求过程的花哨，在文字的阅读中引导学生体会东方的文明，在语言的运用中引导学生学习华夏的智慧，在人物的分析中引导学生感受民族的勤劳，在写作的训练中引导学生品味仁爱的亲情，这文明、智慧、勤劳、亲情，就构成了语文教学的课堂文化，这文化就书写在语文课堂的黑板上，就绽放在语文课堂的课桌上，就表达在语文课堂的交流中，就流淌在语文课堂的笔尖，更是嵌入了语文教学的灵魂里。

学习的获得性，是语文教学的目标。人们热衷于逛地摊，除了感受热闹的气氛外，就是在逛的过程中能有所收获，或是一把小扇，或是一束鲜花，或是一个发卡，或是一件小褂，平时生活中需要而又无处购买的小物件，往往在地摊上会被发现，被买回，往往是每次逛都有收获，或收获物品，或收获亲情，或收获健康，或收获和谐，因为有收获，所以地摊才会吸引众多的人。个人不一定带着目的而来，却多会带着收获而归，这大概就是地摊人头攒动的原因了吧。其实，我们的语文教学又何尝不是如此？每一次的教学，都应让学生有所得，语文学习的范围广、内容多，因此语文学习的所得，因人而异，各不相同，自然就不在乎多少，不在乎大小，不在乎深浅。语文教学的课堂获得，不一定要惊天动地，不一定要学贯中西，不一定要通晓古今，不一定要拯救民族，哪怕只收获一点知识，哪怕只收获一种方法，哪怕只收获一个体验，哪怕只收获一次感动，都可以让语文教学的课堂像地摊一样熙熙攘攘，像地摊一样琳琅满目，像地摊一样气息弥漫，像地摊一样绽放精彩，唯有此，语文教学才实现了其目标。

地摊回归，既是经济发展的需要，也是以民为本的体现，解决的是民生问题；语文教学，既是人的发展的需要，也是培养文化自信的途径，追求的是对灵魂的塑造。民生基础牢固，灵魂塑造方有意义。因此，语文教学可以成为摆在教室里的地摊，这样，文化自信才会是有本之木，灵魂塑造才会是有源之水。

由暑假作业的尴尬说开去

时间刚进7月，暑期已经开始，虽是假期，虽是孩子们好好休息的时刻，可是身边家长们谈论更多的还是孩子的学习，什么补课啦、培训班啦、暑假作业啦……总有说不完的话题。

说到暑假作业，我们都知道现在的暑假作业形式多种多样，内容五花八门，然而在这不同之中，每个学生又都有一套共同的暑假作业，这套暑假作业，基本上凡文字学科，每学科一本，内容大多以次数编排，且后面配有答案，面对这套暑假作业，发现不少老师有着太多的尴尬。

做与不做的尴尬。当今的教育，强调素质、减负，教育部门、各类专家也都三令五申，鼓励多布置实践性的作业，少布置机械的书写作业，实践性作业的完成，有利于能力的培养，有利于素养的提升，当然是应该要提倡和拥护的。但看看孩子们手里的这套暑假作业，传统的训练模式，记忆、背诵、抄写、模仿……做，学生在机械模式化的训练中耗费时间和精力不说，能力得不到提升，所收成效甚微。不做，又无法应对学校的开学检查，况且这套暑假作业都是学生花钱购买的，老师自然更不能让学生不做。

批改与不批改的尴尬。老师的职业劳动具有特殊性，尤其作业的批改具有连续性、及时性、反馈性的特点，通过"学生做——老师批改——向学生反馈"这一过程，来实现知识的厘清、认识的明晰、能力的提升。而暑假作业由于是在假期完成的作业，老师、学生无法做到天天见面，及时批改、及时反馈当然无法做到，只能在新学期报到时收上来进行检查，此时一个班的所有同学一个假期的作业都集中在一起，由于新学期新的教学任务接踵而至，留给老师检查批改暑假作业的时间不能超过一个星期，如果仔细批改，工作量之大不言而喻，平时分散两个月完成的任务集中到两三天，其效果也是不言而喻的，更谈不上具体的反馈，因此即使批改也大都流于形式，但如果不批改，自然影响了学生做作业的质量，长此以往，会让学生养成不好的完成作业的态度。

撕与不撕答案的尴尬。暑假作业后面的答案，撕掉，学生必须得认真思考，遇到答不出的，又得不到老师的及时指导和批改，自然不少学生的应对是"错了就错了，做不出就做不出"，同时，现在市场之繁荣，网络之发达，凡是能叫上名字的书，都能在市场上找到，自然弄到答案也就不足为奇了，如此看来，撕去后面的答案，实在是没有太大的必要。不撕，必然有很多同学不假思索地接受答案，如此会阻止学生亲自去解决遇到的问题，去提出可以促进自身成长的问题，一旦养成这种习惯，他可能永远都学不会提出有意义的问题，此外，习惯于接受答案，往往会形成一种僵硬的概念框架，这一框架会对新的思路和经验早早地关上了大门。

其实，细细想来，暑假作业的尴尬，就是学生在假期成长的尴尬。众所周知，暑假的初衷是让学生经过一学期的紧张学习，能休息放松，能亲近自然，能调适心情，可就像暑假作业一样，越来越多的尴尬开始在假期显现，有学习与休息的尴尬，有亲近与疏远的尴尬，有被迫与自我的尴尬……究其原因，还是学习的功利性太强，忽视了假期习惯的培养。有效的学习得益于好的习惯，好的习惯养成主要在于对自由时间的安排和支配，而两个月的暑假正是培养学生好的行为习惯的最佳时期。

基于此，很有必要明确一些认识。

培养对新事物的兴趣。对新的未知的事物有兴趣，我们就会被新事物、新经验、新方式所吸引，被好奇心、冒险欲所吸引，这就为我们成长提供了可能性。假期时间可以自由支配，可以做很多平时想做又不能做的事情，可以接触新生事物，尝试培养新的兴趣，尝试体验新的运动项目、新的学习方式、新的人际交往、新的生活方式……迷上新事物，就会让我们的成长是开放的。总会有新的世界等着我们去探索，总会有新的冒险让人变得兴奋，总会有新的生活方式等着被体验，总会有新的思想等着去发现，总会有新的问题等着去解决。

摆脱权威的危机。权威在我们的生活中普遍存在，父母的权威、老师的权威、书本的权威……暑假还未开始，家长的要求、老师的计划、专家的建议等权威纷纷显现，于是在权威建议下的各种补习班、训练班接踵而至。如果说平日迫于无奈，而必须服从依赖这些权威，那么暑假期间，学生完全可以抛开这些无奈，摆脱这些权威，多一些自主的计划和安排。自主的主要障碍之一，就是未能做到和权威分离，一旦没能摆脱对权威的依赖，我们就会依靠他们做出决定，依靠他们为我们的行动发出指令，在这种依赖状态下，我们不再需要去面对大多数生活，不再需要去承担许多责任，我们就没有了自主的生活模式，并引发成长危机，进而无法真正长大。

不再选择忽略和压抑。一个人要想发展自我，一个前提条件就是发展自我意识。紧张学习期间，我们常常发现被一些负面情绪所控制，如无奈、不满、焦虑、恐惧、沮丧、抑郁等，由于顾虑到学习任务、人际关系，我们常常选择忽略，选择压抑这些情绪，日积月累，久而久之，自然会有强烈的爆发，会反过来报复，其后果是可怕的。那么，暑假期间，我们的所虑会大大减少，此时，不妨放松自己，去承认自己是什么样就是什么样，有意选择在这些负面情绪上做些停留，并诚实地应对，而不再去忽略压抑它们。当我们难过时，没有必要为了不引起别人的注意，就假装自己不难过，而应该是承认自己很难过，并相信一种力量可以让难过消失。当我们选择不去压抑情感，将其合理化时，就会发现这些负面情绪的力量会一点点减弱，我们可以逐渐获得更好的感受。

信守"智慧来自苦难"定律。古希腊悲剧作家埃斯库罗斯认为："智慧只有经历磨难才能得到。"人的成长不可能不付出代价——痛苦，成长过程中伴随的痛苦充斥着我们的生活：发现你并非独一无二而是芸芸众生之一的痛苦；你童年的信仰在你最需要的那一刻崩溃的痛苦；憎恨他人让你成为现在这个样子的痛苦，而你心中真切知道他们只能那样做……这些痛苦其实就是生活中必有的经历。暑假的到来，我们切不可一味追求放松和惬意，适时的休息、适宜的旅游都是必要的，同样也要利用假期尝试去接受磨炼，走出空调房间，接受暑气的蒸熏、太阳的炙烤和汗水的浸泡，体验劳动的艰辛、寂寞的煎熬和忙碌的忍耐，也唯有暑假，我们才会有这样的体验。

暑假，是应客观规律而出现的，自有其存在的价值，老师、家长和学生，都要合理利用好这个时段，让其变得不再尴尬，让其变得和谐起来，成为一学期工作学习的合理补充，成为促进自我健康成长的意志熔炉。

唯有此，我们方能不负暑假，不负生活！

语言的美，需要"真实"和"尊重"

近日，各种被吐槽的新闻报道层出不穷，读者吐槽的，不是新闻的虚假，也不是新闻时效的缺失，而是对新闻事实的夸大，对新闻理解的偏差。

其实，在我们的日常阅读中，这样有偏差、有夸大的内容不在少数，只要稍加注意，就能搜集罗列一串。有的是场合不对，有的与作用不符，有的主客体颠倒，有的则夸张得没有原则。看起来，似乎也并无不妥之处，甚至还能给人以振奋和激励，再仔细想想，外表看起来是语言运用的不准确，实际上却是思想认识的不恰当，这又何尝不是一种被华丽语言外衣所包裹着的做作？越读越疑惑，越咀越无味，越看越不屑，越嚼越索然无味。

语言之所以能被欣赏，在于它的美。

语言的美，体现在真实的情感。情感真实了，才能引起人的共鸣，才能让人感同身受，才能使人陪着笑、伴着哭、随着怒、跟着骂。鲁迅"仁厚黑暗的地母啊，愿在你怀里永安她的魂灵"的情感的美，在于他对阿长虽切察烦琐却又克服困难买来《山海经》的真实的感激；胡适"如果我学得了一丝一毫的好脾气，如果我学得了一点点待人接物的和气，如果我能宽恕人，体谅人——我都得感谢我的慈母"的情感的美，在于他对母亲宽容善良而又严厉刚强的真实的怀念；钟南山"武汉是一座英雄的城市"的情感的美，在于他对武汉既有光荣不屈的历史又有坚强团结的现在的真实的赞扬；央视"最美逆行者感动整个中国"的情感的美，在于它对医护人员面对生死考验绽放出的英勇无畏与心怀大爱的真实的敬意……否则，就是虚假，就是夸大，就是做作，就是无中生有，就会给人以鄙夷，给人以无奈，甚至给人以愤怒。

语言的美，还需要尊重的态度。尊重是真实的基础，只有我们去尊重了人、物、事，我们才会用心去体会，才会用平视或仰视的眼光去欣赏，才会发现其中所蕴含的本质的美好。我们尊重了脚下的小草，才能折服于它的旺盛和顽强，否则只有鄙视它的渺小和杂乱；我们尊重了河里的泥沙，才能惊叹于它的淘洗和磨炼，否则只有漠视它的沉淀和淤积；我们尊重了夜空中的繁星，才能陶醉于它的闪烁和点缀，否则只有不屑于它的邈远和孤寂；我们尊重了身边的老人，才能敬佩他们的经验和智慧，否则只有厌弃他们的衰老和羸弱；我们尊重了面前的孩子，才能羡慕他们的朝气和聪颖，否则我们只有嗤之以鼻他们的幼小和稚嫩。院士钟南山没有漠视病毒，他自然会发出"新冠肺炎可以人传人"的提醒，他对人的生命的呵护是真实的；诗人裴多菲没有不屑弱水，他自然能道出"虽然船在上面，水在下面，然而水仍是主人翁"的真理，他对弱水身处下层却依然主宰着航船的坚定是真实的；周敦颐没有厌弃莲花，他自然唱出"出淤泥而不染，濯清涟而不妖"的赞歌，他对莲花不与世俗同流合污的高洁傲岸的景仰是真实的……施恩者就是施恩者，受恩者就是受恩者，施受不能颠倒；监督就是监督，参与就是参与，督参不能错位。绝不能把恩惠的感激偏离了方向，把试卷的批阅和回答错离了位置！

只有紧扣"真实"和"尊重"，剥去那层华丽的外衣，语言才会变得更美，才会在欣赏中变得更美，才会在运用中变得更美，而对语言的欣赏和运用，恰是语文教学的主要内容之一，于是，我也就格外感觉到我们语文人肩上担子的沉重，感觉我们语文教学任务的艰巨，感觉到我们达成语文目标的艰难，感觉到我们实现语文理想的辛劳。

在生活的矛盾中去发现意义

每天下班后的生活，总是排得满满的。

六点半左右，饭后健走，时间约一个小时二十分钟；八点到九点，观看央视新闻频道电视节目《东方时空》；九点开始临帖，临习魏碑楷书约一百个字，时间约一小时；随后备课、写教学反思、记读书心得、在工作室公众号推送文章，等所有忙好基本都是十一点半了，再洗漱，我每晚的睡觉时间都在十二点左右。

我一向睡眠不好，医生的建议之一是睡觉时间不要超过十点半，我于是开始计划压缩这满满的生活时间。

饭后走路，属于健身运动，其作用无可多说。在这个全民皆健身的时代，没有什么比健身运动更重要的了，步入中年，来自心脑血管的疾病威胁，来自肝胆肾胃的不适挑战，越来越近，越来越多，健身就是抵挡这些威胁和挑战的重要而有效的方式。自然，这一时间不能压缩。

每晚观看《东方时空》一个小时，是我了解社会、了解国家、了解世界的重要方式，虽说现在通过手机能随时与世界互联互通，但充斥在互联网上的信息泥沙俱下，让人目不暇接，央视作为官方的主流媒体，每晚用一个小时时间对国内外重大事件，做一个梳理，其思路清晰、重点突出、深浅得当，着实带给我的是省时省力，作为一个社会人，当然要融入社会发展的大潮，与时俱进，这一切的前提是要了解社会、了解时代，同样，这一时间不能压缩。

临习经典书法字帖，是我坚持了多年的习惯，从十年前因失眠而初接触书法，到后来自费去杭州参加培训、对孩子一笔一画的辅导、聆听专家讲座、应邀开设讲座，再到后来县教师书法社的成立，征稿、选稿、装裱、布展，最后参加各种展览，有成功，有失败。这一路走来，艰辛快乐并存，收获失望同在，现在的书法已经成了我生活的一部分，其因子无时无刻不在我的血液中流淌，尽管常常因为墨汁的宿臭和对衣服的污染，遭到妻子的责怪，但要我放弃甚至压缩时间，也是完全做不到的。

备课、读书、写作，与我的专业、职业紧密相关，专业是我赖以生存的技能，我每月拿着国家的俸禄，享受着各种社会保障，我之所以能赡养老母，之所以能供养小女，完全依赖于我的这份薪水，我当然要倍加珍惜，于是读书、写作、参加比赛、参评骨干带头人、申请成立工作室……始终不忘初心，让自己对专业领域有更深的了解，对专业知识更加熟悉，对专业技能更加熟练，对专业发展有更高期待，如此来说，在专业上我应该做的，不是压缩时间，而是花更多时间去钻研去进取。

压缩时间的计划无法实现，我依然日复一日地如此生活，医生依然一次次地如此建议，我的睡眠依然年复一年地如此糟糕，生活中的矛盾就这样无声地延续着：有时口味与健康矛盾着，财富与幸福矛盾着，环境与发展矛盾着。我们梦想着梦想，然后却发现有时生活会粉碎而非成就那些梦想；我们准备带着善意生活，却发现我们必须持续不断地与邪恶斗争……我们只能看到生活的片段，从来看不到完整的生活，这一点，我们与玩积木的孩子是何等相似，努力想要将让人困惑不解的、不相匹配的积木拼接在一起。我们多数的奋斗时间往往只能给我们带来极小的满足，我们有时并不清楚自己到底在追寻什么，但不得不继续盲目地奋力向前寻找。

生活就是这样，在矛盾中理所当然地活着。活着，就是要经历矛盾。自然，再看看我们所做的一切，无论是为了功利，还是初心，我们要想活下去，就要在矛盾中寻找意义，就要从生活中发现意义，尼采说："知道活着意义的人，能够忍受世间任何痛苦。"

发现意义，就是要把生活当作一个额外的奖励，当作意外之财，对一切都倍加珍惜。

发现意义，就是要像史怀哲那样敬畏生命，要将敬畏生命当作生活的一个坚实立足点，当作生活中一条明确的前行之路。受敬畏的生命才有意义，一个人的生命有意义了，那么一个人生命中所有的东西才会有意义，其中包括一个人在矛盾生活中所经受的苦难和挣扎。

因为主宰我们人生舞台的，是我们内心深处的东西。于是，我不再纠结，不再困惑，而是坦然起来，坚定起来，因为我的生活虽然充满了忙碌和矛盾，可我想的是怎样才能使生活值得过下去！

这个寒假的记忆

这个寒假，有很多东西值得记住，过年的欢乐，假日的清闲，家访的收获，居家不能外出的局促，关注疫情的纠结，朋友圈信息的艰难甄别……

而让我记忆更深的，是人！

母亲从2019年8月份开始，就因为身体原因，在我们兄弟姐妹家里轮流生活。12月份来到我家，本该安心坦然生活，她却一直因我照顾她而变得忙碌过意不去，常流露出愧疚并急于去下一家。除夕之夜，江苏的姐姐要回响水涧，虽到时会很晚，母亲却坚持不睡觉，非要跟姐姐一道回响水涧，我实在无法劝说成功。于是，除夕夜近十点，她还是兴奋地和姐姐一道回了响水涧，回到了她的小屋，我知道也许她是想她的小屋了。可是，想起母亲在我家的这两个月时间，我因为上班，除了给她准备好饭菜，也很少有时间陪她，甚至两次外出开会，不得不把她送到大姐家，而现在放假了，可以有时间在家陪她了，她却要坚持走，我的心头涌起阵阵自责。好在，这以后和她通电话，从她的话语中、声音中感觉到她过得还好，我稍许有点宽慰。人生或许就是如此，不断在矛盾中遗憾着！

俞老师，今年92岁了。是学校退休教师，没有自己的亲生孩子，据说领养了亲戚家的一个姑娘，俞老师从小把她抚养大，送她读书，让她顶职，给了她一份工作，后来不知什么原因，父女俩闹出了矛盾，俞老师得不到照顾，住进了养老院。当然，住进养老院也是老人晚年的一种归宿，并且会逐渐成为一种趋势，无可厚非，况且他有着一定的退休工资，花钱购买养老服务也是将来养老的大众选择。只是听说养女对他不管不问，还是让人心生一股莫名的复杂，两人之间孰对孰错，谁是谁非，我们无从判断，但凡果皆有因，当结果无法改变的时候，去寻找原因又会有什么意义呢？腊月二十七，学校一行三人，在高德地图的导航下，来到俞老师的住处，92岁的他，虽视力已全然消失，但头脑清醒，身体尚可。对我们的到来，他像小孩一样流露出无法言说的欣喜，拉着我的手说东说西，问长问短，临别，他起身要送我们，被我们拦下，他合起双掌，不断向我们作揖，把学校的责任与义务当成了一种恩惠，我突然意识到他平时的生活，是现在的这番热闹嘈杂，还是无法知晓的清冷孤寂？

　　90岁的老太太，是学生作文里面的人。学生没有交代他们之间的具体关系，也没有交代她的日常生活方式，我也不能确切知道他两家住处之间的距离，只是"兄弟俩一人一边，搀着老太太来吃年夜饭"的画面，在我脑海里无法抹去。其实，这一画面感动的不止有我，也感动了路旁的树，让它驻足痴望。兄弟俩不仅一人一边搀扶着老太太，还感觉到了那双手的粗糙干瘪，甚至体会到了她生活的磨难和艰辛。再看看我们身边，一个十三四岁的孩子面对一个九十多岁的老太太，这样的体验，这样的搀扶，这样的欣然，这样的自豪，又能有几人？把手放在胸口，我们看到更多的却是对衰老的躲避、对佝偻的鄙夷、对虚弱的蔑视、对蹒跚的恐惧……成人如此，孩子又何以堪？我们常说孩子是大人的镜子，其实大人又何尝不是孩子的榜样？家风家教的形成，孩子行为习惯的养成，大人的言传身教是何等重要！再看看，小作者是在爸爸的授意下去接老太太的，自然，爸爸的授意一定来自妈妈的赞同，所以这其实就是一种美德的传承，一种家风的继承。至于，老太太与这一家有血缘关系也好，没有血缘关系也罢，也就无所谓了。如果非让我来做一个猜测，我则更会倾向后者。

　　这个寒假，能够当作镜子的，当然还有一群人，他们被包裹着，只能看见眼睛，只能看见白衣上的黑字，可是透过他们，我们却看见了太多太多。我们看见了责任，钟南山，他的日程是满满而且忙碌的，没有炫耀，也没有高昂，他靠在餐车座椅上休息，北上南下，现场调研后，会议研讨前，他没有缄默，也没有玄虚，告诉大众真相的同时，在诠释着尽责的内涵。我们看见了奉献，张定宇，连续几十天，坚守岗位，疾病来袭时，亲人遭困时，他没有高谈，也没有阔论，尽力挽救他人的同时，也在消耗着自己的生命；我们看见了坚忍，甘如意，她的声音是稚嫩甚至朴实的，没有油腔没有滑调，可她骑自行车四天三夜，来到岗位，寒风冷雨中，寂静孤独中，她没有恐惧，也没有退缩，走向平凡岗位的同时，也在彰显着善良和坚忍。钟南山，张定宇，甘如意，三代人，年龄不同，岗位有别，学识各异，可坚强不屈、家国情怀却在三代人之间延续，这又何尝不是一种家风的传承，中华民族大家庭家风的传承！镜子，容易映照光明，却难以映射黑暗，可是，这群被包裹着的人，不仅映照出了义无反顾，映照出了平凡真诚，映照出了万众一心，还映射出了急功近利，映射出了捕风捉影，映射出了慵懒散漫……

寒冷将去未云，天气乍暖还寒，花朵含苞待放。

这个猪离鼠夹的寒假，还有很多人，还有很多事，还有很多物，还有很多情，会在我的记忆中留存、延续、传承，直到下一个寒假，下下个寒假……

走出自我中心的困境

当今世界，贸易大战、军事威胁，充满矛盾和争论；现今生活，观点不同、意见纷呈，遍及包容和理解。于是又想起庄子，又想起惠子，又想起那条濠水，又想起濠水上的那座梁，又想起那场关于"鱼之乐"的辩论……这一场辩论非常巧妙，趣味横生，短短百把来字，细细读来，人物尽显精彩。

一场辩论，和谐彰显了两人截然不同的立场。庄子无意中的一句"鲦鱼出游从容，是鱼之乐也"，明显带着个人的情感色彩，体现其十分注重个人作为主体的精神或心理状态，他探讨的是人如何获得完全的精神自由和开放独立的人格，他孜孜以求的是人在去常知、忘情欲、内心虚静明觉的状态下的一种逍遥自得，是人与大自然融为一体后的忘我境界，他超然物外，但又能返回事物本身来观赏其美。惠子简洁明了的一句问话"子非鱼，安知鱼之乐？"，坚定而充满理性，看似疑问，实是否定，带有逻辑家的个性，他走向独我，即每个人无论如何都不会知道第三者的心灵状态。

一场辩论，和谐呈现了两人不一样的思维过程。庄子从"出游从容"提出"鱼之乐"的看法，在经过惠子的反驳后，按理他应该紧扣"鱼之乐"来进行应对，可是他并没有，而是转到"安知我"的话题，在经过惠子的进一步反驳后，他又转到"知之濠上"的话题，庄子的对答在不停转换话题，他的思维是跳跃式的，他的思维过程是艺术性的，这恰恰显示了他艺术哲学家的风貌。一个人能如此轻松地转换话题，诙谐幽默，一定表明这个环境是轻松的，他的心情是愉悦的，所以"鱼之乐"是他内心愉悦的投射和外化。我们再看看惠子，他从反驳庄子开始，就紧扣"安知鱼之乐"，简洁明了，最后提出"不知鱼之乐，全矣"，思维清晰，目标明确，逻辑性非常强，展现了一个逻辑家的个性。

不同的性格，不同的立场，不同的思维，却能在一场辩论中和而不同，实属难得。

其实，庄子惠子之辩，反映的是人类困境的问题。我们每个人从生到死，都被锁定在一个无法逃脱的物质器官中，我们为身体所困，身体包含了我们所有的感知和信息处理设备。我们每个人只要活着，都会局限于一种特定的系统，无论我们多么想跳出我们的躯体，都做不到。我们可能永远都不会知道任何其他活着的生物感受到的存在是怎样的，这就是惠子思考的出发点。这一困境给我们看待世界的方式及与他人的关系，设置了一定的限制。

个人也好，国家也罢，其实都必须生活在两个截然不同的世界中：内在的世界，即主观经验的世界，体验自我的世界；外在的世界，即真实的世界，物质运动的世界。我们常常把两个世界混在一起，有许多发生在我们主观世界中的事情，却认为它们发生在现实世界当中。比如，从自我角度出发得出的"吃亏论"，完全是一种自我体验和感觉，却将之当成了现实中的客观存在，这种虚假归因的例子非常普遍。

因此，庄子惠子的智辩，不仅是一场气氛轻松的谈话，更是两种思想的交流，是对人怎样走出自我中心困境的深层探讨。时至今日，当我们再来思考时，我们依然深深感到，一个人的成长，一个国家的发展，需要超越自我，通过具有勇气的行动，整修我们的感情和信仰。我们既要感受自己文化的魅力，又要能领会其他群体真正的特质，这既需要一种成熟的情感，即我们在没有夸张的自尊做防御的情况下，去面对所处的世界，又需要对文化进程的复杂性有一种知识上的理解，这样我们才能避免被无处不在的谎言所迷惑，看透各种神秘化的符号，得到一种深沉的满足。

我想，前不久在北京顺利召开的亚洲文明对话大会，就是我们中国对世界文化进程最明智的理解，对全世界做出的最真实的宣称。

做一个生活中的成功者，更好

生活中，经常会有这样的现象：有的人在某一领域研究到一定的深度，渐渐地，他和身边人的交流越来越少，交往越来越少，他的生活似乎距离常规越来越远，大家感觉他越来越孤独……于是，他不是生活中的一个成功者。

这实际上是专业和生活之间的关系问题！

一个人在某一领域研究到一定深度，就是专业化了。而专业化是有风险的，一个人的专业化程度越深，也就越容易忽视那些让人依然成为人的生活常识，一个狭窄的领域往往表明有一个狭窄的头脑。越是深入学科的最深处，就会变得与那些可以表明你的心智在生长的兴趣更加疏远和孤立，慢慢地，就会失去交流沟通的能力，人们常说专家往往是孤独的，这很可能是真的。

因此，只对某一领域持续深度关注，最终却是疏远了生活。生活无法专业化，我们需要的是对生活的整合思考，重点关注某一个或某几个领域，同时要了解其他领域，当我们对生活进行整合思考时，就是在回归生活。

整合思考就是通过看到具体的事件所处的更大的背景，去寻求视角和启示，否则，我们就会变得目光短浅、脆弱不堪，而且不够明智。这一更大的背景，对我们能过上一种成功的、智慧的生活非常重要。生活是一幅拼图，整合思考就是准确无误地、切实地看到拼图的全貌，不断把碎片拼到一起，直到看到整个图案，难题被解决。而现实中，我们大多数人，迄今为止都在做一个单片的拼图游戏，由于受职业、生活环境等的影响，在我们的有生之年，一直都在自己的生活圈子这个小拼图中，我们从落地生根开始，就非常熟悉我们所生活的这一小块拼图，最终导致我们都相信，我们置身的板块是所有拼图中最重要的一块，进而得出我们自己这块单一的拼图就是整个图案的全貌。当我们目不转睛地盯着一小部分拼图，并宣称我们发现了拼图全景时，生活之谜很大程度上已经被我们放弃了。

以课题研究为例，整合思考就是，遇到一个问题，找出其所隐藏的意义，再寻找昔日的人对此问题的思考，用不同的方式将问题重新加以表述，然后问自己哪些领域最有可能包含与此问题相关的信息，将信息与核心问题联系到一起，从中得出跨领域的见解，即确定为所研究的课题。在不同领域找出相互交叉的内容，再用新的观点去思考先前的问题，看是否会出现想要的体悟，最后回到最初的问题上，试着用一种更开阔的方式去理解，更好地看到整个画面，进而完成课题研究。

科幻小说作家拉里·尼文有一个很好的表述：生活在一个星球上的人有一个麻烦，那就是居住者趋向于思考得越来越窄。我们思考得不够全面，以至于无法知道在我们的生活中什么重要什么不重要，无法知道应该把我们的经历投入何处，无法知道我们应该忽略什么……整合思考就是应对这种狭窄思维的一剂解药，看到更大的图景，会给予我们判断力和力量，去剔除那些琐碎的、无关紧要的事件，会引领我们对自己有一种更加清晰的认识，进而去理解他人，获得更好的沟通，更少的异化、隔离和孤独，这是我们渴望更多更好生活的坚实基础。

人与人的接触，通常是要有理由的，那就是所有人都有的共同体验。我们所有人，不论多么卑微，都体验过痛苦和得意，体验过鼓舞人心和郁郁寡欢，体验过欢笑和痛苦，如果我们能将它们表达出来，我们也会成为诗人和散文家。因此，只要愿意，我们每个人都可以接触到文学、天文学、心理学、生物学、物理学、历史学等领域，专家知晓这些，但无法和我们分享，即使这些领域中的一些内容一直被有些老师和课堂弄得沉闷不堪，现在我们重新发现它们，在心中重新燃起自己的惊奇感，可能是我们健康成长和提高生活能力的一个好办法。

各个领域出现专家，是社会发展的需求，成为一个专家也是荣耀的。只是当一个人在成为专家后，他一定要对生活进行整合思考，要对生活的需要有平衡意识，不能只关注某一领域，同时他要尽最大可能保持沟通线路的良好无碍，这样才能成为生活中真正的成功者。

　　生活就是这样：成为一个专家，很好；但成为一个生活中的成功者，更好！

岁岁水不同，年年人相似

2020年的初夏时节，雨多水大，洪流来势凶猛，汛期持续时间长，实属罕见。小区进水，路桥被淹，农田内沉，作物受泡……给百姓生活带来不少麻烦。繁昌境内长江、黄浒河、漳河、峨溪河……水位居高不下，险情不断，灾害防御应急响应由三级调到二级，由二级调到一级，由一级调到紧急状态。全市群众干部，奋战在一线，日夜坚守，部队官兵迅速驰援，一切紧张而有序。

其实，人类发展的过程，从某种程度上说，就是和水患不断斗争的过程。从鲧以堵的方式治水失败被杀，到大禹以疏的方式治水成功得到天下拥戴，从孙叔敖兴修云梦泽水利，到伍子胥在江陵开渠，从李冰用竹筐装鹅卵石建成都江堰，到秦始皇开挖"郑国渠"使关中成良田，从欧阳修、苏辙治理黄河，到白居易、苏东坡大力整治西湖，从黄河小浪底到长江三峡……水患伴随着华夏子孙的生活，治理水患也伴随着中华民族的发展。新中国成立以来，也一直没有缺少与水患的斗争，1954年、1998年、2016年……我们不忍回忆，却又历历在目，只不过，今天，我们将治理水患改了一个名字，那就是防汛抗洪。

从远古洪荒，到世纪繁华，水患方式不一，水灾结果迥异，但除患战灾的过程，烙上了中华民族共同的印记，镌刻了家国一贯的情怀。

"能集中力量办大事"的社会主义制度优势，在治水患中得到彰显。一个制度的优越性，不是写在纸上，也不是说在嘴上，而是要到实践中去验证；社会主义制度的优越性之一，写在纸上，说在嘴上，更是经过实践证明的，那就是能集中力量办大事。防汛，重在防，即防止汛情的出现，于是最常用的方法就是冬修水利了。冬修水利，就是利用冬季的枯水季节，对河道加以疏浚，增加河埂的高度和宽度，称之为"挑圩"。挑圩，早期是要靠肩挑背驮的，一声令下，上千人辞别家人，安顿好农事，吃住在河堤旁，凭着两只竹筐，凭着两条腿，凭着一条扁担，凭着一个肩膀，把远处的泥土一担一担挑上河埂，无论是取了谁家田里的土，还是多分了哪个生产队的任务，没有人发出一句怨言，没有人提出一个要求，没有人表现出一点犹豫，没有一点推辞，常常一干就是十天半月，带着对洪水的不屈，带着对丰收的渴望，带着对安宁的期待，带着对幸福的憧憬，哪怕双脚磨出了老茧，哪怕双手撑开了裂口，哪怕双眼布满了血丝，哪怕双耳生出了冻疮，大家依然挑得热情高涨，直到挑圩的任务完成。到后来，改为机械化，每家每户出钱，政府组织机械化作业，挖掘机、推土机、拖拉机、运输车……忙碌在河埂的上上下下，挖掘机繁忙，推土机轰鸣，拖拉机奔跑，运输车穿梭，无论是征用了谁家的车，还是占用了哪家的地，也无论是谁家多出了钱，还是哪家多拿了物，大家同样没说一句怨言，倾囊而出，倾家而出，倾队而出，倾村而出，河堤一天一个样，效率之高，参与面之广，非他国所能比！现如今，汛情严重，一声令下，远近四方百姓，政府各部门官员，部队全体官兵，迅速集结危区险段，运石料，装沙袋，垒土块，一切井然有序。纵然所有河流皆超警戒水位，过保证水位，因为有对政令的通畅，有对人员安排的自如，有对物资调配的顺利，举国上下，江河湖泊，埂上插满旗帜，搭满帐篷，布满巡点，任它洪水滔天，汹涌澎湃，也无法肆虐，也不能妄为，在疏堵之下乖乖地入海蒸腾，中华山河无恙，人民安居乐业。要说大，没有比人民生命财产更大的了，我们的社会制度，在面对人民生命财产受到威胁时，能集中所有力量，能怀有一个信念，能朝着一个方向，能拧成一股绳索，战灾难，防灾害，这种优势，富有生命，历久弥新，终将会成为人类的示范，成为社会治理的精髓，成为维护世界美好的核心，成为全球命运共同体的引领。

华夏儿女的劳动智慧，在斗水魔中显现。中华民族的智慧源远流长，面对水患水灾，更是得到了充分的彰显。鲧治水失败被杀后，其子禹一改父亲堵的方法，采用疏的方式，开山凿渠，尊重水向低处流淌的习性，自然治水就会成功；孙叔敖带领人民，修堤筑堰，开沟通渠，安丰塘工程兴办成功，农业生产和航运事业得到了发展，楚国的政治自会稳定，经济自会繁荣；李冰，根据川西西北高、东南低的地理条件，因地制宜，就地取材，深淘滩，低作堰，遇湾截角，逢正抽心，水害自然变为水利。当河堤无法也没有必要再抬高的时候，我们又想到了对河堤加以保护，在河堤内侧砌上水泥，铺上石块。既减少了水对河堤的冲击，又能保住河堤的泥土，同时还方便了人们在河边的生活，实现了"人给河以尊重，河为人所用"的人河和谐。为了切实关注到每一条河流，我们制定了河长制，让每一条河流都有了它的主人。面对河水的漫流，我们用沙袋构筑子堤；面对管涌，我们绕涌点码出一个围堰；面对渗漏，我们沿堤坝开凿出一条小渠；面对滑坡垮塌，我们用石块沉入固基……我们就是用这一个个的智慧，化解了一次次的惊险。新中国成立后，为了彻底消除水患，民族的智慧更是得到了最大的彰显。小浪底、三峡、南水北调等大大小小的水利工程，遍布在江河湖泊之上、大山峡谷之间，成了一道道风景，水来时，关闭闸门，拦住洪流，阻挡住它的疯狂肆虐，还下游山河一片无恙；需要时，打开闸门，任其倾泻，放任它的奔腾冲刷，给下游人们带来充足的水源。中华民族如此智慧，来源于对水的认识，总结于与水的斗争，这种智慧还将在与水的共处中更加精彩，直到水患彻底消除的那一天。

相同的对初心和使命的不忘和牢记，在战水灾中镌刻。水来自大自然，虽然我们的祖先曾创作过很多关于它的精彩的传说，曾赋予过它丰富的性情，可是，水自它形成之始，奔腾入海，从天际落下，又升腾空中，没有目的和追求。然而，在与水的长期斗争和共处中，我们却有了初心和使命。作为部落首领，鲧和禹父子怀有带领部落发展的初心，肩负着保护部落成员的使命，于是才有了鲧治水的宁死不止，才有了禹治水的三过家门而不入；苏轼再次来到杭州为官，怀着不辜负朝廷的初心，肩负着造福百姓的使命，面对西湖的一片衰败，他毅然上书朝廷，请求开浚西湖；作为蜀郡郡守，李冰怀着对秦昭王信任感激的初心，肩负着治理水患的使命，于是才有了天府之国的美誉，才有了秦统一天下的经济基础。今天的政府，每一刻心系百姓的初心，保一方平安繁荣的使命，一直在延续。村干部黄文秀，面对大水，因为牢记了初心和使命，她没有丝毫的害怕；战士李向群，面对洪水的肆虐，因为牢记初心和使命，他不曾有半点退缩；村民组长彭荣华，面对受洪水威胁的石桥，因为牢记初心和使命，他毅然跳入激流；现如今，全国河流的大堤上，无数的干部，面对水位的高涨，因为牢记初心和使命，他们誓言与大堤同在；无数的部队官兵，面对接连的险情，因为牢记初心和使命，他们拖着疲惫的身体日夜坚守；无数的志愿使者，面对防灾的需求，因为牢记初心和使命，他们主动参与献出爱心；无数的人民群众，面对洪水的威胁，因为牢记初心和使命，他们奋不顾身保卫家园。

庚子鼠年，夏日。

梅雨持续时间之长，洪水四面来势之汹，别于常年；

防汛政令通行之顺，抗洪力量集聚之快，自古依旧。

第四部分

走向记忆深处

关于中考的那些记忆

　　中午召开初三学生会议，对中考期间要注意的事项加以强调。我只和学生强调了一点，即考试期间不要紧张，只要不是违规的事情，都可以大胆向监考老师和工作人员提出，因为他们都是为考生服务的，他们都会尽一切可能满足考生的正当要求的。说到此，学生回以一阵笑声，我之所以要对此加以强调，实在是担心咱们农村的孩子，第一次走进县城考试，他们会不会紧张，会不会害怕，会不会不适应啊！因为当年的我，就曾有过这样紧张害怕的刻骨经历。

　　我参加中考是33年前的事了，那是一个每年要经历两次中考的年代，五月份要举行一次小中考，称之为"预选考试"，被预选上了的学生，才能继续学习两个月，到县城参加大中考。我读书的那几年，家乡的中学有大量的初三补习班，补习班学生的数量不仅比应届学生多，且补习班里"三年革命""五年磨剑"甚至"八年抗战"者比比皆是。经过多年的反复咀嚼，初中阶段的那几本书、那几点知识、那几个考试内容，他们很多已经烂熟于心了，自然考试成绩一般都比应届生要好，于是学校为了得到更高的升学率，预选考试时，大部分的预选指标都给了补习班的学生，应届生能通过预选考试，本身就是一场胜利。清晰记得那是油菜成熟正在收割的日子，一个下雨的上午，我赤着脚，在油菜秸秆垛旁边的泥地上，用铁锹挖着排水沟，大队干部找了过来，质问我为什么不去学校上课，说是我被预选上了，学校带信到了大队部，我这才知道自己被预选上了，赶紧跑回家，洗脚、穿鞋、背书包赶往学校。去了学校才知道，四个班200多人的初三应届生，只有20多人被预选上了，顿时一股荣耀感油然而生，于是为期两个月的紧张复习就此开始，虽苦却更多的是自豪，尤其是上学放学，经过那些没有被预选上的同学的村子时，更是昂首挺胸，多么希望能遇到这些落选了的同学啊，可一直都没有遇见过，后来才知道，他们看到经过他们村子的我，早早地就躲开了，这种对自尊的伤害，多年以后我在考试失败时才有过刻骨的体验！只是到现在，我还不甚明白，那个年代为什么要进行这么一场预选，如此残酷地就剥夺了很多人的考试参与权，是资源有限，还是考生太多，抑或是场地等客观条件不够？我未曾深入了解，自然至今无从得知。

我的家距离学校有十几里，经过了两个月的起早摸黑，很快就到了中考的日子。这期间，母亲早就给我找裁缝做了两件新衣，一件是蓝色的尼龙衬衫，因为这种布料一般是垂直下坠着的，不与皮肤接触，穿在身上的确比较凉爽，另外一件是酱色喇叭裤，考试前一天吃过早饭，穿上新衣服，在大哥的带领下就向县城出发，这是我继小学五年级去县城参加过一次数学竞赛后第二次去县城，再加上通过了预选考试，去县城参加中考，自然兴奋难耐，恨不得弄出大的声响，让全村人都知道我要去县城参加中考了。大哥带着我经过另一个村子时，遇到班上的一个同学，他的姐姐也送他去县城考试，巧的是他的姐姐和我的大哥是初中同学，这也就成了我们四人一路的话题，谈了好长时间，我们先步行二十多里路，来到一个码头，再乘船约一个小时，就到了县城的东门桥下。

住宿地点由学校统一安排，住在县人武部，我的房间在三楼，共住了五个人，房间里分两排靠墙摆放了五张床，一张桌子，地上放着三只水瓶，房顶上吊了两个吊扇，三盏日光灯，灯的开关是一根长线垂挂在房间里的。我是第一次住进楼房，第一次见到吊扇，第一次看到日光灯，开始对所见到的一切投以好奇，这也想抓抓，那也想摸摸。凡是能够得着的，我都会用手去触碰一下，我好奇地使劲一拉日光灯开关，随手一放，长线自然往上一弹，刚好碰到了正在旋转的电风扇的叶片，发出了一阵"咔咔咔"的声响，一位同学赶紧关掉了电风扇，"不得了了，不得了了，电风扇肯定坏掉了，旅馆的人要是知道了，可不得了"，有的同学喊出了声，大家立即关上门，经过一番商量，决定这几天不开电风扇，以免被工作人员发现。中考正值夏季，气温高而闷热，但对我们农村孩子来说根本算不了什么，只是对这个电风扇坏了的担心，一直伴随着我的每场考试，最后一场考试结束，回到旅馆，匆忙收拾好行李，快速离开了房间，直到老师说可以出发回家了，我的一颗悬着的心终于放了下来。

回去由学校统一组织，仍然来到东门桥渡口，坐船回家。上船后，包括我在内有四个人要中途下船，所以船票要便宜一些，可最后为了两毛钱和船主没有谈好，我们一合计，立即又下了船，决定步行回家，老师一再劝说，甚至班主任老师说他代我们出那两毛钱，但我们四人步行的意念坚定，头也不回大踏步沿着河埂，早已走出了好几百米远。就这样，我们边走边说话，时而大笑，时而谈论，时而怒骂船主，时而相约玩耍，我们农村长大的孩子，土地是最亲密的伙伴，走路岂有害怕之理？

由于船开得时间迟，过了很长时间，船才赶上了我们。校长在船上大声喊着我们的名字，让我们上船，我们对校长表达了感谢，依然坚定着我们步行的选择，船在水面上行着，我们在河岸上走着，我们有意加快脚步，和船比着速度，却惊奇地发现船并不比我们快，这让我们对自己的选择又增添了不少的自豪。最后，我们和船几乎同时到达了码头，看着那些从船上下来的人，我们心里盘算着，既省了钱，又同时到达，顿时心生满足，感觉这次选择如此的聪明，仿佛一次对坐船的放弃就是赢得了整个人生。

不久，中考成绩出来，我没有考出应有的水平，不知和对电扇坏了的恐惧有没有关系。在那个升学首选中专、中技学校的年代，虽然我常常是梦里都想考中专、考中技，可是我还是上不了，只能填报了高中志愿，去五十里外的镇上读高中。同年、同村、同龄的一个人，他因为父亲在铁矿企业工作，即使比我的成绩少了好几十分，却上了市里的一所技工学校，羡慕、嫉妒、不平、愤懑填满了我整整一个暑假的日子。

后来，关注中考，是我走上工作岗位以后了。作为班主任送学生参加中考，作为行政人员带队送学生参加中考，多少年都一直住在人武部，只是住宿的条件越来越好，日光灯的开关不再是垂挂的线，而是嵌在墙上的可以按下并发出声响的了，电风扇慢慢被空调替代了，每个房间住宿的人数也变少了。再后来，人武部需要拆迁，我们中考的住宿地点又换了一个

177

相对固定的地方。

2003年，因为"非典"，中考第一次没有在县城举行，考场设在各个初中学校，我第一次承担了考务工作，一生不能忘记的是那一年我的工作是控制广播，做着整个考试期间的播音提示和音乐播放工作。这一年因为"非典"带来的工作，因为工作带来的故事，因为故事带来的铭记，已经深深流进了我的血液，伴随我的生命一直在幸福地流淌。

再后来，我调入县城学校工作，中考又重新回到县城考试，我所在的学校成了中考考点，监考、保卫、电话值班、美工等有关中考的考务工作，我都一一做过。那最初的关于中考的记忆时时涌现在我的脑海，尤其是考试前一天下午学生看考点时，我每当发现那些还没来得及找好旅馆，还背着大包小包的家长和考生，就倍感亲切。总会想起，我参加中考的最后一天中午，大哥突然来到了旅馆，买了一个香瓜，问我吃得怎么样，考得怎么样，坐了一会儿，说有事就走了。后来，我才知道，他在家实在是不放心，来看看我，又怕我有负担，所以没有说是特意来看我的。想想当年，我和我的家人不也是这样吗？

年年中考，今又中考！如今考试的环境已经变了，全社会都重视中考，考试的条件也已经变了，电波钟、CD播放听力、金属探测仪等一应俱全，学生几乎都是由家长陪着住宾馆，送考老师也因为大多就住在县城，而不需再住在宾馆了……可是对中考的那份最初的记忆，无论如何也是无法忘却的。

记下这些关于中考的记忆，纪念那已经逝去的少年时光！

高考，我永远的遗憾

又到高考，前两天天气非常闷热，好在一场雨下得及时，天气转凉，让家有考生的家长们松了一口气。这几天晚上，大街上也安静了不少，广场舞都暂停了，建筑工地施工也不会夜晚加班了，全社会都在为高考让路，这也是城市文明的最直接体现！

想来已有好多年没有参加高考监考了，还记得当年参加高考监考，遇到闷热天气，每场两个多小时的监考对我来说也是一种煎熬，可看到考生们那专注的神情，也就不觉得漫长了，毕竟对他们来说这是一场挑战，最有意义的挑战，有多少人就是从这场挑战中走出农村、走出大山、走出贫穷、走出无知的，因此与其说高考对他们是挑战，更不如说是财富，人生中不可多得的财富，而这却成了我一生中最大的遗憾。

1990年，我高中毕业，恰逢家乡的一所师范专科学校招生制度改革，提前招生，报考还是不报？我犹豫不决。

报，凭我的成绩还是有可能考上的，可我心有不甘！因为，我还有很多梦想！二十世纪九十年代初可是教育最不景气的时候，"你看，两块钱一个头，你一天剃四个头，就八块钱，一个月就二百四十块钱，比当老师不好些啊？"这可是我亲耳听到一个理发师傅这样劝他的徒弟，我也曾对教师行业不屑一顾，也曾梦想成为工程师、科学家、国家干部……

不报，万一高考发挥不好，考不上怎么办？自小生活在农村的我对读书已是筋疲力尽，走出农村看外面世界的心情迫切，非农户口对我的诱惑力一直未减，最后经不住家人的劝说，我加入了报名的行列。

考试时间为五月七日、八日两天，我就读的是一所乡镇普通高中，所以学校统一安排我们提前一天来到县城，住进了当时县里最好的旅馆——

县招待所，关于当年在县城考试的那几天经历，大多已无从回忆了，唯有一个记忆终生难忘：住在旅馆，早饭是自助餐，我是第一次听说"自助餐"，并且知道可以随便吃，想吃什么就吃什么，想吃多少就吃多少，这一切的好奇在我的尝试中，都得到了一一的验证。29年了，我依然清晰记得住进旅馆后的第一顿早餐，我吃了一碗蛋炒饭、一碗面条、两个肉包子、两个大馍、两个鸡蛋、两根油条……关键是我当时并没有觉得有多撑，而只是感觉怎么会有这么好吃的早餐！后来我参加团代会，带学生考试，多次住进了这家旅馆，也在里面吃了不少次的早餐，但总觉得再也没有吃到那么好吃的早餐了！

两个星期后，成绩揭晓，我以全县第22名位列录取名单之中，得到录取消息时，我正躺在寝室床上，和我同时被录取的另一位同学此时正在教室里看书。我至今都想不起来，我是怎么从床上起来，一口气跑到200米外的教学楼三楼把消息告诉他的，我只记得我用手把他招了出来，半天都说不出话，最后还是他问是不是他考上了，我才点了点头，说全班就我们两个考上了。于是，我们俩一道下楼，来到寝室，再一次核实了消息的真假，知道消息可靠后，我仰面躺在床上，喜极而泣，满脑子闪现出一幅幅的画面：每周日下午挑着米和包来学校，走过沿途的村子，时常被狗莫名地叫着追着，那一刻，我是多么寒酸；穿着那条屁股上打着补丁的裤子，听到同学在我的后面谈着论着，那一刻，我是多么难堪；回家带了一缸子萝卜烧肉，自己不舍得吃，更不舍得给别人吃，后来馊了不能吃依然不舍得倒掉，那一刻，我是多么难过；时常半夜醒来，腿抽筋，疼得我咬紧牙关，强忍而不能出声，那一刻，我是多么痛苦；高一下学期开学，因为没有十五块钱学费，我没有报名就来到班上上课，被校长发现并当全班同学面遭到质问，我满脸通红，感觉无地自容，那一刻，我又是多么羞愧……现在，我考上了，这一切还会发生吗？会改变吗？

填志愿时，我很有把握地首填了英语系，因为我喜欢英语，同时100分的英语试卷我考了96分。不久，录取通知书来了，我并没有进入梦寐以求的英语系，而是被中文系录取了。那一段时间，我总觉得上英语系是需要开后门走关系的，而我无后门可走，无关系可找，所以当然录取不到英语系。我还是心有不甘，特意去了一趟这所师专的招生办，只是想知道被英语系录取的，是不是都是英语分数比我高的。招生办的老师说要我去问县教委，并且还特意说让我问教委主任，直到现在我也不知道他当时是不是故意搪塞我！我于是又回家，第二天先坐船，再搭三轮车，再坐四轮篷车，去了县教委，楼上楼下问了好几个办公室六七个人，才被指引到了一楼的一个办公室，一位老师坐在里面，我说明来意，说想看看哪些人被英语系录取了，他始终没说一句话，最后他问我叫什么名字，并拉开抽屉，拿出一本名册开始翻找着，问我怎么想起来到教委查，我就如实说了，还特意说"让我来问教委主任"，万万没有想到，这一句话闯祸了，只见他一脸愤怒，把名册往抽屉里一扔，"啪"抽屉一合，大声嚷道："你问主任去！你问主任去！"我僵立在那里，我一个可怜的学生，一个没有见过如此世面的农村学生，当然不知该说什么，不知该做什么，更不知为什么会这样！我就这样尴尬了有两三分钟，在他不断挥手的驱赶下，灰溜溜地离开了，直到好多年后，我依然不能完全明白他为什么反映那么强烈？是感到没有被尊重？或是和主任有矛盾？或是什么其他原因，我无从得知！

两个月后，正当我的同学们都在考场上挥汗如雨的时候，我在村后的山上悠闲地放着牛，吹着我的口琴，憧憬着我的大学生活，渴望着9月14日去学校报到的日子。就这样，我永远地与高考擦肩而过，却与我并不喜欢的教师职业结下了一世的情缘。两年后我回到了家乡，成了一名农村中学教师，很多年少时的梦想实际上已经被深深地埋葬了。多年来，我参加过很多考试，也参加过很多监考，却从来没有体会到有比高考更严肃、更庄重、更令人深思的考试了，这也就更增添了我心头的那份遗憾。现在想来，高考留给我更多的不是成功、荣耀，而是它确实代表着一种拼搏和奋斗，在拼搏和奋斗中得以成长、历练和飞翔。没有高考，我的人生不知算不算精彩……

平常，每当有同事、朋友谈论起高考时，我总是一脸遗憾地站在旁边，也有人劝我："你失去了高考，不也是得到了很多嘛！"是啊，有失必有得，这实在是一种安慰呀！我们在生活中可要用心去衡量得与失的分量啊！千万不能毫不在意那些失去呀，我们能做的恐怕也只有在得到时告诫自己"有得必有失"，在失去时也可安慰自己"有失必有得"！

转眼一过，快三十年了，我时常自问，如果我当年不参加那场提前招生考试，坚持走进高考的考场，我现在的命运又会怎样呢？……

生活就是这样，因为不会有如果，所以我的遗憾将永远存在。

走向深处，便是语文

有一个村子叫响水涧

一直想写一篇文章，怀念家乡的人和事，可是有想法而无思路无灵感无触发点，一直没有写成。二十世纪九十年代初，响水涧正处在勘探的热闹时期，记忆中写过一篇关于响水涧的文章，只可惜那时没有电脑，也就没有电子稿可以保存，用方格稿纸写成后，准备寄给芜湖日报社，但种种原因没有寄出，后来也不知去向。

昨晚与朋友小饮几杯，凌晨三点醒来无法入睡，翻看朋友圈，读到友人的博文《一生痴绝处》，顿有触动，感觉思潮即将涌出，遂披衣起床，记下记忆中的响水涧、响水涧的人和事。

响水涧，方言"响诗干"，原是一个自然村落，村里共48户人家，有"响干"和"中埠"两个生产队，村民姓氏有强、鲁、俞、潘、蒋、徐、邓等，其中强姓人家最多。和其他村子一样，村里的房屋以一个家族聚居在一块的形式坐落分布，村庄依山卧，呈狭长形，所依的山名分别叫"次山"和"后山"。村前有一条山河，虽同一条河，不同的河段却被分别命名为"沙塘""暖塘"和"门口塘"。山河上共有三座石桥，是村中人进出的通道。山河外便是全村的农田了，农田连片呈不规则的方形，一条灌溉渠横穿而过，把农田分成了两部分，田间地头零星点缀着几个池塘，分别被称作"别塘""坝塘""斤把里"，几个池塘既满足了全村农田的灌溉用水需要，又能为全村人提供莲藕、茭白、鱼虾等水生野菜野味。

写到家乡，不能不提这条远近闻名的山涧——响水涧，响水涧就是村旁的一条山涧，夹在名叫"大山"和"次山"的两座山之间，发源于"后涝"，山涧水量颇丰，每到夏季雨季，涧水倾泻而下，声震四方。传说涧中有金锣、金鼓和金钹，经过水的冲击发出咚咚锵锵的声音，越远听得越清楚，这大概就是响水涧得名的原因了吧。只可惜，听说后来这些金锣、金鼓和金钹都被日本鬼子挖走了。我小时候也经常去涧沟里寻找金锣的残存，可是，除了偶尔发现村里的姐姐、妈妈、奶奶们洗衣时掉落的纽扣、硬币外，金锣金鼓金钹的影子都未曾见过。

响水涧全长约两公里，依山势而自然形成，涧沟两边石头林立，自下而上有几个地方让人记忆深刻，位于自下而上的中间位置，有一块方形的石头直立在涧边，人们爬山一般在此歇脚，石头中间有一条裂缝，缝中长出一丛灌木，这块石头被称作"稻仓"。传说村里当年一位奶奶非常善良，乐于助人，可是家里贫困，常常是食不果腹，一次偶然的机会，她发现石头中间的裂缝里往外渗出稻谷，她没有独享这个秘密，把发现告诉了村里人，于是每当有家庭缺粮时，都来此，"稻仓"不会让人空手而回，我想这也许是大自然对善良的响水涧人的感恩和回馈吧。

从"稻仓"沿着山路而上，就是响水涧最险的一段了，涧沟两旁石壁陡峭，呈长方形，深二十多米，形状像一口棺材，因此被称作"棺材坑"，涧水奔流到此有声音回响，水流回旋，颇为壮观。由于陡峭，人和动物掉进里面，自然难以上来，我就亲眼见过一头牛，失足掉进"棺材坑"而无法上来的情景。

走过"棺材坑"，很快就到了响水涧的发源处——后涝，说是"涝"，可这里是一块平地，四周被山包围。记忆中的后涝水草丰美，曾在此放过很长时间的牛，不过对后涝，我总有一种神秘和恐惧，那是因为一个故事，说当年一位护山的村民住在此地，由于家乡中秋有吃糍粑的习俗，一年的中秋前夕，这位村民在护山的小屋里用油煎糍粑，突然发现面前伸出好几双手，掌心朝上却不见人，分明是讨要糍粑的样子，他虽常年独居山里，练就了好胆量，但面对这见不到人的手掌，还是恐惧万分，于是给每双手里放了一块糍粑，只见拿了糍粑的手不见了，很快又空着伸了过来，他丢下糍粑一路不停横赶竖跑地回到山下的家里，从此一病不起，很快就离开了人世，临终前他告诉了家人自己的这次经历。听说了这个故事后，我每次放牛经过后涝，看到断壁残垣的小屋，都会顿时不寒而栗。

对家乡的记忆，零碎而烦琐，可总有几个片段时常在脑海里浮现，或

走
向
深
处
，
便
是
语
文

悲或喜，或酸或涩。

　　放牛，是一直伴随着我对家乡的记忆的。在那个没有机械化的年代，耕地只能靠牛，牛成了家庭中必不可少的劳力，每家也必须有一头牛才行。我家也有一头牛，放牛一般都是小孩子的事，我在五个兄弟姊妹中排行第五，所以放牛就成了我的任务。平时农闲季节，放牛还好，只要早上把牛放到山上，下午再上山找到牛赶回家就行，因为牛一般有固定的游走线路和停留场所，所以找牛也不算太难。初冬时节，常常是几个小伙伴一起，找到牛后睡在山坡的平地上，枕着落叶，看着天空，衔着荆草，闻着柴香，听着鸟鸣，诉说着各自的秘密，憧憬着山外的世界，向往着自己的未来，倒也十分惬意。可是，一到农忙时节，放牛就成了一桩苦差事了，尤其是夏日双抢时。牛的工作量大，只能利用清晨、正午和入夜的耕作间隙牵着牛找草吃，于是清晨大人还没起床，我就得去放牛；中午大人都回家吃饭了，我还得去放牛；入夜大人收工回家，我仍然要去放牛，这个时候自然对放牛心生厌恶，但排行最小的事实无法改变，我去放牛也就成了天经地义。直到那一年的那一天，此时我已经在家乡的中学教书了，傍晚，下班回家后，我牵着牛在前，牛一小步一小步地在田埂上边吃草边走，我猛然抬头，看见田埂的那一头是我的学生也在牵着吃草的牛，一股莫名的羞涩和难堪涌上心头，回家后，我郑重地和母亲说从此不再放牛，母亲似乎也理解我的意思，自此后再也没有让我放过牛，再后来不久，村里的农田被征用，无需耕作，当然也无需耕牛，家里的那头老牛也就卖了，我们兄弟三人用卖牛的七百元钱给母亲盖了一间小屋，母亲从此独居在此。其实今天想来，当年因为与学生在一条田埂上放牛而生发出的羞涩和难堪，实在是没有必要，这又何尝不是人生的一次特别的经历呢？

　　村里读书考走的，我是第一人。1990年，我参加了芜湖师专的提前招生考试，以全县第22名的成绩被录取，得到消息的那一天，我归家心切，骑车从学校往家赶，竟忘了刚下过雨，路面泥泞，途中自行车无法骑，前不着村后不挨店，我扛着自行车步行了好几公里，把车放在一家好心人的院子里，后走了三十多里路回到家，到家后，将消息告诉家人，两个姐姐相拥而泣，至今回想起来还是热泪盈眶。后来，读路遥的《平凡的世界》，读到金波把金秀和兰香两人考上大学的消息，告诉孙少平后，两人相拥而泣这一情节时，我自然感同身受，总会动情得两眼含满泪水。

记忆中也少不了悲伤和酸楚，有一次从学校回家的路上，向同村的一位村民借了十元钱，到家后找二姐要钱，她让我去箱子里拿钱，我一手抱着小侄女，一手掀开箱盖，随手从卷在角落的一沓钱币的最外层，剥了一张抓在手里，仍然抱着小侄女，步行了一里多路，走到这位村民家里还钱，推开门，他家一大桌人在吃饭喝酒，我将钱递给他转身迅速离开，出门的一瞬间，只感觉屋内一阵骚动，很快就恢复了平静，我自然毫不在意。直到下午二姐发现一沓钱里少了一张百元纸币，我猛然想起，从我从箱子里拿钱开始，直到把钱还到别人手里，竟然连看都没有看一眼手中的钱，我意识到一定是将那一百元当作十元还给了人家，等我去找人家时，人家果然断然回绝，并给了我一个大大的讽刺"你大学生，难道还不认得钱吗？"……我无言以对，无话可说！当年家里的生活是何等的艰难，这一百元钱可是二姐做生意的一半本钱啊！直到现在，回想起那段经历，我只是感觉自己冥冥之中，鬼使神差，竟然从开始拿钱到还钱给人，走了那么多的路，经过了那么长的时间，看都不看一眼手中的钱，我无法理解自己。

生活在家乡的岁月，我对锅巴情有独钟，对锅巴的记忆也是刻骨铭心。十岁那年，一个阴天的午后，村子非常安静，我跟妈妈到不远的同村一个大妈家去玩，大妈家条件不错，青砖小瓦，房子高大，两位妈妈在竹筛里分拣黄豆，我坐在妈妈身边的小凳子上，大妈家的一条狗卧在我的旁边，突然狗站起身，没有任何征兆的在我的右腿上咬了一口，我一声大哭，顿时几颗牙印现了出来，大妈立刻用木棍将狗赶走，好在只有牙印而未出血，两位妈妈都用手帮我摸摸，用嘴帮我吹吹，说没事没事，可我依然因害怕而小声抽泣着。随后，大妈从房间里走出来，手捧着一大捧锅巴，揣到我的口袋里，我立刻止住了抽泣，吃着锅巴，完全忘了害怕，仿佛被狗咬从没发生过。那时家里苦，锅巴是要煮饭才会有的，而我家大多时候是吃稀饭和面疙瘩汤的，自然没有锅巴吃，以至于后来，很多次为了吃到锅巴竟然想去大妈家玩，希望被狗再咬一次。现在想来，这可能也是面对贫穷的无奈和心酸吧。

关于家乡的人，有两个，我不得不说，不得不忆：

同族的"小冲（chòng）"哥哥，他对我最为关心，关于他的记忆，一是他娶了位漂亮的媳妇。嫂子是南陵人，讲话和我们当地口音不一样，语速快而拖音，常有说唱的感觉，于是一村的人都喜欢听她说话，以至于村里流行一句话"讨人要讨南陵人，人不好看话好听"，可据我所记，村里除了小冲哥哥，再也没有人娶过南陵媳妇。二是小冲哥哥经常在双抢时来我家田里帮忙，尤为最爱拿我开玩笑，我上高中了，夏季参加双抢劳动，每次下午三点左右送点心到田间地头，他都要问我韭菜和小麦是否真的分清楚了，我也一直留存着他开玩笑的印象。只可惜，在后来的一次车祸中，这样的好人离开了这个世界，清晰地记得出事的当晚，凌晨一点我独自骑自行车三十多公里去他的南陵岳父家送信，那么多的郊外山路，我丝毫没有害怕，这也算是我对他的一次感谢了吧，虽然他已经无从知晓。后来，我有段时间梦到过他多次，母亲知道后说是他还在关心着我，于是母亲带着我去他的文前烧了纸钱。

给予我和我的家庭关心的，还有一位同族的小嫂，她名叫笛妹，人漂亮又善良，她家距离我家不远，在我家困难时期给了我家很多关心帮助。大学快要毕业的那年春天，我经常回家拿不到生活费，却都能发现小嫂送来的麦乳精和红糖，说是给我带走的，这也就成了那段艰苦岁月中的不多的美好的记忆了。这份感激我心存至今，后来我工作了，她的儿子在我的班上读书，我自然给予了很多关心，只可惜成绩一直上不去，最后没能帮助他在读书上走出一条路，再后来，我调进县城，她弟弟的孩子来我校上学，借读、分班、与老师沟通……能做的我都尽量去做，可惜孩子以两分之差，没能进入县一中。

记忆中的人太多太多，那些当年的伙伴，如敌毛，如金宝，如小华子，如团头，如海猫，如尚金，如二俺你……多已是多年未见，但得知他们都在各自行业里做得很好，我也很欣慰，毕竟都是从曾经的苦难中共同走出来的。

又到油菜花黄时节，响水涧又成了热词被提及。思绪翻飞中不禁感叹往事如烟，曾经的那48户的自然村落，曾经的那背靠后山面临山河的小小山村，曾经的那萦绕着我的贫穷悲苦和梦想的响水山涧，曾经的那记忆中的"稻仓"和"棺材坑"的善良险峻，都已经随着电站的开发而早已逝去，曾经的后涝现在已经成了水库，小冲哥哥也在地下的世界生活了近三十年，也不知道他生活得怎样？不知他现在的世界有没有韭菜和小麦？善良的小嫂也变老了，我回家也只是偶尔见到，不过常打听她的近况。至于那错还的一百元钱的经历，现在想来只是淡淡一笑，人生有太多精彩值得记住，这一百元又算得了什么，曾经的它带来的怨恨、自责、鄙视自然都烟消云散了。至于锅巴，现在也因为胃不好而不敢多吃了，只是对狗和锅巴的记忆所透出的那股心酸，仍然是如此的刻骨铭心。《平凡的世界》，我每个暑假都要读一遍，五年如是，每次读到金波把金秀和兰香两人考上大学的消息告诉孙少平后，两人相拥而泣这一情节时，我依然双眼模糊……

　　哦，那一条山涧，那一条叫响水涧的山涧；哦，那一个村庄，那一个叫响水涧的村庄，你是我一生痴绝之处，更是我灵魂安息的地方！

本　猪

近一年，猪肉价格暴涨，很多家庭日常食用的猪肉，大多被鸡鸭肉所替代。偶尔去肉摊买肉，卖肉人都会强调，自己所卖的是黑猪肉、本猪肉，为何强调黑猪和本猪？后来才知道，所谓本猪，就是血统纯正、农家散养、饮食健康的猪。

又想起响水涧，又想起响水涧人养的猪，都是皮肤黑色、脚掌黑色、毛发黑色，找不到一处黄或白；都是同村人家老母猪下的猪仔，绝没有外来血统；都是放任它活动在田间地头，真正的农家散养；都是以青草麸糠为食，以涧水雨露为饮，天然的健康饮食。本的血统，本的放养，本的饮食，本的黑色，仿佛响水涧的猪，都是为本为黑而生。

响水涧人家养猪，都是从过年后的捉小猪仔开始。

年前，凡是养了猪的人家，几乎无一例外地杀了猪，或卖肉还债，或用肉办事，准备过年。年刚过，家家户户开始要捉小猪仔了。

响水涧人家，捉小猪仔一般都是从本村或附近村子里养老母猪的人家预订，预订好后剪掉小猪身上某处的毛，作为记号，以免混淆弄错。小猪仔长到七八斤，就可以捉回家养了，猪仔也有男女性别之差，响水涧人把母猪仔称之为"滕猪"（方言），把公猪仔称之为"箭猪"（方言），箭猪饲养主要是用作食用，滕猪饲养可以食用，也可以用来产小猪仔。响水涧人家捉滕猪居多。捉小猪是不能徒手将小猪拎回家的，因为小猪在猪妈妈身边生活习惯了，一旦离开是要声嘶力竭的，如果徒手拎着，小猪更是声嘶力竭，而老母猪爱子心切，它会不顾一切攻击捉走自己孩子的人的，因此，即使距离再短，也要准备装小猪仔的器具。响水涧人装小猪仔一般都是用一个竹篾篮子，里面铺上干草，放到麻布口袋里。捉小猪时，一般趁小猪在一起吃食时，主人迅速抓住已经做好记号的小猪仔的一条后腿，拎起，立即放进口袋的篮子里，将袋口扎起来，小猪仔在里面能自由活动，麻布口袋又是透气的，于是，虽然拎起的瞬间，小猪仔会拼命吼叫，可一旦它进到篮子里，也就不再叫了，此时听到吼叫的老母猪迅速扑来，老母猪是不知道它孩子数量的，至于缺了谁少了谁，它更是没有记忆，所以，它听不到孩子的叫声后，只是"嚯嚯"几声，就离开了。

小猪仔捉回家后，先要圈养，否则它会到处乱窜。如果原先的主人是同村的，捉回的小猪仔会跑回去，养不住的。这样圈养十天左右，小猪仔就会忘了曾经的家、曾经的兄弟姐妹、曾经的妈妈，就可以在新的主人家自由出入了，白天即使它在外走得再远，呆的时间再长，到了要吃食的时候，到了傍晚的时候，它都会自己回来。刚捉回的小猪仔是不吃糠的，它的吃食一般都是剩饭剩菜，主人也喂得格外勤快，大概是想给它最优越的环境，让它感受到新家的好，尽快安下心来吧。

捉回的小猪仔，一天天长大，食量也一天天增多。这时候，除了每天主人的固定喂食，它还会四处寻找食物。对于猪，主人唯一的希望就是它能快速生长，自然不会给它安排工作任务，所以，它的生活很简单，就是吃了睡，睡了吃，活动轨迹也很简单，不是房前屋后，就是村头村尾。村子里自由活动的猪，记忆中总是嘴在地面不停地嗅着，似乎整天不是在寻找食物，就是在睡觉，它连走路都是慢吞吞地、懒洋洋地、不紧不慢、悠闲自在，即使它进入了人家的菜园和田地，偷食蔬菜和庄稼，被人吆喝轰赶，它也只是抬起头，看一看轰赶的人，然后转身，不情愿地慢吞吞地离开，只有遭到愤怒的主人攻击时，它才会迈开腿，快速逃开，依然是跑一段，再回头看一看，如果主人继续追赶，它再跑，再回头，直到无人追赶，它又悠闲地边用嘴嗅着地面，边无目的地四处闲逛着了。其实，猪的这种悠闲，是为了实现主人让它快速长肉长膘的愿望，是它忠实于主人的体现，和"懒"应该是没有关系的，所以人们讲到懒惰时，习惯说"懒得像猪一样"；讲到不可能时，习惯说"猪能上树"；讲到可笑讽刺时，习惯说"老母猪憋死了牛"……这些是对猪的误解和冤枉。

捉回的箭猪仔，长到三十斤左右的时候，需要对它进行手术，响水涧称之为"削猪"。削猪是庄专业的兽医来完成，哪家的猪需要手术，主人需要提前和削猪人约好时间，所以削猪人是不需要走村串寨吆喝招揽生意的，这一点和"线鸡人"不一样。到了约定的时间，削猪人背着药箱，来到猪的主人家，女主人会用食物把猪引诱回来，给它好吃好喝，同时削猪人在男主人的陪同下，抽一根烟，正当猪用心专一地吃食时，男主人逮住猪的两只后腿，按照削猪人的要求，将猪横躺在地面上，削猪人用脚踩住猪的肚子，男主人按住猪的两只腿，此时的猪除了吼叫，无法动弹，任凭削猪人摆弄。只见削猪人拿出刀具，切口、撑开、探伸、切割、掏出，一切熟练而连贯，整个过程也不过几分钟，手术完成后，放开猪，又任它自由活动。刚起来的猪，走路似乎有些歪斜，但很快就能活动自如，就像什么都没发生一样，只是接下来两天的吃食更好更多。其实削猪和线鸡一样，是将猪身上的某个器官割去，让它减少某种欲望，从而一心一意生长，满足主人的物质需要。削猪后，所割下来的器官一定要扔到屋顶上，直到今天，我也不知道这样做的原因。再后来，我的一个初中同学顶了他父亲的职，也成了一名兽医，也帮人家削过猪，可是我一直没有机会去问他原因。

被削后的猪，迅速生长。夏天热，猪更加悠闲，睡的时间比活动的时间多，有利于它长肉；到了秋天，大自然到处都是成熟的各种庄稼和野果，都会成为猪的吃食，是它长膘的最好季节；进入冬天，猪也几乎停止了生长，响水涧人就开始盘算着宰杀自家的猪了，卖钱还债啦，娶媳妇办酒啦……这一年来的好多事情都指望在猪的身上。

时间进入腊月，响水涧开始忙碌起来了，杀猪成了这以后一段时间最常见的事。用于还债的人家，杀猪一般要早一点，腊月刚进，就安排时间把猪杀了或者卖了，把欠下的债还掉，立刻一身轻松。家里娶媳妇办喜事的，因为要给儿媳的娘家"送鱼肉"，要办喜酒，所以根据时间安排，提前几天也会把猪杀了。

既无需还债，又不办喜事的人家，大多杀猪为了过年，响水涧称为"杀年猪"。杀年猪一般要到腊月二十左右，主人会在前一天晚上，邀请左邻右舍的男主人帮忙，第二天清早，男主人在自家门前空地上，并排排列好两条长木凳，放置一个木质划盆，房屋外墙靠上一把梯子，女主人开始烧开水，不久，杀猪的和帮忙的陆续赶到，杀猪人把刀具一一检查好后，女主人开始给猪喂食，待猪吃食正起劲时，杀猪人一声令下"逮"，只见四人慢慢靠近猪，不约而同地每人逮住猪的一条腿，抬到两条木凳上按住，猪极力挣扎和吼叫，有时能将按它的人弄得前仰后合，但也是无济于事，最终还是挣脱不了。……一切忙碌而有序，紧张而流畅。这时候，男主人早已经下了一扇木门，用两条木凳支起，杀猪匠将猪分成两半，放到门板上，此时预订购买猪肉的人陆续赶来了，杀猪匠根据买肉人的要求，切肉、劈骨、称重、记账，很快，一头猪所剩无几，每到此时，往往会有之前并没预订的同村人也来买肉，主人虽很为难，但最后总会从自家所留的部分中，分一些给他，绝不会让他空手而归。记得有一年，我家杀年猪，自家留下的本来就少，又有好几个没有预订猪肉的人来买，母亲都给他们每人分了一点，我在旁边看着自家所剩已经很少了，便哇的一声大哭起来，边哭边喊"没肉吃了，没肉吃了"，母亲这才将所剩猪肉全拿回了家里。

紧张的半天忙碌之后，肉已经卖完，杀猪匠的工作也就结束，吃午饭的时间也到了。为了招待杀猪匠，午饭桌上总会有一盆汤，汤里面有瘦猪肉、猪肝、猪血、猪肚，称为"杀猪汤"，这汤里面的材料都是新鲜的来自猪身上的，瘦肉细腻粉嫩，猪肝片薄浓香，猪血腻滑酥软，猪肚筋道味久，亲朋好友就此聚在一起，大家敞口胃口吃喝，可以算作人生最大的享受了。一切忙好后，送走了客人，收拾完庭院，好客的响水洞人总会把剩下的猪脚、猪肝、猪血，给隔壁邻居送一点，共享自己的收获。这一切忙完了，年也就快要到了。这一年的养猪生活算是结束，可是伴随着年的远去，响水洞人又将开始捉小猪仔，削箭猪，杀年猪，就这样在轮回中延续着生活。

现如今，随着全球一体化，世界的交流日益频繁，愈加深入，猪的纯正血统已经受到冲击；随着城镇化的进程，农民居住得已经越来越集中化、小区化，猪的农家散养已经日益困难；随着生产工业化，生活环境的污染，猪的健康饮食已经很难做到。现在，我去饭店吃饭，偶尔也能吃到杀猪汤，可是它的鲜更多得益于各种鸡精和味精，我的那位初中同学，也已经承包了好几个鱼塘在养鱼，他的兽医的专业技艺也不知还能派上多少用场？……

响水涧，响水涧人，响水涧养猪，似乎也躲开不了这样的进程，避免不了这样的冲击……

那曾经纯正的、散养的、健康的，为本为黑而生的响水涧的猪，但愿不再只是记忆！

土　鸡

　　时光走进了四月，疫情也已经持续了四个月。复工、复产、复学依次进行，形势一路向好，防控如此，经济发展亦如此。为扶持因疫情受影响的产业，学校工会以购代捐，通过购买农产品来帮助相关企业，众多产品种类中选择一个，也是很不容易的，选果蔬类怕不新鲜，无法长时间保存，选家禽类担心大小不一轻重不均，容易导致矛盾，选干货类又纠结口味不一，难以遂众人所愿……大家一致的意见是，所选的产品，一方面人人不讨厌，家家都需要，另一方面多少能统一，矛盾可避免。

　　于是，只有选土鸡蛋。

　　土鸡蛋，应该就是土鸡下的蛋了吧。在网络上搜索了一下，所谓土鸡，也叫草鸡、笨鸡，是有别于笼养的鸡的，是指从古代家养驯化而来，从未经过任何杂交和优化配种，长期以自然觅食或结合粗饲喂养为主，具有较强的野外觅食和生存能力的鸡。公鸡鸡冠大而红，性烈好斗，母鸡鸡冠极小。具有耐粗饲、就巢性强和抗病力强等特性，肉质鲜美。

　　我突然明白，曾经的响水涧人家养的鸡，是实实在在的土鸡。

　　响水涧人家养土鸡，一定从孵小鸡开始。孵小鸡，在响水涧称为焐鸡。农历正月刚过，响水涧家家户户都会准备一个篾稻箩，在太阳底下晒一晒，里面放些干稻草，稻草上摊开摆放鸡蛋，选定一只自家的老母鸡，让它卧在鸡蛋上，就开始焐了。刚开始老母鸡也不都是情愿的，但母亲的本能，人和鸡是共同的，老母鸡一旦发现是让它来焐小鸡的，便乐意接受任务。除了下来吃食喝水以外，其余时间它都会卧在鸡蛋上，尽着一个母亲的责任。这样焐一个星期左右，母亲总会选一个晚上，把这二十个鸡蛋，一个一个拿出来放到灯光下照一照，然后有的又放回稻箩里，而有的则要拿出来，我曾经一直疑惑为什么要这样做，后来才知道拿出来的是不能焐出小鸡的蛋。至于妈妈凭什么来判断，哪个能焐出小鸡，哪个焐不出小鸡，我至今也是不甚明白，只是在心里生出无言的敬佩。再过七天左右，开始有小鸡破壳而出，有时一天一只，有时一天好几只，每当一只小鸡破壳而出，母亲一定会将之轻轻抓起，单独放到木盆子里，而老母鸡仍然在稻箩里继续着它的任务，直到最后一个鸡蛋焐出小鸡，老母鸡的任务算是完成，它也很知趣地回归它正常的生活。

　　关于焐鸡的记忆，有两件事刻骨铭心。

　　焐鸡的过程，老母鸡卧在鸡蛋上，鸡身和鸡蛋一直都是温暖潮湿的，容易滋生小虫。最不能忘记的，是一种很小、褐黄色的小虫，响水涧人称之为"鸡刺"，鸡刺在人的身上停留，总让人感觉浑身不自在，但由于太小，又无处寻找和驱逐，它最喜欢生活在人的头发当中，让你奇痒难忍又无能为力。那一年，我的身上头上，都有鸡刺停息，整天感觉瘙痒、烦躁、不自在，脱下衣服，光着身子洗一把澡，再把衣服用开水浸泡，身上的鸡刺没了，可是头上的鸡刺，实在想不出更好的办法。无奈之下，妈妈想出了一个办法，她把我的头发洗湿，"撒上六六粉"，再用毛巾包裹起来，一夜之间，鸡刺全被毒死，效果的确不错，这也就成了最常用的杀死鸡刺的方法。然而，我十一岁那年的一个晚上，妈妈照常给我的头上撒上六六粉，用毛巾包裹着，我也就开始睡觉，可是，我突然感觉恶心头晕，渐渐意识开始模糊，妈妈发现后，刚开始也不知什么原因，后来在大姐的提醒下，妈妈迅速解开头上的毛巾，边用扇子使劲给我扇风，同时用毛巾使劲拍打我的头发，慢慢地，我清醒了过来。自此，妈妈再也没有给我使用过这样的杀死鸡刺的方法，后来我才知道，"六六粉"其实是一种毒性较强的农药，杀死害虫的效果非常明显，用在人的身上，实在是危险至极！一定要杜绝使用这种方法。

　　有一年春节过后，我和哥哥去一个远房的姑姑家拜年，姑父身体不好，家里一直贫穷，我们到了后，姑姑问寒问暖，又是倒水又是端茶，我们本想坐坐就回，可是姑姑非要让我们吃点什么再走，只见她走到一个黑暗的角落，一会儿拿出了六个鸡蛋，那个年代鸡蛋可是珍贵的，一般人家都舍不得吃，都存着焐小鸡，正在我纳闷姑姑一下怎么能拿出六个鸡蛋的时候，只听见一阵"咕咕咕"的鸡叫声，我突然明白，这六个鸡蛋一定是姑姑家正在用来焐小鸡的鸡蛋。这即将焐出的小鸡可是农家一年的希望！哥哥也意识到了，赶紧上去阻止姑姑打碎鸡蛋，并强行从她手里夺下来，来到那个黑暗的角落，果然鸡窝里有六个空位，哥哥把六个鸡蛋一一归位。我俩立即起身回家，只见姑姑不停念叨"你们来了，饭都没有吃一口就走了"，说着说着，她就用手抹了一下眼泪，她或许为我们的到来感到高兴而流泪，或许是因为自己贫穷，热情无法得到体现而流泪，不过这鸡蛋，这眼泪，对我来说，即是最大的热情和感动。这么多年过去了，姑姑、姑父早已经离开了人世，可那蛋被拿走后老母鸡"咕咕咕"的叫声，那来自鸡窝里的已经焐了好几天的鸡蛋，那说着说着手一抹眼泪的动作，时常在我的脑海里浮现。我也时常想，如果那天我和哥哥吃了那六个鸡蛋，伴随我们一生的除了感动，可能还有自责！

刚焐出的小鸡，还不能下地自己觅食，只能集体生活在盆子里，用米粒、菜叶等加以喂养，叽叽喳喳叫个不停，这期间，老母鸡还会时不时地跳入盆子里，走一走，陪孩子们啄啄米、吃吃食。三五天一过，小鸡就可以下地了，这时候，老母鸡就会带着孩子们，园子菜地里，房前屋后，来去不停，或寻找食物，或集体嬉戏。每每此时，一群小鸡在老母鸡的带领下，时聚集时分散，时直线向前，时横向两边，它们有自己世界的快乐，人类是不能打扰的，尤其母爱在人和鸡之间是相通的，如果你胆敢侵犯一只小鸡，老母鸡定会抬起头，对着你"咕咕咕"叫个不停，把小鸡挡在身后，大有与你同归于尽的气概。更让人感动的是下雨天，小鸡们往往既不回到家里，也不躲到树下，而是淋在雨中，很快老母鸡就会来到它们中间，两脚高高立起，展开翅膀，小鸡们像是约好了似的，全来到翅膀下，挤着挨在一起，看不见它们的颈，看不见它们的嘴，看不见它们的眼睛，只看见一只只小脚，一个个绒绒身体，即使已经被打湿，也没有一只离开，就这样在雨中静默着，享受着呵护和母爱。每当此时，我总惊讶于平时瘦弱的老母鸡何以变得如此魁梧，总不解于平时胆战的老母鸡何以表现出这般的淡然，总感动于平时警醒的老母鸡何以表现得这样笃定，总慨叹于平时散漫的老母鸡何以能肩负如此的责任……

呵护之下的生长，总是无声而快速。小鸡一天天长大，性别特征日益明显。公鸡的冠，开始现出红色，在鸡群中也愈加活泼，跑、跳、撕、啄，成了它们生活的常态。一个月后，公鸡特征更加明显，响水涧人称此时的公鸡为"仔公鸡"，"仔公鸡"在响水涧似乎只有一个用途，那就是被妈妈们加入红糖，翻炒红烧，给家里的男孩子吃。这仔鸡本来生长时间不长，骨脆肉松，鲜嫩无比，加上红糖的甜浓腻润，的确是难得的美味，我一口气能吃好多块鸡肉，甚至连骨头都无需吐出，一只仔公鸡对我来说，吃完也就是三下五除二的事。曾经的每一年，吃完母亲糖炒的一只仔鸡，我总是期待吃第二只，可是期待大多会落空，因为更多的鸡要养着，后面有更大的用处。大姐成家后，连续好几年，她每年都要糖炒一只仔公鸡给我吃，我既能吃到母亲炒的一只仔公鸡，又能吃到大姐炒的一只仔公鸡，算是圆了一年吃两只仔公鸡的梦想，至于吃了这些仔公鸡的效果如何，我倒是没有什么印象，只是这糖炒仔鸡中所流出的亲情，却是对我最长久的精神滋补。

随着鸡的生长，除公鸡、母鸡之外，又出现了第三种性别的鸡——线鸡。记忆中，"线鸡"总是和一个大个子"线鸡"师傅联系在一起，每隔几天，村子里就能听见"线——鸡——哦"的叫喊声，只见一个高个子师傅，瘦瘦的，肩背一个布袋，手抓一个竹片圆口的尼龙网兜，边走边喊。谁家要是有鸡要线，就喊住他，他就会来到谁家的门口，放下布袋，在主人的指引下，和主人一道将鸡赶至一个拐角处，只见他手起兜落，迅速罩住几只鸡，鸡在里面叽叽喳喳，蹦蹦跳跳，却怎么也跳不出网兜，罩住的鸡中，母鸡放走，公鸡被留下，于是他开始了"线鸡"的表演，只见他坐在竹椅子上，两腿并排弓起，上面平铺一块厚布，被困住双腿的公鸡，侧躺在布上，线鸡人拿一把细长的小刀，从鸡肚子上切开一个小口，然后用一个光滑的竹片将切口扩开，再用一根前段系上细线的光滑的竹筷形竹棍伸进切口，找准位置，一月力，再把细长的镊子或者掏耳勺样的竹器，伸进口子里，夹出或掏出鸡的某个器官，整个过程就结束了。线鸡人技艺娴熟，几分钟就能线完一只鸡，每家一次也就只线两三只。由于线鸡的人家多，常常是这家还没结束，下一家已经在等着了，直到一个村子结束，他又会背着布袋，拿着网兜，边喊着"线——鸡——啊，线——鸡——哦"走向下一个村子。四十年过去了，除了这招揽生意的喊声，还有线鸡人，是刘桥人，我记得非常清楚。后来才知道，线鸡实际上是给公鸡做一个切除手术，通过切去公鸡身上的某个器官，让它减少某些欲望，去一心一意生长，达到增重肉嫩的目的，进而满足主人的生活需要。

这以后，公鸡、母鸡、线鸡，都各自继续着自己的生长，公鸡最后在每家留下的不多，因为，它最多的是用在祭祀、盟誓、出殡等严肃庄重的场合，况且这种场合毕竟不多，加上虽能食用，但其肉发力较大，能引起一些疾病的复发，一般很少有人去食用，尤其在孩子的眼里，公鸡更是恐怖的代表。线鸡的数量较多，由于生长快速，肉质松嫩，是家常食用的佳肴，每有亲戚来访，或遇上端午、中秋等传统节日，都会杀上一只。线鸡不仅身体生长快，连身上的羽毛也长得快而长，是当年"挑鹅毛担子"的人最乐意收买的商品，至今还记得，依据线鸡的大小，一个线鸡的毛可以卖到一角到两角不等，而当时一角钱是可以买到十粒水果糖的。至于母鸡，那可是每家每户最看中的，一方面它可以下蛋，蛋是那个年代农家餐桌上实实在在的荤菜，只要家里来客人了，一定就是或炒蛋，或蒸蛋，或煎蛋，或做蛋汤，作为菜品；另一方面，母鸡汤油多汁浓肉细，是绝好的滋补品，探望病人，看望产妇，迎接贵客，都是必不可少的，尤其是响水涧的产妇们，在一起谈论月子期间的待遇，往往是以"吃了多少只老母鸡"作为一个重要指标。

时光走到了今天，响水涧已经搬迁，连片的小区，整齐的房子，平坦的道路，养鸡、看猪、放鸭、赶鹅是不被允许的。整日局促在城内，我也不知道，现在农村人家养的小鸡，还是不是老鸡焐出来的了？现在餐桌上的肉鸡，还是不是公鸡线出来的了？现在用来滋补的食物，还有没有糖炒仔鸡了？……

昨天，拿到了以购代捐的土鸡蛋，我又想起了响水涧的土鸡。

用 牛

又到春耕时节，即将忙碌的田间地头，又会成为农村的一道风景，让人期盼而又内心温热。这风景里有碧绿的秧苗，有青青的田埂，有新翻的泥土，有芳香的野花，有勤劳的农人……

响水涧的春耕，是一幅田间地头的画卷，一头头忙碌的耕牛，在画卷里穿梭。

牛，被驯养成家畜，已经有很多年的历史了。牛，从用途来说，有菜牛和耕牛之分，饲养供食用的为菜牛，做农事的为耕牛；从毛色来看，有黄牛和水牛之分，黄色为黄牛，黑色为水牛；从性别来讲，有牯牛和沙牛之分，公为牯，母为沙。响水涧的牛是耕牛，属水牛，牯牛、沙牛都有。

牛，自古就是人类的朋友，在农事生产中不可或缺。响水涧的牛，更懂人语，听人唤，通人性。孩子们无法骑上高高的牛背，双手抓住牛角，喊一声"低角"，它会把头低下，让孩子踩上它的头顶；再喊一声"送角"，它会将头往上抬起，孩子们就一跃上了牛背；骑在牛背上，喊一声"走"，它会迈开脚步，四平八稳地行走；若要嫌慢，喊一声"纵"，它会甩开四腿，大步健跑；随着一声拖长的"霍"，它会立刻收住脚步停下，等待你的指示；农田里，只要人的一声"吹唠"，它就会偏向左边行走；同样一声"撇唠"，它又会偏向右方行走……一切的配合，默契又和谐。

响水涧的牛还能跪着嚎叫，陪着人流泪，虽然，那已经是很依稀很遥远的一年了。村里小二巴子家那头牛，因为吃了别人家的水稻，卧在水塘中间就是不敢上岸，被赶上岸后，愤怒的小二巴子边哭边用柳条抽打，牛竟然前腿双双跪地，哞哞喊叫，眼角渗出泪水，小二巴子停止抽打，抱住牛头，号啕大哭，这一幕场景，我已经历历在目了近四十年。

199

响水涧的人家，家家都有牛。刚开始，是原生产队的耕牛，由集体分到私有，每小组三到四户人家，共同拥有一头。后来，有的小组对牛的使用难以协调，出现了矛盾，就并给了某一家，其他人家就单独买牛。

无牛不做田，响水涧的耕田离不开"抢"，从三月做秧田板子，到四月翻红花草田，再到五月油菜收割后种早稻，再到七月的"双抢"，最后到晚稻收仓后的栽油菜，年年如是，周而复始。这抢种抢收，抢栽抢割，都要始于对牛的使用。

响水涧人使用牛，简称为"用牛"。用牛，不能只有人和牛，否则牛无法为人所用，还得要有轭头、犁、耙和一根细竹棍。响水涧人用牛，主要是犁田和耙田。

农耕总是从犁田开始，牛被牵到田里，架上轭头，链上铁犁，一人，一牛，一犁，一鞭，农人将犁头插入泥土，一声令下，就开始耕作。牛埋头行走，只看脚下，脚步缓慢而有节奏，人紧随其后，一手掌着犁把，控着方向，一手拖着竹鞭，跟着牛行的节奏，不时将竹鞭举起，发出"嗨嗨""切切"的吆喝声，和"吹唠""撒唠"的提醒声，随着一声拖长的"霍"，一趟已经到头，牛停了下来，人快速地拖起铁犁，掉转头，将犁头插进泥土，又开始了新的一趟。犁头所到之处，泥土朝一个方向翻卷过来，光滑而又整齐，散发着新翻的泥土的气息，沁人心脾，偶有随泥土翻出来的蚯蚓、泥鳅、黄鳝，在其中翻卷。牛的行走快慢，全在于犁头插入泥土的深浅；犁头插入的深浅，全在于田地土质的软硬；田地土质的软硬，全在于春水浸泡时间的长短；春水浸泡时间的长短，全在于庄稼生长的需要。

此时，一块块田地，就被犁成了一幅幅画。成行的泥土、默默的耕牛、挥鞭的农人，是精彩的画面，牛、人、土地融为一体；泥土的暗黑、野草的青绿、田水的白亮，是丰富的色彩，黑、青、绿、白共春天一色；播种的希望、无声的勤劳、挥洒的汗水，是深刻的内涵，勤、汗、希望，书写着响水涧的人生。

犁过的田，泥土成块，还需要打碎。于是就进入了下一个环节——耙田。耙田，就是将翻过来的整块的泥土，打碎分开，如果人工用锄头去一下一下锄，速度太慢，效率太低，远远不能满足繁忙农事的需要。这时候，"滚耙"就出场了。滚耙就是一个圆形的木头滚芯，上面均匀安插着方形的木块，突出或齿状，滚芯安装在两块方形的平板之间，上面再装一个平板的木凳，牛拉动平板前进，带动滚芯滚动，方形齿状木块均匀地插入整块泥土中，瞬间将之戳穿。滚耙本身重量不大，有时候戳穿泥土的效果不明显，需要在其上增加重量，于是人就可以坐在上面的木凳上。响水涧人太爱护自家的牛了，大人坐上去，实在不忍心，于是总是让孩子坐上滚耙，既增加了滚耙的重量，碾碎了泥土，又心疼了牛。我家滚耙上坐的都是我，坐在滚耙上，看着牛的行走、耙的滚动，听着水的哼唱、泥的呢喃，闻着草的清香、土的气息，我很快就昏昏欲睡，仿佛自己就是这春天泥土中的一条蚯蚓、水田里的一只青蛙、草丛中的一只蚂蚱、沟渠旁的一棵野菜，幸福而满足。

　　泥土被纵向戳穿后，高低不平，还需要横向的切割，平整后才能播种。于是，平耙又登场了。平耙是由一根长条木块和弯钩形的铁片组成，木块长约五米，厚十公分左右，木块两头窄，中间宽，刚够人的脚平踩其上，木块的下层每隔十五公分左右，均匀分布着弯钩L形的铁片，平耙在牛的拉动下，横着往前拖动，泥土在铁片的切割下，变得更加细碎，耙所经之处，突起的泥土被带走，留下的是一片平整。同样为了更好地切割，达到更好的平整效果，平耙上往往需要站人，由于耙下是锋利的铁片，稍有失误，脚踩到铁片，后果不堪设想。我就曾亲眼见过，隔壁田里的主人，平耙耙田时，没站稳，脚从耙上落入田里，踩到了铁片，顿时脚破血流，现在想来仍是心有余悸。因此，这站在耙上的，断不能是小孩，只有大人，他们站在这狭窄的耙面上，没有固定物可以抓扶，只能一手按着牛的屁股或拽着牛的尾巴，一手拉着牛的缰绳，吆喝着，指引着牛在田里来回往复。面对眼前运动着的平耙，他们时而一跃而上，时而一跨而下，就这样，人、牛、耙成了一个整体，在牛的拉动下，缓缓流动着，从东流到西，从南流到北，从春流到夏，从秋流到冬，在这缓缓地流动中，变化的是时间和方位，不变的是娴熟和流畅，是憧憬和希望。

　　关于用牛的记忆，还有一个人，不得不提。有两年，我家没有牛，这耕地就要向别人家借牛来用，可是农忙时节，别人家也只会在耕田的前后间隙，将牛借给我家用一下。有不十分情愿的借家，既不想借，又不好推辞，我家刚借牛用了一会儿，他就开始喊"牛受不了了，要歇工了"，常常是这里刚用上，又不得不无奈地停下。每当这时候，同族的成宽哥哥，总是推迟开始、提早结束自家的用牛，腾出时间带着他家的牛，有时也带着同组人家的责备，来到我家田里，犁田、耙田，为我家争取播种的时间，一直到我家买牛。多年以来，那人、那牛、那事虽已逝去，可对这事、这牛、这人的感激依然挂念在嘴边，尤其铭记在心头。

当然，用牛还离不开放牛。牛放好了，看好了，吃饱了，自然就会用得好。在响水涧放牛，有两种方式。农忙时节，牛一天要放三次，早中晚用的间隙各一次，都是由孩子们牵着在田埂上、圩埂旁，食用野草。此时的牛又饥饿又劳累，它们大口大口地吃草，头也不抬。农闲时候，牛一天只放一次，早上赶到村后的山上，傍晚到山上固定的地方再将它们赶回来，这时的牛轻松自由，它们在山间穿梭，沿着固定的路线，来到固定的地方，寻找丰美的水草，尽情享用。偶尔也有意外，我刚参加工作的那一年，一天下午，来到山上，我们村有三头牛怎么找也找不到，后来山另一边叫"东形冲"的村子有人带信过来，说是因为牛进菜园吃菜，扣了我们村的三头牛，于是我们来到"东形冲"菜园的主人家，最后我们每家赔偿了20元，才将牛牵了回来。一刹那，我的心头涌起一股复杂的怨恨。

放牛、用牛之间，岁月就这样悄然流逝。今天的农村，承包给种粮大户的田地越来越多，机械化的耕作也越来越多，拖拉机、收割机、播种机等现代化机械已经平凡地在农事中运用，犁田、耙田也鲜有所见了。自然，耕牛也越来越少了，用牛的人也越来越少了，放牛的孩子也越来越少了。

响水涧的农田也已经消失了多年，那牛、那人、那犁、那耙，那声声吆喝的"吹唠"和"撒唠"，那块块泥土的戳穿和切割，都已成了过往，只能在我的灵魂深处回忆，直到我的灵魂融入响水涧的泥土当中，化成那牛、那犁、那耙，化成那泪水、那呼唤、那幸福！

春回春已去

　　惊蛰到来之后，随着虫鸣声的响起，各种花也开始次第开放。这两天，油菜花已经盛开，今年响水涧的油菜花盛开在田间，泛黄在地头，芬芳在白墙旁，摇曳在红瓦下，绚丽在绿水间，开得比往年还要美，还要灿！

　　春天，真的回来了！可是由于新冠肺炎疫情的影响，响水涧实行了封闭管控，游人无法进入。泊菜花的美，自然无法现场观赏。但，响水涧春天的回归，响水涧春天的美丽，却在我的心里愈发清晰。

　　响水涧的春回，一定从播种开始。惊蛰过后，响水涧人就开始做秧田了。所谓做秧田，就是准备育秧苗的田，家乡称之为"秧田板子"，秧田板子的选定是有讲究的，一般不太大，约一分田，最好是呈方形的，要靠近水的位置。选好后先灌上水，沤一段时间，田里的土经过水的浸泡，变得软而腻，然后开始翻耕，经过犁、耙之后，田里的土几乎成了糨糊状。再将泥土捞起，堆积成长方形的垄，每一垄约一扁担的宽度，堆积而起成了田垄，垄与垄之间就成了沟，水自然就都集中到了低处的沟里。此时，秧田板子已经做好，就等着撒稻种了。上一年精选好的稻种，经过浸泡、沥干、催芽，只等播撒。于是，响水涧人根据天气，选定一个日子，将稻种撒到秧田板子的垄上。撒稻种是有讲究的，将稻种用簸箕装好，左手将簸箕夹在腰上，赤着脚，走到垄沟里，右手抓起一把稻种，均匀地撒在田垄上，由于垄上的泥土已成糨糊状，稻粒就轻轻地落在垄上，半入半露，既能握住泥土生长根须，又能吮吸阳光雨露滋长秧苗，这应该是种子生长最理想的状态了吧！其实，勤劳的响水涧人，这时候又何尝不是一粒种子，他们脚插入泥土，根植坚实的大地；身融入自然，头顶广阔的天空。

稻种撒好后，还要在上面撒上一层草灰，这播种的过程算是结束了，就等着出秧苗了。稻种播撒后，最怕的就是下雨，如果雨下大了，就会将稻粒打入泥土，甚至冲走，自然对稻种的出苗影响巨大。所以，稻种撒下后，格外关注天气，如果三天不下雨或者下点小雨，这播种的任务算是彻底成功了。清晰记得有一年，我家稻种撒下后，傍晚开始下雨，一家人异常焦急，担心这雨一旦下大了，该怎么办？于是一个晚上每隔一小时左右，哥哥姐姐们轮番出来，看看雨下大了没有，甚至想到了最坏的打算，重新买稻种重新撒种育秧苗，清晰记得晚上十一点左右，雨下大了，姐姐急得直哭，不断拱手作揖，向天祈愿："老天，不要下了，不要下了……"不知是不是我们的苦难博得了老天的同情，还是一家人的诚心感动了上苍，大雨只下了一小会儿就停了，直到垄上完全透出青苗。我们一家人对这田里的秧苗格外照顾，仿佛是自家经受磨难活下来的宝贝一样，每天都要去看好几趟。秧苗在一天天长高变阔，一天天发青变密，春天也在一天天现浓变盛。

伴随着春天的到来，生长的不仅是田里的秧苗，还有田埂上的野菜。经过一个冬天的酝酿，枯黄的田埂开始泛出绿色，各种野菜野草也在生长，蒿子、野红花草、"拎刀姑"（俗称）、"稻姑单"（俗称）……各种有名字的没名字的，竞相生长，零零星星点缀在田埂上，于是就到了"挑猪菜"的时候了。一个冬天，家里养的猪只能靠稻糠度日，对绿色的食物已经憧憬了一个冬天，但猪天性嘴馋，一旦被放出去，就会跑进菜园，见啥吃啥，所以家家户户大多把猪关在笼里进行喂养。为了让猪得到更好的食物，促进它更快地生长，作为稻糠主食的补充，此时，"挑猪菜"就成为孩子们的主要任务了。挑猪菜一般是在下午放学后，或是假日的午后进行，小伙伴们相约一起，拎着篮子，带上一把镰刀，来到田间，或寻找稍宽的田埂，或瞄准平坦的滩地。挑猪菜，首先要寻找，不是所有的野菜野草猪都吃，只能找猪吃的野菜，印象中猪最喜欢吃的就是"稻姑单"，这种野菜紧贴着地面生长，根较浅，呈暗红色，一般有四片左右平均分开的叶子，叶子是长形的，叶子边沿呈锯齿状。通常情况下，用手抓住它贴着地面的底部，斜着拔，就能连根拔起，也有拔不起来的，就用镰刀头稍稍从野菜根部插进土里，轻轻一挑，野菜就被挑离地面了，大概"挑猪菜"的"挑"就是这么来的吧。

由于大地刚刚回春，透青的野菜也不多，能挑的猪喜欢吃的野菜就更少，常常是几个小时也挑不到一点点。但孩子们还是天天按时出来，自有原因，一方面，是孩子们呆在家里不是要吃就是要玩，大人们嫌烦，于是打发他们去田间挑猪菜，是眼不见为净的最好方式；另一方面，孩子们聚在一起，能不能挑到猪菜，能挑多少猪菜，都不重要，重要的是大家在一起，可以商量很多事情，如我家今天来了什么亲戚，如哪天去后山摘木果子，如圩埂头上的乌桑果子树什么时候结果，如三俺你家的桃树开花了没有，如小敌毛的那本小人书真好看，如二多子家的牛下的是牯牛还是沙牛，如结巴子家的狗昨天和大绕子家的猪打了一架……大家在一起总有说不完的话，讲不完的人，谈不完的事。说着说着就要回家了，一看每人篮子里的菜只能盖住篮子底，拿回家，不够猪吃几口。一商量，索性掐来几根长短不一的青草，采用抓阄的方式，把所有的猪菜给一个人带回家，其他人干脆空篮子回家。至于给谁，事前大家商定，有时候给抽到最长青草的人，有时候给抽到最短青草的人。这种方式只有男孩子玩，女孩子是不参加的，后来发现，她们比男孩子更加专心，也不参与男孩子们的说东道西，篮子里几乎总是满满的，自然是不愿参加这种牺牲大家支援一人的活动的。记忆中，抽了那么多次的阄，我却从来没有抽到过最长或最短的，所以我的篮子里的菜也总是给了别人。最不能忘记的是，很多次我的篮子空了后，总会有一个女孩把她篮子里的一半野菜分给了我，我也就每次都不会空手而归，而我从没有给过她一次野菜。只是偶尔两次村里放露天电影，她坐在我的旁边，我用手帮她拍打了地上的灰尘，把我屁股底下的纸，分了一半给她。时光一去已经三十多年了，这个女孩现在恐怕已经做奶奶了吧！

响水涧的春天，秧苗和野菜生长的同时，还有一样东西——竹笋，也在破土而出，挂着露珠，吸着春雨，孕育着生命和希望。响水涧的毛竹笋，生长在村后的那片竹林里，春笋已经长出地面了，毛竹丛中，高的、矮的、粗的、细的、空地上的、灌木丛中的，遍地都是春笋，长出地面的会长成毛竹，未长出地面的，大都将地面拱出裂缝，叫作"土里黄"。"土里黄"嫩而鲜，是餐桌上的佳肴，清明前后，家家户户都要去竹林，将自家山上的"土里黄"用锄头悉数挖起，留作食用。其实，此时更多的是漫山遍野的野竹笋，淡竹笋、桂竹笋、水竹笋都是我能叫出名字的，还有我叫不出名字的，它们生长在山间、丛林，或一丛，或一片，野竹笋小而细，得到它们不需用锄头，只需用手抓住笋的根部，轻轻一扳，根部断裂，因此响水涧人称之为"扳笋子"。每到清明前后，大人们常常是带着蛇皮袋，一去两个小时，就能带回一大袋野竹笋，和这一大袋野竹笋一道回来的，还有扳笋人凌乱的头发和全身的黄土。后来才知道，野竹林都和灌木丛混杂在一起，这野笋长在其中，扳它是需要从这些灌木和竹林里钻来钻去的，在这生长在山坡上的丛林中钻行，时常摔倒，被树藤勾住衣服，被竹叶扫乱头发，也就不足为奇了。其实，生活又何尝不是这样，没有轻松的美好，美好的背后一定会有着它的艰辛和苦难，只不过是为了美好，而不在意这些苦难罢了。

　　春笋挖回家、扳回家后，首先要去壳，这去壳的工序是有技术含量的。小时候的我，剥笋总是用手将壳一片片扒下，这样太耽误时间，效率低下。后来，仔细观察妈妈和姐姐剥笋，只见她们把毛笋放在地上，用菜刀顺着生长的方向一切，不深不浅，再用手沿着刀的切口，往两边一扒，壳就完全脱落，轻松而干净。看她们剥野竹笋，更是一种享受，只见她们左手拿起一根竹笋，用右手拇指和食指捏住笋头，前后搓动几下，然后将松动的笋头裹在食指上，食指沿着笋的一边向下滚动到根部，笋壳随着食指完全脱落，再换成另一边，裹住、滚动，一根竹笋就剩下光脱脱的肉了。我也曾尝试过很多次，但每次要么将刀在毛笋上切得太深，连肉也扒得零碎；要么切得太浅，无法扒下笋壳；要么食指还没滚到根部，笋就断了；要么笋头搓动不到位，根本就无法滚动。剥好后的笋，上白下青，笋节清晰，一如响水涧人的一身清白和正气。

　　去壳后的春笋，还要经过"打老"，"打老"就是将笋底部较为老的部分掰断，和上部较为嫩的部分分开存放。在那个缺肉少油的年代，春笋成了响水涧家家户户餐桌上的美食。家乡春笋最常见的做法就是烧咸菜，嫩的笋上部和自家腌制的雪里蕻腊菜一起烧煮，如果再放一点肥肉，那是绝好的下饭菜，竹笋烧咸菜因为能存放时间长，一次多烧点能吃较长时间，所以是忙碌的响水涧人最喜欢做的一道笋菜。打下的老笋部分，切成丁，加点红辣椒，烧成笋丁，如果能再买几块豆腐干，加上自家晒制的豆酱，那就成了美味的笋丁杂酱了。笋多了，一时半会也吃不完，勤劳的响水涧人将多余的笋，用开水煮后，晒成笋干，可以吃一整年。我最喜欢吃的则是毛笋炒腊肉，打老后的毛笋，切成片，再将自家头年腊月腌晒的咸肉，切成片，先将腊肉在锅里炸出油，等油炸出七八成，肉微微泛黄的时候，放入切成片的毛竹笋，不断翻炒，翻炒要长要透，否则就会涩嘴，直至肉油和笋片完全融合，再盖上锅盖，焖十分钟左右，即可出锅。此时的笋，经过油的浸润，经过火的烧煮，已经变得软而不烂，脆而不生，满含着腊肉的咸香、自身的青淡，其中的汤更是渗入了肉的油脂和笋的清汁，油而不腻，清而不寡，倒一点在饭里，感觉世上再也没有美味了！

又到了播种的季节，又到了挑拣野菜的季节，又到了扳竹笋的季节。今年的春天，一切像往常一样，遍野的油菜花，依然招着风、引着蝶；满菜场的竹笋，仍旧带着土，挂着露；田埂上的野菜野草，照常发着青、泛着绿……

可是，响水涧的秧田板子早已成了水库，响水涧的田埂荒滩早已成了绿地，响水涧的竹林早已成了厂房，那曾经的播撒，那曾经的耕作，那曾经的一半野菜的给予，那曾经的灌木丛中的钻行，那曾经的"稻姑单"，那曾经的"土里黄"……都随着春天，随着岁月，悄然远逝，只留下心头抹不去的道道印记，伴随着我的血液流淌，陪伴着我的灵魂栖息。

春回了，年年如是，岁岁将此。可是，我记忆中的响水涧的春天，你又去了哪里？

端午的味道

　　2020年，受闰月和疫情的影响，庚子鼠年端午来得较迟。近几年记忆中的端午，常常伴随着中考而来，由于中考与端午节的重叠，中考监考的老师总能拿到更多的监考劳务报酬。今年虽然闰了四月，可是由于中考时间推迟，端午来了，中考却还要在半个多月以后。

　　看到充斥在朋友圈里的粽子、绿豆糕、咸鸭蛋、黄鳝、赛龙舟的图片，我又想起了响水涧的端午节。

　　响水涧人，一般把端午节说成"多午节"，或许在他们眼里，重要的是过节这一天实实在在的日子，至于叫什么，只要说了都能听懂，也就无所谓了。

　　响水涧人过端午节，一定是从节前的第三天栽艾蒿和菖蒲开始。这一天，一大早，家家户户男主人都会准备一个敞口的火钵或者火盆，放到大门口的旁边，里面装满土，然后就去挖艾蒿和菖蒲。

　　艾蒿都是自家菜园里栽种的，记忆中响水涧几乎家家菜园里都会栽种一块艾蒿，这种植物不能食用，也没有其他用处，似乎就是为端午节而准备的，艾蒿生长很快，笔直的茎不生枝干，只长艾叶。菖蒲则多生长在郊外的池塘或沟渠边，这种植物常常是丛生的，长短不一，颜色碧绿，笔直似剑，由于喜欢生长在水边，所以根细而长，响水涧郊外的沟渠旁，零散丛生着很长一片，足以保证本村的人在端午节使用，也偶有外村的人来挖，响水涧的人也是从不阻拦。

　　艾蒿和菖蒲挖回家后，栽在门口的火盆里，栽进去的数量不一，自家菜园里有艾蒿的，就多栽进去几棵，但一般是单数，艾蒿栽好后，在外围绕着艾草栽一圈菖蒲，栽好后，用红绳子将艾蒿和菖蒲轻轻捆拢在一起，自上而下捆两到三下，火盆里的艾草和菖蒲就成了宝塔状，主人将这栽了艾草和菖蒲的火盆放在大门口的右侧，等待着端午节的到来。

和清明节的上祖坟、中秋节的赏月不同，端午节没有固定的节日活动。响水涧端午这一天的节日气氛，全在午餐上。女主人一大早就开始准备午餐，在那个生活艰苦的年代，没有现在所谓午餐"十二红"。可端午时节正是初夏，雨水阳光充足，这时菜园里更是生机一片，各种瓜果蔬菜都是成熟正当时，毛豆、豇豆、苋菜、辣椒、韭菜、黄瓜等，菜园里比比皆是，再加上自家用黄泥巴腌制的咸鸭蛋，自家养的生长正青年的土鸡，每家每户主人稍稍准备，七八个菜就上了桌子，有荤有素，色彩丰富。

这时，全家人的目光就聚集到了三天前栽种的艾蒿和菖蒲上了，只见男主人点燃一小串鞭炮，来到火盆前，左手抓住捆拢在一起的艾蒿和菖蒲，右手拿一把柴刀，"嚓嚓嚓"三下，并且不能多也不能少，只能三下，擦着土面割断艾蒿和菖蒲，割下来的艾蒿和菖蒲放在地上晾晒，然后开始吃饭，一家人吃着嫩绿鲜脆的毛豆、豇豆、黄瓜，吃着软香青葱的韭菜、苋菜，咸鸭蛋微咸，散发着黄泥土的芬芳；土鸡肉润滑爽口，带着青草雨露的清新……一家人细数着半年来的变化，憧憬着下一个半年的美好。

响水涧人家端午餐桌上，还有一道菜是不能少的，那就是黄鳝。响水涧餐人桌上的黄鳝，无一例外都是野生的。

这餐桌上的野生的黄鳝，一般有三个来源。

用竹笼装，是最常见的。响水涧几乎每家都有装黄鳝的竹笼若干，这种装黄鳝的专用竹笼，笼身是圆柱形的，也有的呈45度角形状，笼的头部有一个漏斗形的入口，漏斗口是悬空的，笼的尾部是一个可以随时拆下又随时可以安装上的圆柱形的盖子，用绳子和笼身固定成一个整体。使用时，用一根竹签，串上一条蚯蚓，塞进笼身里，蚯蚓的特殊腥膻味，最能吸引黄鳝，于是黄鳝循着味而来，从笼头的漏斗口进入笼身后，笼头漏斗口悬空，黄鳝无法从入口出去，笼尾的竹盖又固定在笼身上成了一个整体，将尾部的出口堵得严严实实，这时里面的黄鳝就只能坐以待毙了。黄鳝笼子一般是傍晚时候放到水田里和沟渠中，第二天天刚亮就去收。收的时候，一旦发现笼子里有黄鳝，就立即卸下尾部的竹盖，倒出笼里的黄鳝。响水洞每家都有这样的笼子，多则上百个，少则有好几十个，所以这几十个笼子一放下去，第二天或多或少都会有收获的。响水洞人是诚信的，谁家的笼子放在什么地方，大家都心知肚明，有时甚至不同人家的笼子，在同一片水田沟渠里紧挨在一起。可是，收笼时，每人都只收自家的笼子，而对别人家的笼子是绝对不会去碰触的，曾经我跟在哥哥后面收笼时，好奇地想看看别人家笼里有没有黄鳝，都被哥哥严厉地制止了。

循着洞口挖，是餐桌上黄鳝的另一个来源。黄鳝大多生活中洞穴里，自然就会有洞口，黄鳝的洞口在地面上或田埂旁，只要发现了洞口，循着洞口挖下去，十有八九就能捉到黄鳝。黄鳝的洞口位置，一般在田埂底部，或沟渠的拐角处，洞口呈圆形，入口内壁较为光滑，越往里面由粗变细，如果洞穴处的泥土较硬，那就用铁锹朝洞的方向去挖。黄鳝洞的深度不大，常常是几锹下去，就能见到黄鳝，如果洞穴处的泥土较软，只需将右手食指伸进洞穴，循着洞的走向逐渐深入，由于泥土较软，慢慢地，整个拳头都伸进了泥里，很快就能触碰到洞穴中的黄鳝，于是用食指钩住黄鳝，将黄鳝从洞中拽了出来。黄鳝洞穴不大，相比蛇的洞穴要小得多。对我来说，曾经有过一次最恐怖的捉黄鳝的记忆，那天，我在一个沟渠中，发现一个较大的洞穴，根据经验，断定里面应该有黄鳝，于是我小心翼翼地将手伸进洞中，很快碰到了凉凉的"黄鳝"的身体，"黄鳝"奇怪地一动不动，绕成一个饼状伏在洞中，我轻轻地将手插入"饼"的底部，将"饼"托在手中，慢慢地，往外收缩，就在手拿出洞穴的一刹那，我发现这根本不是一条黄鳝，而是一条肚子泛着红色的蛇，我吓得"啊"的一声，将手中的蛇甩出很远，并发疯似的喊着跑着，那以后很长一段时间，我看到黄鳝，脑海中即刻就会浮现出肚皮泛红的蛇，浑身起鸡皮疙瘩，一直至今。

用钓钩也能钓到黄鳝。这种捕捉黄鳝的方法，是在钓鱼钩上穿上蚯蚓，放入池塘水中，另一头系在竹棍上，竹棍插在池塘的岸边，黄鳝一旦吃下蚯蚓，就会被钓钩钩住而无法挣脱，这种方法钩到的黄鳝，在不停地挣扎中大多会死去，已经不新鲜了，所以很少有人用。

农家的节日，总是匆忙的。一餐饭后，端午节也就过去了，在繁忙的田间劳作中，一切像是未曾发生。只有在对晾晒的艾草进行翻动、捆扎、收藏时，才想起这是端午留下来的。响水涧人将这晒干的艾草收藏起来，留待日后家人感冒咳嗽时，用水煮后，对病人进行熏蒸，效果不错，尤其适合孕妇、小孩、老人这些人群使用。

端午时节，正是青黄不接的时候，在那个水稻品种还未改良、产量较低的年代，一年种两季水稻，大多数人家仍然是到晚稻吃完的时候，早稻还没有成熟。为了度过这个青黄不接的时期，响水涧人晚稻收割后，在田里种上小麦，能再增加一季的收成。

小麦刚好是端午前后成熟，这段时间麦面成了主食。一天三餐，要么是面糊，要么是面疙瘩，要么是面汤，面汤里面加点丝瓜或瓠子，放点猪油，那是绝好的美味了。自家收的小麦，品种陈旧，没有精细的碾粉机器和技术，都是通过原始的机器进行简单的去皮成粉，因为皮去不干净，面粉里总掺和着麦麸，总是白中带着棕褐色，哪能像现在商场里的面粉那样白亮而光滑啊！

由于长时间吃麦面，不免生出厌倦，大人为了改换口味，偶尔做一次麦面粑粑。做麦面粑粑需要将面粉发酵，里面加上糖，因而粑粑就显得松而甜，自然比原味的面糊、面汤疙瘩口味要好。响水涧的麦面粑粑因为是放在铁锅上蒸烤出来的，更是带着柴火土灶的香味，沁人心脾。勤劳智慧的响水涧人发现了一种叶子，将麦面放在叶子上，再将叶子连同麦面贴在铁锅上，粑粑蒸熟后，粑粑既能带着一种植物的清香，又能不粘在铁锅上。这种叶子，响水涧人称之为"粑粑叶"，它呈圆形，叶面中间一个纵向的筋路，上面各向两边生出两个横向的细纹，一端有圆突然成尖形，另一端则是圆而凸的形状，因为是藤本植物，叶藤总是向高处攀援。记得大概我十三岁的那年，妈妈说下午要做麦面粑粑，我非常兴奋，正午时间，我一个人来到村后的一片林场里寻找粑粑叶，偌大的林场，密密生长着成片成片的水杉树，林里阴暗寂静，我一踏进树林，一股阴森气息扑面而来，我想退缩，但一想到下午能吃到粑粑，还是壮着胆子在树林中寻找粑粑叶。很快我发现一座坟头上生长着一根粗壮的粑粑叶藤，藤上布满了粑粑叶，大而圆，我先是一阵高兴，采完这藤上的叶就已经足够了，接着又有一丝害怕，因为生长在坟头上，我咬咬牙，踮起脚，伸手去摘叶子，一片，两片，三片……再往上，我开始够不着了，可是越往上，叶面越大，于是我一脚踩在墓碑上，探身去摘，再一片，两片……正当我伸手刚够着第三片叶子的时候，突然身后传来一声大声的呵斥"你干什么啊?"，我随着这声音浑身一抖，摔在了地上，感觉心头隐隐作痛，等我回过神来，才发现是看林场的老头，面对他的训斥，我已经是吓得说不出话来，过了好一会儿，我才是告诉他我是在采粑粑叶的，他看了看我手中已经摘到的叶子，也就没说什么走了，我呆坐在坟前片刻，立即起身，带着已采的粑粑叶子跑回家中。晚上我就开始发烧，我知道自己是受了惊吓，于是把事情经过告诉了妈妈，妈妈非常生气，第二天一早就去找看林场的老头，和他大吵了一架……自此，我好长时间都不敢走进村后的那片林场……

关于端午的记忆，还有很多，如粽子，如绿豆糕，如泥鳅……今又端午，艾蒿菖蒲如故，得到越来越容易，或购买，或挖取，可是那沟渠边的野生菖蒲难觅；黄鳝仍旧，养殖品种越来越多样，有粗有细，有大有小，可是那田埂下的洞穴难见；麦面依然，加工样式越来越丰富，如大馍、包子，如花卷、大饼，可是那柴火铁锅的香脆难寻……

唯有那端午的味道情怀，值得我铭记一生，回味一辈子!

家乡的秋收

又到草黄叶落的季节，又想起家乡的秋天，曾经的响水涧的秋收的点点滴滴在我的血液里流淌，在我的脑海里浮现。

响水涧的秋，是多彩的秋。农历九月，当村后大山的枫叶转红，村旁林场的水杉变黄，村前山河的河水清澈泛绿、菜园的瓜果青红透紫、农田里的水稻金色一片的时候，秋，来了，秋收，也随之来了。

响水涧的秋收，一定从水稻开始。响水涧的水稻秋收，是漫长的、依次的，也是辛勤的、忙碌的，更是快乐的、刻骨的。

在那个缺粮少吃的艰苦年代，响水涧的水稻种植，是一年两季。经过夏天的"双抢"，抢种下去的晚稻在高温的炙烤下，迅速生长，这期间无需耕耘，无需精心呵护，只要保证充足水源，适时喷洒农药，农历十月，便可以收获了。

难忘的是水稻收获的过程。首先是割稻，用镰刀把水稻从根部割断，根据人行的方向，平放在田里，呈一字型摆放，秋收的割稻比起夏收，要轻松不少，因为秋收的田里是没有水的，脚踩在干的地面上，感觉更加轻松，可以弯着腰边割边向前走动，可以蹲下身，边割边向前移动，也可以坐下来稍作休息再慢慢挪动。同时，秋高气爽的季节，少了夏日高温的炙烤，没有了夏日的暑气蒸煮，当然不会有夏收的煎熬和忍耐了，只是长时间的弯腰劳作，对腰的欲直不能、酸胀难忍的感觉依然如旧。但当看到一行一行放倒了的稻子，静静地躺在那里时，内心的征服感、释放感、成就感漾满了心头。

田里的稻子割完了，接着就是脱粒，家乡称之为"打稻"。打稻的工具一直在变化，最早的时候，是一个大木头方桶，放在田间，打稻人手握一把稻穗，高高举起，用劲往木桶的内侧摔打，稻粒在摔打中掉落到木桶里，一次、两次、三次，直到把这一把稻穗上的稻粒全部摔脱。木桶很大，可以四个人同时进行摔打脱粒，由于要不断用劲，打稻人非常辛苦，效率较为低下，但这也是那个早期的原始的无奈之举。

后来，出现了半自动的打稻机，家乡称之为"脚踩打稻机"，这种打稻机也是一个方木桶，不过更浅更小了，桶的中间横架了一个圆形的滚芯，滚芯上均匀得插上了一些U形的粗铁丝，打稻时，这些滚丝与稻穗摩擦，将稻粒分离出来，说它自动，是因为安装在木桶外侧的大小不一的两个齿轮的转动，带动了滚芯的转动，但齿轮的转动要靠打稻人用脚去踩踏，所以是半自动的。这种打稻方式虽然较以往有所进步，但靠人力的踩踏，带动脱粒滚芯的转动，来实现稻粒的脱离，人依然非常辛苦，且转动的速度难以一直保持，所以稻粒难以脱干净。

随着电的普及，电动打稻机也就应运而生了。电动打稻机与脚踩打稻机的构造没有区别，只是去掉外侧的转动齿轮，换上一个小的电动机，用皮带将滚芯和电动机连接起来，只要通上电，电动机的转动就自然带动了滚芯的转动，因为电动，滚芯的转速当然比人工脚踩要快得多，且能一直保持快速转动，其脱粒效率之高当然不言而喻。只是因为转得快，其与稻穗的摩擦力大，要求打稻的人把稻穗伸进去时，一定要用力抓住秸秆，以免连穗和秸秆一起被卷进去，更有甚者，人也被带着往前倾，非常危险，所以电动打稻机脱粒，小孩一般是不允许直接抓稻穗脱粒的，只能在旁边做些传递、打扫、捡漏的服务工作。

脱完的稻粒很快就被肩挑背扛到晒场，于是，水稻秋收就进入了晒的环节，家乡称之为晒稻。晒稻的场地是生产队的晒场，家乡称之为"稻床"，这是一片较大的平整的土场，因为是土场，所以表面起沙土的现象不可避免，为了尽量减少沙土，稻床每年都要出新的，就是把表面翻开，浇水，再重新用石磙压实，表面用平板打平，由于是新翻过来的新压实打平的，所以沙土就少了不少，不过由于经过水的浸泡，需要长时间晾晒才能晒稻。

稻粒来到稻床，还要经过分离的环节，这时候，风车就上场了，风车

走向深处，便是语文

也是木制的，每个风车最上端都有一个倒梯形的进口斗，是用来倒入稻粒的，距离斗由近到远的，分别有三个出口，稻粒倒入斗中，手摇动摇把，最近的出口出来的是干净的纯粹的稻粒，第二个出口出来的是不饱满的或者空的秕谷，最远端出口出来的则是那些混在稻粒里面的灰尘和稻叶的碎片。每当风车响起，摇把的转动声、稻粒滑入稻箩与箩筐的撞击声、秕谷的落地声、稻叶碎片的飘飞声，交织在一起，奏响了秋收的动人旋律。风车对小孩子是最有吸引力的，就是倒进去的稻粒，究竟是如何就分成了如此清晰的三个部分的。我最喜欢做的就是站在风车的尾部，让小伙伴摇动风车，任凭风吹动我的头发和面颊，往往此时，那些残留在风车里面的灰尘也一同被吹了出来，粘在我的衣服上，贴在我的颈脖上，钻进我的头发里，虽然有时痒得满地打滚，可我依然不改对风车的好奇，因为，只有此时，我仿佛也成了秋收的稻粒！

风车分出来的灰尘，打扫后扔掉；分出来的秕谷，收集起来留到冬天，埋在火钵里，上面盖上未熄灭的木棍等燃烧残留，专供老人和小孩取暖所用；而分出来的干净的稻粒，则就要堆放在稻床上晾晒了，稻谷的晾晒是要有一段时间的，好在秋天天高气爽，晴朗的日子较多，这些稻谷白天摊开在场上，晚上堆积起来，盖上稻草或木板，防止被露水打湿。这样白天晾晒，晚上堆积，如此反复十天左右，稻谷就可以收纳进仓了，水稻的秋收也就随之结束，进仓的不仅是几个月的收获，更有来年不再忍受饥饿的希望。

然而，对秋收的记忆不总是美好的，充满希望的。那一年，我去几十里外的镇上读高中，一个周末回家，发现家里的方形饭桌不见了，竹篾凉床没有了，木质划盆看不到了，再打开稻仓的门，刚入仓的稻谷也所剩不多了，一家人都非常难过和沮丧。一打听，原来是二哥一天傍晚，路过一片水域，随手用小丝网网了几条小鱼，被水域看护人发现了。当时这片水域由乡政府承包给几个人，由他们养鱼并管理，这伙人知道二哥在他们的水域里网了鱼后，于是直接冲进我的家里，搬走了饭桌、凉床、划盆，运走了五六百斤稻谷，除了伤心难过，对二哥埋怨几声之外，只有忍受，其实当年二哥的那一次网鱼，也是因为生活贫困，充满了心酸的无奈！至今不能忘记，那个秋收后不是喜悦和踏实，而是秋收的稻谷被夺走后，整整一个冬天的担忧，和来年近两个月的青黄不接的无奈。三十多年过去了，去年，二哥也因为病患而离开了人世，想想家人当年对他的那一点责怪，能愧疚得让人肠断！

家乡的水稻种植，品种繁多，不同的品种成熟的时间也不同，自然秋收的时间也不一样。每家几乎都要种好几个品种，最常见的、数量最多的是一般的晚稻，成熟快，能满足大家的生活需要，自然普遍种植，而为了适当提高米饭质量的需要，种植的粳米和糯米，则要较长时间的生长，成熟收获时间较晚，尤其是糯米稻，要到下霜时节才能收割，天气寒冷则又增加了收获的辛苦，但也伴随着对好品质的米饭的憧憬和喜悦。

家乡的秋收，除了田里的水稻，最多的就是房前屋后的树上高挂的柿子了。响水涧由于是靠山而居，房前屋后花果较多，秋天挂果成熟最多的就是柿子。每到秋季，形状各异的柿子树上，高挂着大小不一、形状不一、红黄不一的柿子，是响水涧的一道独特的风景。柿子在树上不容易成熟的，必须采摘下来，经过处理加工，才能成熟。柿子的采摘，需要特制的工具，将一根细长的竹杠，前端用刀剖开，在其中夹上一根小而细的木棍，剖开的竹杠后部分用绳子绑住，只在前端留点小口，采摘时，用竹杠前端开口伸向柿子生长的细枝，竹杠一旋转，柿子连同它生长的细枝就下来了。

采摘下来的柿子，一般都是黄色的，未完全成熟，让它成熟的方法主要有两种，即晒和焐。所谓晒熟，就是把晒干的芝麻秸秆，切成细而短的一小段一小段，扦插在柿子蒂根部四周，然后把柿子摆在竹筛或竹匾里，放在秋日的阳光下晒，只要三天左右，就完全可以成熟。而焐呢，则需要把柿子放到草垛里，或者米桶里，用草或米完全盖住，等着成熟，这样需要的时间长，容易忘记。我常常是放了几个柿子在草垛里，等记起来再去看时，已经熟透而烂了。其实晒熟也好，焐熟也罢，今天看来都是非常环保的成熟方式，至于现在所听说的烟熏、药物催等成熟方式，虽然成熟的速度变快，效率大增，可是从质量和健康来说，是远不及我家乡柿子的成熟方式的。

秋天的家乡，还有很多都在成熟着，等待着收获，如山上的野栗子，田间的胡萝卜，菜园里的大白菜……这些都值得我用生命去铭记和书写。

因为建设的需要，承载着我乡愁的，那个叫响水涧的48户人家的自然村落，那条流淌着我童年记忆的响水涧，那铭刻着我关于秋收的记忆的片片田野、块块菜园，都已经不复存在，无处可寻了。

又到秋天，网络上到处都是赏秋景的去处，这其中不乏秋收的主题景点，每每此时，我只有在心里感叹：家乡的秋收，曾经的响水涧的秋收，你才是我不变的情愫。

没有鸡汤的冬至

　　近几天，个人、家庭、教学、单位各种各样的事情繁多，无暇顾及日子本身。上午，大姐送来一只鸡，我才知道今天是冬至。

　　冬至，是二十四节气之一，意味着天开始进入数九寒天了。对冬至的记忆，最深的就是小时候都会的顺口溜"吃了冬至面，一天长一线"。刚开始，并不清楚具体的意思，一直疑惑"一线"到底有多长？也曾因此把妈妈新买的缝补用的线圈线团拆开，看着铺在地上的十几米长的线，还是不知道这十几米长的线和一天所长出来的那段时间到底有什么关系。后来才知道，这一线的长度，原来是指绣工绣完一根丝线的时间长度，按现在的时间来说，大概相当于一刻钟吧。再后来，学了地理，终于明白，冬至这一天是太阳直射南回归线，北半球白天时间最短，夜晚时间最长，此后，太阳开始北回，北半球白天时间开始变长，夜晚时间变短。于是，愈发感叹我们祖先的智慧，他们虽不能科学解释出很多东西，却凭自己的实践经验，能做出如此实用和准确的归纳。现在，每当有老师和学生抱怨下午放学天都黑了，我总是以"马上到冬至了，到了冬至就好了"来安慰劝慰他们。

　　家乡响水涧的冬至时节，有两件事是一定要做的。

　　祭祖，又叫"请祖宗"。家乡祭祖的习俗，从清明到七月十五，再到冬至，最后到除夕，四次贯穿全年。清明节是最为隆重的，这一天无论人身在何方，凡能回家的，都会尽一切可能回家，全家人结伴而行，一年四次中，只有这一次是到坟前祭祖，每一座祖坟都要走到，都要插上纸钱，都要烧点纸钱，都要把坟头的土、坟上的草整理整理，该培土的培上土，该除草的除掉草，该砍树的砍掉树，一天过后，留下的是坟头白纸飘飘。

农历七月十五、冬至和除夕祭祖，是无需到坟前的，而只是在固定地点集中祭祖，祭祖时将纸钱分成几堆，点火后要说出声告诉祖宗哪一堆是给谁的，同时要在旁边另外烧一堆给"野祖宗"，后来才知道，这所谓"野祖宗"是指那些和自家没有血缘关系而又比较亲近且无儿无女的已经去世的长辈。

七月十五和冬至的祭祖，是只需烧纸钱而无需准备饭菜的，七月十五这一天，家家户户早早地就来到自家固定的"请祖宗"地点，快速烧完纸钱立即回家，并早早地吃完饭关门休息，尤其是不允许小孩晚上出门的，原因是这一天又被称为鬼节，阴间热闹非凡，人间就不要凑热闹了，否则是不吉利的，因此每年到这一天，村子里傍晚后就格外安静。冬至的祭祖和七月十五大体相似，虽然没有夜晚不能出门之说，但由于是隆冬时节，晚饭过后村子里同样是很少有人出来串门的。

除夕的祭祖是要在吃年夜饭之前或者除夕前一天晚饭前进行，要更加隆重，外出烧纸钱前，先要在家里用饭菜祭祖，桌子要摆到客厅的中间位置，菜是很有些讲究的，一般为五个或七个菜品，公鸡和鱼是必不可少的，我家常用的还有煎豆腐、粉丝、菠菜，祭祖用的菜是不需烧熟的，公鸡是要有头有腿有翅的，要拼凑在碗里成一只鸡的样子才行，再倒上三杯酒，乘上三碗饭，摆上三双竹筷，敞开大门，燃放一串爆竹，带着纸钱来到村旁的自家祭祖场地，分堆烧纸钱，烧的过程中不能用木棍拨动，大人说是一拨动，钱就碎了，没用了。等到自然燃烧完毕，回到家里，每一杯酒，每一碗饭，每一种菜里都要取一点点，扔到大门口，至此，祭祖算是完成了。

家乡的冬至除了祭祖，还有就是吃甜酒炖老鸡进补了。进入寒冷的季节，田里也无需太多的劳作，人的活动量会减少，此时很少出汗，平时所食大都在体内自行慢慢消化，相对来说被身体吸收得更多，因此是进补的绝佳时节。每年冬至还没有到时，家家户户就开始准备进补的食物了，这其中最常见的就是甜酒炖老鸡。鸡，是自己家养的土鸡，经过一年的放养，此时的母鸡都已经开始下蛋，重的达四五斤重，算是进补的最佳食物了，每家每户哪怕再有不合，也都要杀一只给孩子们吃。我从有记忆开始，家里就一直是穷苦的，一年来所养的鸡是不舍得杀的，除留下一只过年杀着吃以外，都要用来卖钱还债，于是我家冬至的进补就只是甜酒了，就是这没有鸡汤的甜酒，也成了我当年最美好的期待和记忆。冬至前半月左右，母亲就选定自家收的上乘的糯米，煮熟后，摊开，放在锅盖上晾一夜，第二天，放到一个钵子里，再加上一些很便宜的酒曲，用拳头反复地捣，直到既软又黏，用手抹平，中间挖出一个圆形的小凹坑，再用布单将钵口盖住，扎紧，放到被子里，就开始等着出酒了。前两天，没有任何动静，母亲一再叮嘱不能动，可好奇心让我每天都要掀开布单看好几回。从第三天开始，就能闻到一股清香了，第四天，香气愈加浓了，母亲也开始打开布单，一看，小凹坑里已经渗出半坑酒了，母亲用勺舀去，放到一个瓶子里，以后，母亲每天都要这样好几回，渐渐地，装酒的瓶满了，冬至也就到了。冬至那一天，在满村弥漫着鸡汤的浓香时，我吃着香甜的米酒，心里甭提有多快乐了，母亲也常常提醒我："小孩别吃多了，米酒吃多了也醉人的……"可是，吃着这香甜的米酒，想着又能滋补身体，内心的满足绝不亚于那些吃炖着老鸡的米酒的隔壁邻居。

又到冬至，只是离开了家乡，对冬至祭祖和进补氛围的感受已经越来越淡了。今年的冬至，老母亲因为身体原因住在我的家里，她的吃饭需要我照顾。一大早我把大姐送来的一只老鸡，放了几根天麻，炖在砂锅里。正当我为今年的冬至能喝到鸡汤而满足时，母亲说牙疼得厉害，中午，带她去医院看牙，因为牙齿发炎，牙龈肿胀，医生费了好大的劲，对牙齿进行了处理并上了药，治疗过程中母亲也是疼痛难忍，我只能在旁边无奈地陪她一同忍受，最后在麻药的协助下，治疗总算结束。

此时，妻子打来电话，说是要买祭祖的纸钱带回，晚上请祖宗用。我看着靠在医院走廊座椅上休息的母亲，突然觉得，现在关键不是要祭奠那些逝去的先祖，更重要的是要服侍照顾好活着的母亲。

我这样想，我相信我的那些逝去的先祖也一定会这样想的！因为，对先祖的祭奠可以延迟和等待，而对活着的母亲的照顾是无法延迟和等待的！

农历己亥年冬至的晚上，我要盛上一碗鸡汤……

做 糖

除夕一天天临近，已到腊月二十七了，这几天街上的人、车骤然增多，菜市场里更是人头攒动。天下雨，晚上无法走路，新型冠状病毒的出现又不宜外出，于是在家打开电脑，准备开学的汇报，妻子晚上上班还没回来，老母亲睡得早，已经能听到她的呼噜声。就在这寂静的夜晚，我突然记起，曾经的每年的腊月二十七八，都是我家做糖的日子。

家乡的腊月过半，家家户户就开始忙碌了，杀猪、做豆腐、炸圆子、祭灶、做糖……做糖一般是在腊月二十四左右，我家糖做得少，大人怕被我们早早吃完，正月里来了亲戚没有糖招待，所以我家总是在腊月二十七八的晚上做糖。于是，每年的腊月二十七八就成了我最期待的日子了。

做糖的准备是从上一年就开始了的，每年的秋收过后，几乎家家户户在种小麦的同时，都要种点大麦，大麦的含糖量高，最适宜熬制糖稀。第二年五月份，大麦成熟后，收割、脱粒、晒干，保存起来，直到进入腊月，才又把保存的大麦拿出来，放在竹箩里，洒点水，将麦粒打湿，盖上纱布，等着发芽。三四天后，被打湿的麦粒开始出芽，等芽完全出好后，再拿到太阳底下晒，等到完全晒干，用石磨将发芽的麦粒碾碎，再用竹簸簸箕通过掂抖的方式，将麦子的壳去除，剩下的碎的麦粉就留作熬糖稀了。

熬糖稀是一个细致的耐心活，碾碎的麦粉倒进锅里，加上水，开始烧煮，经过一段时间的烧煮，锅里掺和着碎麦粉的汤水开始变得黏稠，颜色也逐渐变成暗红色，这时候，要用勺子从锅里舀起，拿到眼前看看，再从高处慢慢往下倾倒，在观察这下落的过程中，就能判断糖稀的浓度和色度，进而决定还需要熬多长时间，直到熬到需要的浓度和色度时，就用钵

221

子盛起来。这时候的糖稀，已经是甜味的了，在那个没有零食的年代，我经常舀一小勺糖稀放在嘴里，咂摸着，感觉就是最好的零食。

儿时的记忆中，没有电灯，用的都是煤油灯，爸爸在熬糖稀的过程中总是右手拿着勺子，左手端着煤油灯，不断地把煤油灯凑近勺子，观察判断，再判断观察。记忆最深刻的一年，爸爸在熬糖稀的过程中，不小心将煤油灯打翻，煤油泼洒到了快要熬好的糖稀里，我们兄弟姐妹几个都伤心得哭了出来，爸爸神奇地划亮一根火柴，顿时锅里的糖稀开始燃烧，等火慢慢熄灭后，爸爸说没事了，我们都很奇怪，一尝，果然没有太明显的煤油味，我们又恢复了快乐。直到读初中，学了物理，才知道煤油密度小，总是漂在上面，且可以燃烧，爸爸将漂在表层的煤油通过燃烧的方式去除了。

糖稀熬好后，就开始准备做糖的原料了。我家做糖的原料通常有炒米、黄豆、芝麻，偶尔也有花生，因此糖也分别被叫作炒米糖、豆子糖、芝麻糖和花生糖。

炒米糖是数量最多的。家里收的糯米，煮熟成糯米饭，放在竹匾里晒干，晒干后的糯米粒长长的、瘦瘦的、透明发亮。糯米粒变成炒米，是需要在热锅里炒的，记忆中以前都是母亲用锅铲在锅里翻炒，糯米粒在锅里受热后，开始膨胀，颜色变白，由于人工翻炒，很难做到受热均匀，所以经常出现有的开始焦黄，而有的还未完全炒熟，影响了炒米的品质。后来，不再是"炒"，而是"烫"了，我们称之为烫炒米，是先将铁锅烧热，将一盆子黑色细砂倒入锅里，再将糯米粒倒入黑砂中，用铲子适当翻炒，再用专用的大铲连同黑砂炒米一起铲起，倒入一个正方形的网筛中，由于砂粒细小，从筛网中漏入锅里，而炒米受热膨胀，体积变大，都留在了筛子里，如此往复，直到炒完。由于黑砂已经受热，糯米粒倒进去后四周受热，又不和铁锅接触，这样烫出来的炒米白而松，的确要比手工炒好得多。

豆子糖的原料是黄豆，自家收的黄豆晒干后，以同样的方式烫熟，不过豆子质地硬，自然所需的时间比炒米要长，并且豆子烫熟后，还需要一个去皮的工序，豆子经过烫炒后，变得很脆，这时候轻轻拍压，外壳和肉就会分离，再用竹篾簸箕不断地上下颠抖，由于壳的重量轻，在这颠抖的过程中就飞出了簸箕，完成了壳肉分离。花生糖的原料花生，由于自家不生产，都要去买，花生粒买来后，和黄豆一样晒干，和黄豆一样烫熟，和黄豆一样去皮，因为要花钱买，所以我家一般不做，偶尔哪年要做，也只是很少一点点。

芝麻糖的原料是芝麻，我家种的是黑芝麻，收割回家后，连同秸秆一道排在晒匾里晒，因为芝麻在晒的过程中，果壳随时都会裂开，芝麻粒也就掉出来了，如果不在晒匾里晒，掉落的芝麻粒也就掉到地上而很难回收。等晒得差不多了，就用洗衣的棒槌不断捶打芝麻果，由于晒干，果实变得松而脆，只要轻轻一敲，芝麻果就会裂开，芝麻粒就会掉落出来，芝麻粒由于小，不能通过筛网将它和砂粒分开，不适宜用黑砂烫，只能用手工炒熟，芝麻粒很容易熟。炒的过程中需要不断翻动，并且要控制好火候，否则最容易被炒焦。

原料准备好了，就等着腊月二十七八做糖的日子了。做糖是需要技术的，已经熟了的糖稀还需要再熬热，至于熬热的度，原料的量，翻的力，敲打的劲，刀切的厚……都需要技术和经验，所以村子里有专门做糖的人。我家做糖的，都是同族的小冲哥哥，他有一套工具，一把切刀、一根木尺，一个方形木盘、一个椭圆形的空心小木桶，晚饭后来到我家，把房间的单扇木门卸下来，用两条木凳支起，湿抹布擦洗干净。他先倒进锅里一定的糖稀，用温火熬一会儿，等到熬好后，根据锅里糖稀的量倒进去适量的炒米、黄豆、花生或芝麻，用手在锅里不断掺和，由于糖稀是已经熬沸了的，总能看到他因烫而不断将手抽出来，不停地发出被烫的嘘嘘声，等到糖稀和原料掺和好了，从锅里搬到方形木盘里，随后用拳头不断紧捣，直到捣满每一个角落，再用椭圆形的空心小木桶在表面不断滚动，压实，推平，再将木盘倒扣在门板上，轻轻敲打，此时木盘和糖稀原料已经分离，拿走木盘，出现在门板上的是一个正方形的大糖块，这时候木尺和刀就派上用场了，只见他用木尺往大糖块上一压，切刀沿着木尺边沿，"滋"的一声，再一压，又"滋"的一声，很快这一整块的糖块，就变成了一根根的糖条，他于是抓起一根糖条，只听见"咕哧""咕哧"的刀切

223

声，立刻，一块块炒米糖、豆子糖、花生糖、芝麻糖出现在门板上，大小厚薄几乎相同，就像珍奇的艺术品一样。刚做出的糖，热而脆，香而甜，我都要迫不及待地吃上好几块，自然我对小冲哥哥的敬佩也都融进了这块块糖里，只可惜，这样的好人后来在一次车祸中离开了，我也曾因此难过了好长一段时间。

我家炒米糖做的量最多，每年都要做好几木盘。豆子糖，一般都是一木盘，芝麻由于收成不高，每次都只能做半盘左右，至于花生糖，那就更少了。

糖做好后，都会用塑料袋装起来，作为我们的零食，既有糖稀的甜味，又有炒米、黄豆、芝麻和花生的香味，的确是美味。炒米糖数量多，最普通，所以都是让我们敞开吃，可我却不喜欢吃，而豆子糖、花生糖、芝麻糖我喜欢吃，可数量少，还要在正月里招待客人，自然不能让我们敞开吃，人生就是这样矛盾着。妈妈总是把花生糖和芝麻糖藏起来，说是藏，其实我都知道一般藏在两个地方，要么挂在房间里的木柱横梁上，即使我踩在凳子上也够不着，要么放到家里那一米多深的木桶里，同样我用凳子支起向下还是够不着。直到正月十五过后，家里估计没有亲戚来了，才拿出来给我们吃，很快豆子糖、芝麻糖、花生糖被我们一扫而空，仍然只剩下让我们敞开吃的炒米糖，后来发现，当不再对其他糖有指望的时候，这时候的炒米糖却也变得美味起来。

就这样，年在我对做糖的期待中到来，又在我对花生糖和芝麻糖的怀念中离开了。

规模化生产日益发展的今天，很少有熬一点糖稀，烫一点炒米、黄豆，炒一点芝麻，做一点糖的人家了，而是有人专门做糖拿到市场来卖，也不再是只有腊月才有，而是一年四季都能吃到。更有些商家做糖时添加了膨松剂和甜蜜素，糖吃起来虽然松脆甘甜，但总感觉脆得发酥，甜得发腻，散失了糖稀和炒米、黄豆、芝麻的原味，更吃不到家乡的味道！那大麦熬成的糖稀，那糯米烫成的炒米，那碾碎的黄豆，那炒熟的芝麻，都已经成了记忆。

煤油灯也成为曾经时代的印记了，爸爸去世四十年了，关于他的记忆我已经模糊，不知他现在呆的世界还要不要端着煤油灯去熬糖稀？煤油泼洒到糖稀里，旁边会不会有人难过得失声痛哭？用燃烧的方式去除泼洒的煤油还有没有成效？小冲哥哥离开我们快三十年了，也不知他的世界有没有大麦，能不能熬成糖稀？有没有糯米，能不能烫成炒米？有没有黄豆、芝麻和花生，能不能做成糕？有没有那方木盘，有没有那长木尺，有没有那小椭圆形木桶？有没有长条木凳，有没有单扇的房门？有没有一个整天盼着他来家里做糖，对他充满敬佩的分不清小麦和韭菜的同族的弟弟？

　　我怀念糖，更不能忘记的是人！

小 年

　　特别的日子，总会有很多没有准备好的特别。呆在家里不得出门不该出门已经很久了。假期的延长让老师似乎得了不少便宜，所以你得要有事可做，于是手机成了生活的全部，"嘟嘟嘟"的信息提示声成了时间的所有，从早到晚，不分时段，"群"似乎也成了作家星新一笔下那个什么都可以装进去的黑洞！在这阅读、转发、布置、上报，再阅读、转发、布置、上报的轮回中，自然无暇关注日子。

　　早上醒来，一条消息在朋友圈流传——各类学校不得在二月底前开学。我也没有多大的吃惊，一是先前所发的"不得早于2月17日开学"的通知，并不是说2月18日开学，与现在的通知并不矛盾；二是从目前的疫情防控情况来看，2月18日开学也是非常危险的事，开学时间往后推迟，也是意料之中、情理之中的事。

　　只是突然想起今天是正月十五——小年，颇感有些意外。

　　农历正月十五，家乡称之为"小年"，这与北方将腊月二十三称之为"小年"是不一样的。这一天和正月初一过年一样，早上起来和晚上吃饭都要放爆竹。早上起来燃放爆竹，称之为"开财门"，天亮后，大人先打开大门，将留存下来的爆竹拿到门口空地上，照例是既有大爆竹又有小爆竹，早些年的大爆竹是一根根的，五六寸长，圆筒形状，燃放时，右手拇指和食指捏住爆竹，左手用香烟头点着引线，再将右手尽量往外伸直，只听见"砰"一声，爆竹从手指间飞上了空中，接着就听到"啪"一声，纸屑四散，一根大爆竹算是燃放完了，再点燃，再"砰——啪"……到后来，大爆竹不再是这样单个的了，而是放在地上，只需一次点火，就能连着响十六次、五十次、一百次的方形的十六响、五十响、一百响了，燃放

226

起来更加方便，更加安全，也更加响亮。大爆竹燃放完后，将一串小爆竹点燃，"噼噼啪啪"一阵声响，小爆竹也燃放完毕，大人再转回身，将两扇大门完全打开，直到门扇靠在内墙上为止，回到家里，拿起扫帚将门口台阶、空地、角落都掸扫一番，可能算是干干净净迎接财神吧。后来才知道，"开财门"寄寓了人们对富贵的美好向往，新的一年用燃放爆竹这样的方式表达尊重和敬意，把财神迎到自己的家里，在那个贫穷的年代，是多少百姓最质朴真诚的希望啊！

　　小年的晚饭也是最值得期待的。家乡的小年过了，这年才真的算是过完了，所以这顿晚饭也是孩子们期待并看重的。正月已经过半，家里该来的亲戚也都来了，于是这一餐，过年所剩下的藏起来的油炸品、煮炖的大菜，就全部拿了出来，上了餐桌。由于经过多餐招待客人，加之本来数量就不多，每一种大菜都所剩无几，无法单独够装一碗，只能掺和在一起。记忆中，小年的晚饭，我家照例是一口小铁锅，里面有包菜、豆腐、炖肉、油炸肉丸、油炸藕丸、油炸糯米丸……烧熟后，在饭桌上放上一个没有底的竹篾篮筐，将铁锅放到篮筐上，看着冒着热气的这一锅大杂烩，年的感觉又一次在心中涌起。我最感兴趣的就是锅里那很少几粒的，平时总被妈妈高高地挂在房屋的横梁上，我即使用两条凳子支起来也够不着的油炸肉丸，这肉丸，里面和着糯米饭，经过菜籽油的煎炸，和包菜、油煎豆腐混在一起，经过烧煮，瘦肉的鲜，糯米饭的黏，菜籽油的香，包菜的清，油煎豆腐的润，都集中在这肉丸上，加上丸子油炸后的脆，吃在嘴里有说不出的满足和幸福，对我来说是永远也吃不够尝不足的！

　　随着小年晚饭的结束，年真的就算是过完了。于是，各家各户，男男女女，老老少少，又开始各干各的事了。最天经地义、无需提醒的，就是学校该开学，孩子们该上学了。记忆中，似乎一说到春季开学时间，人们都会不假思索，随口就答"过完小年"，的确，多少年来"过完小年就学"已经成了一条规矩。在那个年代，小年刚过，孩子的学费常常又成了贫困家庭的愁苦，大人们开始想着各种办法，或凑，或借，或欠，实在没有办法，只能让孩子拖延上学的时间，直到想到办法。我最不能忘记的是二哥读初一的那年春季开学，家里实在想不出办法，就让二哥用书包装上米，背着来到学校，结果被教务处老师一顿"谁要你这个米啊？要你的米有什么用啊？"训斥后，二哥只好又把米背了回来，过了两天，二哥又带上大队开具的家庭困难减免学费的证明，再次来到学校，还是同样的教务处老师，仍然是一顿不耐烦的推辞，"你这种情况如果减免学费的话，那还有几个老干部的子女、老师的子女怎么办呢？"，就在二哥尴尬难堪、不知如何是好的时候，一个老师出来说了一句话："你看看这几个老干部、老师子女，有哪个是死了老子的？他这个都不能减免，我倒看看还有哪个能减免？"在这个老师的打抱不平中，二哥终于得到了减免学费又能上学一学期的机会，其实这也是他最后一学期上学的机会，暑假过后，秋季开学他没有再去报名，从此开始了他的辍学生活。再后来，这个为二哥抱不平的老师，成了我初中的班主任，我也因此对他格外尊敬，他的一言一行，在我看来都是"真理"。初中三年，记忆中我从未曾给他添过一次麻烦，再后来我师专毕业，回到母校工作和他共事，依然对他怀有敬意。现如今，义务教育早已免除学杂费了，很少存在交不起学费的事了，也很少出现因交不起学费而带来的尴尬和难堪了。记忆中，有段时间春季开学时间竞赛似的越来越早了，你从正月十六提前到正月十二，我就从正月十二提前到正月初十，他再从正月初十提前到正月初八，甚至到后来，有的学校有的年级正月初四就开学上课，于是曾经的"过了小年才开学"的习惯已经消失了。慢慢地，大家发现这种违背规律的竞赛，夺走了学生童年的快乐，给学生身心带来的是负担，对提高教学质量和学习成绩都是徒劳和无效的，于是在铺天盖地的呼声中，相关部门又对春季开学时间做了规定，近几年又基本恢复到了过完小年再开学，孩子们又能充分享受到年的快乐了。

关于小年的记忆，当然还有"圆灯"。所谓圆灯，就是结束玩灯。记忆中的正月，村子不管大小，都要玩灯。村子大，户数多的，一个村子单独玩；村子小的，户数少的，几个村子合在一起玩。灯的种类很丰富，家乡常见的有龙灯、马灯和罗汉灯，每种灯都有各自的固定玩法，从衣着器具，到程序过程都各不相同。对玩灯，每个村子都是固定的种类，响水涧玩的是龙灯，两家一板，即一块木板，上面装有两个六角菱形灯笼，灯笼是用竹篾编织成的，外层蒙上纸，纸上画上图案，每个灯笼里面的木板上都插有一个铁钎，用来作为蜡烛的支架，灯板的两端各有一个圆孔，是做连接用的，玩的时候，每人把自家的灯板拿来，前后不同灯板的圆孔一叠，用灯棍往下一穿，插上木栓，不同灯板就连成了一条长龙，响水涧的龙灯共有四十板左右。灯的种类不同，制作程序不同，玩的方法不同，但"朝山"和"圆灯"都是共同的。家乡各种灯的朝山地点，都是在三十里外的一个叫"成子山"的地方。每年的正月初二，凌晨两点左右，大家带着灯板在灯堂集中，简短的仪式后，灯板连成一条长龙，就开始步行向"成子山"出发，三十里的路程，这样扛着一条长龙，走过去要花上近四个小时，到了"成子山"，天已经开始亮了，经过朝拜，灯就有了灵性和神性，就可以敲锣打鼓，开始玩给人看了。

关于"朝山"，有很多故事，最多的就是打架。由于朝山的时间，都集中在正月初二，一大早各地来的各种灯，都集中到了这里，自然大家都想争先，方位争大，于是免不了发生矛盾，甚至械斗。这时候，龙灯是最占优势的，因为每人都有一根扛在肩上可以用作武器的灯棍，所以都是让着龙灯先朝拜，让着龙灯先右行。但如果是龙灯和龙灯遇到一起，那就要看灯的长短了，灯长人多，自然占着优势，响水涧的龙灯虽然不算长，可一直在朝山时受到优待，也未曾遇到过挑战，因为"成子山"旁边是"高"姓村子，而响水涧是属于"门村"的，门村也是"高"姓村子，和"成子山"旁村子的"高"是一个姓，自然受到这"高"姓村的支持，来朝山的都知道这层关系，所以响水涧的龙灯朝山总是很顺利。龙灯朝山回来后，就开始走村串寨玩给人看，早出晚归，这样一直到正月十五。其实说是玩给人看，实际上是通过玩灯来收一些礼金，得到一定的收入，因为每到一个村子，村子里必然要随一点礼金，除了村子集体给的礼金，遇到村子里有响水涧谁家亲戚的，还要单独接灯，也是要包钱的，这些就算是响水涧玩灯的集体收入。后来我才知道，很多时候玩灯也是迫于无奈，不得不玩的，因为大家都玩，如果一个村子不玩，那就会不断有礼金支出，而没有收入。过了小年，就要圆灯了，所谓圆灯，就是举行一个仪式来结束玩灯。正月初二到十五，这龙灯一直在外面玩，未曾好好玩一次给本村人看，于是正月十六这天吃过早饭，各家都将灯板扛到灯堂，举行一个简短的圆灯仪式后，龙灯就来到村外的稻床上，全村老老少少，早已将场地围住，于是这舞了半个月的龙灯才真正第一次在响水涧人面前玩开了。此时，玩灯的人也因为自家的人都在旁边观看，玩起来也格外卖劲，前后起落，左右摇摆，里外伸缩，上下翻飞，手臂时而高高举起，时而低低下探，双腿时而大步跨越，时而碎步稳行。观众最崇拜的是舞龙头者，只见他身材魁梧高大，整条龙在他的带领下，时而直行，时而蜿蜒，时而舞动，时而旋转；观众最感兴趣的却是舞龙尾者，舞龙尾者，一般都身材矮小，因为龙头走一小步，龙尾就要跑好几步，所以舞龙尾者是需要不断跑动的，身材高大者自然是不适合的。舞动的龙灯呈现出各种各样的形状，一字长龙、蜿蜒飞龙、旋转盘龙……号子声、鼓劲声、加油声、喝彩声此起彼伏，爆竹不断响起，夹杂着灯板和灯棍的摩擦声，把整个舞龙灯推向高潮，让人眼花缭乱，突然一阵嘈杂声响起，舞动的龙灯停住不动，只见大家快速拔出灯棍上的栓塞，卸下灯板，肩扛着，喊着跑向自己的家里，观灯的人也跟随着跑起来，呐喊声、催促声响成一片，人人都想着第一个跑回家，说是第一个到家的人，就一定能生个儿子，后来才知道是有应验的，而大多数是没有应验的，可即使没有应验，这种争跑回家能生儿子的美好愿望一直延续下来，等大家都回到了自己的家里，整个村子也静了下来，这玩了半个月的龙灯也算是圆了，年也彻底地过完了。

如今，正月十五更普遍的被称作元宵节了，出于环保的需要，城乡都不允许放爆竹，开财门的仪式感自然也淡了，油炸肉丸也不再是过年吃一回，而是走上了日常的餐桌，九年义务教育早已免费，更不需要靠借钱、凑钱、欠账，甚至背着一书苞米带着大队的减免证明来报名上学了。现在也偶有龙灯在正月的乡村舞动，可都是为了丰富文化生活，继承文化传统，而不再是为了那点接灯的礼金，并且也都因为人人急着外出工作，而等不到小年就早早圆灯了。

因为逝去，所以怀念！庚子鼠年的正月十五，恰逢新冠肺炎疫情，虽然除了决心抗战疫情外，我无心顾及其他，可灵魂深处依然有无限的怀念，怀念那逝去的开着财门迎接的小年，怀念那会聚着最渴望的美味的晚餐的小年，怀念那铭刻心中的即将面临尴尬难堪的小年，怀念那期待圆灯热烈场面到来的小年，更怀念那充满响水涧记忆的小年！

那一片竹林

又到清明，看到满菜场的竹笋，我突然想起，又到竹笋开始破土而出，在春雨春露的滋润下快速生长的时候了，曾经的这个时候，曾经的家乡竹笋，曾经的响水涧的那片竹林，又瞬间跳进了我的脑海。

家乡响水涧有一片竹林，位于村子后面，在"后山"的脚下，把"后山"和村子完全地隔开。竹林呈长方形分布，长约500米，宽度大小不一，最宽处约有150米。竹林归全村所有，因为全村人家共分两个生产队，每个生产队又分成了三四个村民小组，每小组四五户人家。于是，竹林也被分成了不同的小块区域，每个小组拥有一块，块与块之间也没有明确的界限标志，当初只是大家到现场用手比画比画，找一个参照物大致确定一下，每块的区域就划定了，记忆中，村里从未有人因为这划定的界限问题而争吵，这大概就是响水涧人和善、村和谐的最好见证了吧。

林里毛竹长势旺盛，根深叶茂，林中光线昏暗，即使白天走入林中，也有阴森可怕之感。我对这一片竹林更是恐惧有加：一是在林中零散分布着十多座坟，有的坟年久失修，偶尔可见裸露在外的坟内物件；二是父亲的坟就在竹林北边的不远处，每当我来到这里，仿佛总能听到他的责骂声，责骂我不务正业耽误了读书学习。因此，我平时几乎不来，只有挖竹笋时才走进这片竹林。

响水涧的竹笋也一样，有"当年"和"不当年"之分，"当年"的那一年，竹笋一般是不能挖的，都要留着长成毛竹，只有那些生长缓慢且瘦弱矮小的，才可以在安排下有计划地挖走分掉，而"不当年"的那一年，笋一般都要挖掉。竹笋，一般是农历三月才开始慢慢长出地面，而这之前都生长在地下，此时挖笋是需要寻找的，家乡称之为"找笋"。挖地下的竹笋是一个技术活，是需要经验积累的，村民们常用的方法，或是顺着竹根找，或是望望竹梢头，在竹梢头垂下的方向找，或是根据土质，在土质松软，锄头下去发出"咕嘛"响的地方找，而这些方法对我来说效果并不明显，因为我要么找不到，要么找到了也只是短而细的笋，即使偶尔找到一个肥壮的，也一定是不能完整地挖出来。

后来，我找到了一种方法，屡试不爽，记忆深刻。

每当想要去找笋时，我就会背上一个粪筐，带上锄头，在村子里找一头猪，不远不近跟随在它的后面，猪拉下的粪我如获至宝，用一种叫"勾插子"的工具捡入筐中，同时想尽一切办法将猪往竹林里赶，猪到了竹林后，我稍远点观察它，一旦发现它在某一处停下来，并不停用嘴在地上拱的时候，立即跑过去将猪赶走，此时拿起锄头翻找，十有八九能找到竹笋，大概是猪凭它的嗅觉闻到了地下竹笋的味道吧。猪有时也不甘心，在不远处眼睁睁看着我，发出呼呼声，但又无可奈何，现在想来，既捡了它的粪便，又抢了它的食物，还是颇感愧疚。

竹笋渐渐从餐桌上消失，紧接着，毛竹又走进了村里的家庭。那个时候，生活条件普遍不好，响水涧人家日常生活用具大多自给自足，农历五月份，村子里几乎每家每户都开始请篾匠师傅，家乡称请匠人为"恭匠人"。篾匠师傅上门的第一件事，是家庭男主人带着师傅到自家的竹林里，根据需要挑选毛竹。师傅来到林中，一会儿望望竹枝，一会儿看看竹根，一会儿摸摸竹身，一会儿敲敲竹节，很快就能确定需要的原材料。后来我才知道选毛竹主要选陈年老竹，并且竹叶乌绿、竹皮青淡、竹节突起的毛竹，这样竹子的质厚实有弹性，是编制篾器的上乘原料。

毛竹选好后，主人就用随身而带的弯刀，"咔咔咔"几刀下来，竹子就应声而倒，毛竹砍倒后，剔掉竹枝，再根据需要，砍断竹梢，肩扛着就回家了。接下来，就是篾匠师傅的手中活了，师傅的工具就是几把大小不同的竹刀和一块布垫，他先用竹刀把整根毛竹分成长短不一的竹段，再破开竹段，最终破成一根根长短不一、宽窄不一、厚薄不一的篾片和篾丝。至今还记得带着最外层竹反的被称为青篾，其他的称为黄篾，青篾韧度好，一般放在竹器的边沿作捆扎用，黄篾硬度高，一般用在竹器的中间部位来承重。破篾的过程简直就是艺术创作，我常常是呆看着师傅劳动，一看就是半天，心无旁骛，仿佛在欣赏一个艺术家的精彩创作。我至今还记得这样一个清晰的画面，师傅坐在那里，把长竹片放到铺在双腿上的布垫上，右手食指、中指、无名指和小指四指并拢，托住平放的竹刀底部，大拇指轻放在竹刀的上面，将竹刀往竹片的一端一削，只见竹刀插入竹片当中，左手抓住竹片朝右推送，右手腕往左用力带动竹刀，"吱吱"向左运行，每到竹节处，右手再稍一用力，只听"咔"一声，竹刀穿过竹节，继续"吱吱"地行走，就在这"吱吱"和"咔咔"的交替声中，一片片、一根根细薄而光滑的篾片篾丝在生长在行走，在我的眼前跳跃。篾片和篾丝形成后，要拿到锅里进行蒸煮，再拿到太阳下晾晒，最后经过师傅的编制，一件件生活劳动器具，如稻箩，如簸箕，如竹筛，如竹匾，如竹椅，如竹席，如竹床……就编织而成了。

一般一位篾匠师傅在一户人家要呆四到五天，而大家请的往往都是附近名声大、手艺好的篾匠师傅，彼此又相互熟识，因此常常是好几户人家都请同一位师傅，这样一来，一个篾匠师傅来到村里，经常是一个多月出不了村子。

关于篾匠师傅的记忆，还有一个不得不说。那时候家里生活艰苦，平时吃不上肉，只有篾匠师傅来做事时，家里才称点肉，一般是肥肉居多。在那个没有冰箱的年代，为了让菜吃得时间更久，我家都是用肉烧梅干菜，这肉烧梅干菜我是只能看不能吃的，不知什么原因，篾匠师傅每餐也只是吃一两筷子梅干菜，肉是不沾的。我后来才知道这是他们手艺人的规矩，所以这一碗肉烧梅干菜从篾匠师傅来家里吃饭的第一餐起，就端上餐桌，第二餐，再热再端上，第三餐，又热，继续端上……一直到师傅在我家吃最后一餐，这碗菜的分量几乎没有变化。只有在这时，我才被允许吃这碗肉烧梅干菜，由于经过了多次的加热，此时厚厚的肉皮已是入口即化，肉汁已经完全出来，渗在梅干菜里，加上梅干菜的特有香味，在我来说这简直就是人间美味，只需筷子在菜里蘸一下，就能吃下一碗米饭，这种刻骨的味道我一直在心里留存至今。多年以后，我也多次买肉，回来烧梅干菜，可是，不是感觉肉没有记忆中的那样腻润，就是梅干菜没有心心念的那种咸香，总是找不到曾经的那个味道。

后来，由于蓄能电站建设的需要，这一片竹林也被征用，竹子被砍伐殆尽，建起了厂房。现在的每年清明，我去父亲的坟上烧纸，都要去竹林的原址转转，虽然已经没有了毛竹，却每次都能找到竹笋，可见响水涧竹笋的生命力是何等顽强。这一如响水涧的村民，他们虽经历了拆迁，来到了陌生地，但在新农村建设中依然勤劳奋斗着，把又一个新的响水涧建成了美好乡村。

又到清明，又看到满菜场的竹笋，我轻轻呼唤：哦，那片竹林，你还记得曾经的岁月吗？

赛人参的萝卜

深秋时节，走进菜市场，除了熙熙攘攘的人群，最多的恐怕就数萝卜了。满菜市场的萝卜，白的、黄的，长的、圆的，大的、小的……比比皆是，更有农人，为了证明自家萝卜的上乘质量和好的看相，连同萝卜的叶子也带到了市场，其新鲜真的吸引了不少的购买者。

关于萝卜的记忆，我们这一代人应该是尤为深刻。过去那个艰苦、物资匮乏的年代，每年总有一段时间，萝卜就成了餐桌上唯一的常客。

响水涧背靠大山，面临河流，有山地，有沟渠，于是田间地头的小块土地特别多，由于都是小块小块的，无法种植水稻，所以勤劳的响水涧人就用锄头，一锄头一锄头地将它们开垦出来，打理成一垄一垄的，蔬菜瓜果、青菜辣椒、黄瓜西红柿、韭菜大蒜、南瓜红薯……在这片片小块土地上轮番亮相，尽显着响水涧人的美丽和勤劳。

炎热的夏季刚过，家家户户都会将大部分的小块土地里的作物收获干净，重新将土地翻开、锄碎、成垄、打凼，然后在每个小凼凼中放几粒萝卜籽，浇点水，就等着发新苗了。十天左右后，就能寻见新透出的青色了，刚透出的新苗挤在一起，细、嫩、绿，似乎与白白的萝卜没有丝毫的相干，这时候只要适时浇水，或者再浇上点农家有机肥，苗就会快速长大长高，再过十天左右，凼凼里就已经满是青绿色了，地下的萝卜也开始有形状了。记得小时候，总是好奇地下的萝卜长什么样，也因此没少把一棵棵的萝卜拔起，有自家的，也有别人家的，每次看到那么小的萝卜，都是满满的失望，为了不让大人知道，不被大人责骂，只有随手扔到沟渠草丛当中，任其自生自灭。再过十天左右，地里的萝卜长势更旺了，垄上已经被成片成片的绿叶铺满，地下的萝卜已经长成了，静静地等待收获。

萝卜的收获比较简单，由于是籽种的，一般生长在地下不深，只要用手抓住地面上的茎叶根部，稍用力一拨，白白的萝卜就会带着些许的泥土出来了，用萝卜在地上轻轻敲打几下，泥土就会脱落，后来读到"拔出萝卜带出泥"，最是有切身体验的。拔出来的萝卜，用镰刀割去茎叶，就会发现萝卜有长的、圆的、扁的，也有开裂的，有的还带着几根细须。一块地里生长的萝卜大小也不一，大的有一斤多重，小的也有弹珠般的，这大概是籽的原因，属于没长好的次品，一般都是直接扔掉。响水涧由于土质松软适宜，环境原生态，长成的萝卜皮薄肉厚，菜刀一切，总能听到"咕吱"的嫩脆声，切开的萝卜大都是白腻的、滋润的、满实的，偶尔也有空心的，空心的萝卜一般都比较大，并且空心的形状不一，有的呈线形分布，有的呈圆形出现，也有呈三角形或交叉形的，这些是怎么也不能从光滑白皙的萝卜外表能看出来的，不知人们常说的一个人"花心大萝卜"，与这萝卜的空心有没有关联？

这时候，萝卜开始走上餐桌。

最常见的就是炒萝卜。记忆中的萝卜有两种炒法，清炒和萝卜炒青菜。清炒，就是把地里拔回来的萝卜洗净，切成片，锅烧热后，倒上香油，熬至油沫消失，烟开始起时，把切好的萝卜倒入锅里，用锅铲不断翻炒，香油经过煎熬，香气扑鼻，萝卜在翻炒中微微泛黄，慢慢变软，再倒点水，盖上锅盖焖烧。响水涧的萝卜嫩脆，焖五分钟左右就可以完全熟透，尝一口，油香味、清讨味掺杂在一起，入口即化，实在是下饭的美味，如果在饭里浇上一点汤，微微润湿的饭，滚滚地从嘴里进入肠胃，回味无穷。

清炒虽味美，但吃久了也难免会有嫌厌，于是萝卜炒青菜就出现了，尤其是下霜过后，青菜在秋霜的扑打下，下锅更容易软，更容易熟透，更增添了一股甜味，此时，把青菜和萝卜混在一起炒，脆、嫩、软、香、甜，简直是人间的美味，如果稍淡一点，我一顿是可以吃两大碗的。由于是自家种植，数量很多，响水涧人当然是不吝啬的，家家户户每餐都是炒一大盆，在那个物贵匮乏的年代，常常是每家每户餐桌上就一盆萝卜炒青菜，这也就成了关于那个年代餐桌上最永恒的记忆了！

肉烧萝卜，那时是不敢想的！因为一年恐怕也只能吃上一两次，在肉的调味下，萝卜变得异常油润，只需一点汤，一碗饭就能很快下肚，如果能有一块肉，那一定是边吃饭边舔肉的味道，直等到饭吃完了，最后才一小口一小口地把肉吃下。关于肉烧萝卜的最刻骨的记忆，还是当年读高中时，有一次回家，母亲烧了一大瓷缸肉烧萝卜，我带到学校，不舍得吃，也不舍得给别人吃，每次都要等到同学们都吃过了，我才吃饭，旁边没有人时，迅速从瓷缸里挖出一点点萝卜放到饭盒里，再迅速把瓷缸塞到床下的最里面，唯恐被人发现，几天后，还剩三分之二的肉烧萝卜却馊了，虽有万般的无奈和不舍，最后还是含着泪倒掉了……

只是当作菜来炒着吃，那么多萝卜是吃不完的，于是，勤劳聪明的响水涧人开始了对萝卜的加工。

最常见的，就是把萝卜刨成丝，摊开散放在太阳底下晾晒，这时候，竹床、竹匾、竹筛、门板，甚至竹床垫都派上了用场，成了晾晒的工具。经过几个太阳的晾晒，到萝卜丝干湿适宜时，集中到木质澡盆里，撒上盐，不断用手翻抖，直到盐渗入均匀，再放入坛子里，用拳头压紧压实，撒上五香粉和八角，盖上坛盖，四周倒上水加以密封，经过盐的浸渗，在八角和五香粉香味的熏润下，萝卜丝渐渐变成了金黄色，慢慢就成了可口的菜肴，是早饭吃粥的绝好搭档。也有把萝卜切成条状的，用同样的方法腌制，则成了萝卜条，响水涧人称之为"萝卜条子"，萝卜条子吃起来，除了萝卜丝的美味外，还增添了咬嚼时的清脆声。还有把萝卜切成丁状的，称之为萝卜丁，萝卜丁要多晒几天，直到完全变干，放到瓶子里，倒上醋加以浸泡，就变成了醋萝卜，萝卜自身的甜和醋的酸掺和在一起，味道独特，吃在嘴里，脆、酸、甜、润，不禁感叹怎么会有这样的人间美味？萝卜丝、萝卜条、醋萝卜，成了那个年代好客的响水涧人招待客人的上等佳肴，看着客人一口萝卜一口茶，再一口茶一口萝卜，心里透出莫名的自豪和满足。

即使是萝卜的叶，响水涧人也不浪费，收集起来，洗净，放到锅里用水煮熟，再拿到篱笆上晾晒，又变成了梅干菜，虽然有点苦味，但多嚼几口慢慢就变成了甜味。每到秋冬之交，响水涧的房前屋后的菜园篱笆上，到处都是晾晒的萝卜叶，因为已经烧熟，又随手可拿，更不用担心被人责骂，所以就成了小孩最常见的零食，我们在上学放学的途中，都会抓着一根甚至几根，有时还评论谁家的萝卜叶味道好，谁家的萝卜叶味道不好。

记忆中，大人一直让我们多吃萝卜，说是"秋天的萝卜赛人参"，咱穷人吃不起人参，多吃萝卜一样可以补身子。我也因此小时候，萝卜不离手、不离口，生的、熟的、干的、潮的，也常常觉得不花钱就吃到了比人参还要好的东西，内心无比的满足和自豪。但萝卜也是不能多吃的，吃多了在公共场合有伤大雅，大人们一直解释说是吃萝卜可以顺气。

几十年过去了，现在市场上萝卜虽然也很常见，但无法觅见当年响水涧的味道了，可我对萝卜的喜爱一直未曾改变，每有饭局，我都要点一份肉烧萝卜，以至于大家都开玩笑说我好养，只要一碗肉烧萝卜就能养活。

可是，谁又知道，我吃的岂止是萝卜的味道啊？

团　子

隆冬时节，走进菜市场，总能看到或听到卖团子的人或声音，或在菜场的入口处，或在菜市场内摊点旁，或连同垫叶一起叠铺在筐子里，或已经从垫叶上拿下来堆放在袋子里，却都是白白的、圆圆的，格外亲切，总能勾起我曾经的记忆。

对家乡响水涧关于团子的记忆，一定是从做团子的准备开始的。

对做团子的最早准备莫过于木柴了。夏天一过，秋天刚来，上山放牛就会多了一件事，家乡称之为"敲当郎子"，实际上就是收集那些死去的树根。此时，每天上山放牛，都会带上一把弯刀，只要一发现那些枯死的树根，就会用弯刀使劲一敲，枯死的树根就会断裂，捡起放到蛇皮袋子里。树根质地坚硬，耐得住燃烧，可以长时间地燃而不息，加之是枯死的，又容易点燃，因此是蒸熟团子的最佳燃料。由于枯死的树根不多，能被发现的更少，通过这种方式收集的柴火有限，绝不能成为做团子柴火的主力。

于是大人们开始砍伐树木准备柴火了，自家山上那些不能成材的树木，都被砍倒带回家，用刀劈开，再分成段，摆在门口晾晒。为了晾晒的效果最好，常常是把劈好后的柴段呈正方形一层层叠放，这样通透后，晾晒的效果最佳。于是进入农历十一月，家家户户门口都叠放了一堆堆的木柴，高的足有两米，很是一道风景，人们早上层层摆放，晚上又全部收回来堆放，第二天早上再层层摆放，晚上再收回来堆放，如此往复，慢慢地，柴晾晒干了，做团子的时间也就到了。

响水涧做团子的原料，主要是自家田间所产的糯米，但做团子不能只用糯米，还要在其中掺点粳米或籼米，这样做一方面是可以让团子的品质口感更好，另一方面也是节省的需要，糯米的价格昂贵，全用糯米代价太高，而掺点粳米或籼米又不影响团子的食用，至于按多少比例来掺和，是要根据对团子的软硬程度要求来确定的。

米按比例掺和好后，就开始用水加以浸泡，由于没有足够大的浸泡容器，此时每家每户凡是能盛水的容器，如木盆、水桶、水缸等都一起上阵，客厅的一半地面都会被这些盆、桶、缸所占据。泡上四五天，当米粒完全泡开，就可以碾磨成浆了，碾磨的工具刚开始是石磨，由于需要人工进行，这个碾磨的过程比较繁重，需要一个人拉磨，一个人往磨凼里送米，拉磨需要臂力，同时要协调好身体的前倾和后仰，既是体力活又是技术活，都是由大人做，看着大人有节奏地推拉并转动石磨，我曾多次要求尝试，但总是拉不动，即使拉动了，也因掌握不好身体运动的节奏，而手忙脚乱，最后都是被大人轰走。往磨凼里送米一般是由妈妈或大姐来做，她们坐在石磨旁边的一条凳子上，左手搭在石磨的推拉杠上，随推拉杠带动石磨转动，右手用勺子舀米送进磨凼里，左手每转动一圈，右手就送进一勺，如此重复，与拉磨的人配合默契，一切都那么的顺畅自然。浸泡的米经过碾磨，就会沿石磨的边沿流出稀稀的米浆，米浆再滴落到石磨下面的木盆里，木盆满了，就倒入事先准备好的更大的水缸等容器里，如果家里没有很大的容器，就在客厅地面上用苇编成一个三四十公分高的圆桶，里面铺上被单，就成了一个简易的容器，用来盛放碾磨后的米浆。米浆经过两天的沉淀，经过几次的翻动后，变得稍干一点，就可以开始做团子了。

做团子的过程是紧张而热烈的。说紧张，是因为团子由开始上锅到熟，大概需要一个小时的时间，这一个小时内必须要将七屉，每屉七七四十九个团子搓浆成形，摆放在垫叶上，铺在桌子上，准备下一批上锅，这样熟了的团子倒出来，立即摆放再蒸，如此反复，达到工作效率的最大化。所以此时，家里的桌子、竹床、竹匾，甚至门板也被下了下来，用凳子支起，凡是能用来摆放的都悉数登场。说热烈，是因为这蒸熟的一个小时是最忙碌的，需要多个人同时进行，所以做团子常常是几家人在一起进行，大家相互帮忙，摆垫叶的摆垫叶，搓粉浆的搓粉浆，运粉浆的运粉浆，加柴的加柴……各司其职，大家集聚在一起，边干活边有说不完的话题，东家的牛吃西家的菜啦，南家的小孩打了北家的小孩啦，张家的鸡下了双黄蛋啦，李家的老母猪生了十二个猪仔啦……时而齐笑，时而静心聆听，时而争论不停，时而随声附和，这样常常通宵达旦，一干就是一两天。这样的环境，最容易让人沉浸其中而不想上学，记忆中每年的这个时候，经常有同学不来学校上课，请假的理由就是家里做团子。后来班主任老师做出规定，除非家里有丧事，否则不能请事假，那时候觉得老师有点严苛，现在想来这又何尝不是一种爱与责任呢！这个班主任老师早已退休，现在大概有八十岁了吧，我也有好几年没见过他了，不知他的身体如何，愿他永远健康！

经过约一个小时的蒸，团子熟了，刚熟的团子称之为"毛团子"，"毛团子"刚出屉，冒着热气，微微膨胀，表明呈细微的小孔状，颜色较上锅前略暗，它带着糯米特有的浓香和垫叶特有的清香，软、嫩、黏，成了一种美食，尤其是第一批出屉的"毛团子"更受青睐，每个人都要抢着吃上几个才过瘾。于是，这几天，好客的响水涧人，只要哪家在做团子，主人就会把"到我家来吃毛团子"这句话挂在嘴边，见有人从自己门前经过是一定会说的。关于吃"毛团子"的故事，听得最多的就是一次能吃很多个，我就曾听说有人吃过一屉的，想想这七七四十九个团子被塞到了一个人的肚子里，真正能做到的，要么他真的饭量大，要么就是生活贫困，突然吃到这平时吃不到的美食，欲罢不能，一吃就是四十九个。吃四十九个团子的人我没有见过，不过我的确亲眼见过一个同村的人一次吃过二十个"毛团子"，关键是他吃过以后并未见异常。

团子蒸熟以后，先连同垫叶一起堆放几天，然后要将团子从垫叶上取下来，这取下团子的活是手工活，并非体力活，自然落在孩子们身上，我也是每年必做。糯米有一定的黏性，团子粘在垫叶上，大部分能轻易取下，但也有难以取下的，大多是垫叶破裂，部分嵌入团子里，需要用手慢慢地剥离并撕下，这是需要耐心的，而小孩也大多缺乏耐心，加之隆冬时节，手能放在口袋里，就绝不会拿出来，此时花上半天甚至更多的时间，坐在那里默默地忍着寒冷，小孩也是不情愿的。

取下来的团子，要放到水缸里，用水浸泡着，浸泡团子的水，必须是冬天的水，并且一般不调换，尤其是不能用立春后的水，否则团子就会变质而不能食用。随着团子最后入缸入水，做团子也算是真正结束了，接下来就是等待主人漫长的食用了。

团子在家乡是作为主食食用的，烧的过程被称为"下"，下团子的方式很多，家乡的下法最常见的就是清煮。先将团子从缸里捞出，进行淘洗，尤其要将表面一层因浸泡而产生的腻滑洗净，倒入锅中，加上清水，没过团子，盖上锅盖开始烧煮，等煮沸后，不能立即食用，因为团子有一定的厚度，里面是不能马上熟透的，仍然需要用小火慢慢煮上一段时间，直到团子变软，用筷子轻轻一夹即能将一个团子夹成两半，才能食用。此时，经过长时间的烧煮，糯米的香味和团子的体汁已经融入水中，水不再清澈而变成了浑浊的粉汤，团子软而香，轻轻一夹，送入口中，轻嚼几口，就滑入喉咙，满嘴都是糯米的香味，再喝上几口粉汤，配上几根自家腌的咸菜，或几块自家腌的萝卜，或几口自家晒的梅干菜，就是一顿美味的享受，三个，五个，七个，九个，不知不觉已经下肚，自在而满足。

还有一种下法也比较常见，就是青菜下团子。清煮团子的美味，也不是所有人都能体会并享受的，尤其是小孩，清煮团子吃久了，会腻烦而厌食，这时候，就来一次青菜下团子，改改口味，增增新鲜。先要从自家菜地里拔几棵青菜，洗净揉碎，用香油在锅里炸一炸，把淘洗过后的团子倒进去，加上水，进行烧煮，过程与清煮大体相似，等煮好后，加上一点猪油，即可食用了，此时的青菜经过长时间的烧煮，已经变得熟烂，入口即化，团子也变得黏而软，滑腻爽口，最美味的是汤水，此时的汤水因青菜的烧煮，因香油的炒炸，因猪油的滋润，而愈加浓厚和醇香了。我常常是咕嘟咕嘟就能喝下几大碗，也因此常常出现锅里只剩下一个个的团子，而早已没有汤水的情景。

团子的吃法，家乡还有面条下团子，还有用糖煎，还有用火烤……但这些都不常用，也只是在特殊情况下偶尔尝试，自然印象不太深刻。到后来，从同事那里学了炒团子的做法，把团子切成小方块形状，用油稍煎，加上鸡蛋形成蛋皮，再放点咸菜，进行翻炒，直到熟了，刚吃还是感觉不错，但后来总感觉过程太复杂，且味道太冲，似乎已经吃不到团子本身的味道了。

再后来，我的胃消化不好，而糯米又难以消化，经常吃了团子后就反酸，也就很少吃团子了。再后来，每家每户做团子的也少了，做团子于是成了一种商业行为，专门有人做团子在街上叫卖，我也曾买过吃了两回，但总感觉吃不出儿时团子的味道，以至于已有好长时间再也没有吃过团子了。

又到了吃团子的时节，又想起了家乡的团子，还有那敲碎枯树根的弯刀，还有那我转不动的石磨，还有那浸泡团子的水缸，还有那一吃团子就想起的青菜园！

观影趣事

随着天气的转热，夜晚外出健步走，遇到的人开始多了起来，于是在人员较为集中的地方，露天移动卡拉OK、临时的鞋帽服装摊点等也开始出现，同时，这也是一个难得的宣传阵地，相关单位也常常采用各种方式，就法制、安全、环保、计生、教育、税收、文物保护等方面知识，在此加以宣传，其中最常用的一种方式便是放映露天电影。

儿时的家乡生活，我最期待的就是看露天电影了，记忆中的家乡的夜晚，不是在看电影，就是在看电影的路上。

露天电影，一般是以自然村为单位组织播放，经费由生产队出，偶尔也由村子里每家每户凑钱放电影的。当年，一个公社只有一台放映机，一个放映师傅，全公社那么多大队，每个大队又有好多村子，自然，一个村子一年能有一次放映露天电影的机会，也是相当难得的了。村子要放一场电影，往往是好几天前就传出消息，直到派人大清早就去头天晚上放映的村子里，把放映机抢回村子，放映的事才算是确定了下来，于是村子里每家每户这一天的安排，都开始围绕着晚上看电影来进行：大人干活下午会早早收工，小孩下午放牛会提前去提前回，家家户户的晚饭也会比平日做得早吃得早……傍晚时分，放映师傅就会来到村子，首先查看选定的放映场地是否开阔平坦，是否能容纳足够多的人，然后他开始"倒片子"，就是把头天晚上放映的胶片，通过手摇的方式再回转一遍，听说这样放出来的影像才是正的，师傅倒片时，总会有一群孩子围在旁边，我也一定在其中，赶也赶不走，看着细长的胶片在两个圆轮之间转动，发出"吱吱"声，美妙而有趣。片子倒好后，就会有几个大人在放映师傅的指导下，开始栽毛竹杠、拉拽银幕、安装喇叭、接插电线、搬摆桌椅……很忙碌，一

245

切又都是那么有序，忙好后，天色就暗下来了。正式的放映，总会等天黑下来，这时全村的男女老少都齐聚到了放映场地，孩子们照例都是带着小凳子坐在场地最前面，大人则大多带着长凳子坐在场地的偏后位置，中间则是年轻人居多，因为来看电影的还有其他村子的人，他们是不会带凳子的，于是场地周围的柴堆上、草垛上、树枝上多半是他们的身影。

在这么热闹的时候，自然少不了卖东西的。夜晚在电影场地卖东西的大多是老人，卖的东西也多是针对孩子，大抵有酥饼、葵花籽、猫耳朵、水果糖等，由于是夜晚，他们收钱格外小心，对每一张纸币都要用手摸了又摸，凑到眼前看了又看，用手电筒照了又照，可即便如此，也常常在第二天早上，都能听到卖东西的人在村子里的叫骂声，全村人也都知道，昨晚一定是有人用和钱一样大小的纸，冒充钱买东西了，并且成功了。由于很少有零花钱，我看电影几乎不买零食，可是第二天我总会起个大早，来到放映场地，在地上寻找一番，每次或多或少都能捡到钱，这个秘密，我一直未曾向别人说起过。

在那个没有网络通信的年代，对"哪个村子什么时间放电影"等消息都是口口相传，大多是听说而已，并且也很难在当天进行核实，时效性不高。可是源于对看电影的期待，大家宁愿相信消息是真实的，因此，经常出现一大帮人，晚饭后兴冲冲、热闹闹地走上十几里路，来到某个村子看电影，到了后被告知消息不真实，即便如此，大家依然会兴冲冲、热闹闹地再走上十几里路回来，戏称作"英雄跑白路"！其实，大家之所以会乐此不疲，是因为不同的人看电影，有不同的目的罢了。我们这些年龄小点的孩子是真冲着电影而去的，而那些年龄大点的年轻人，更多的是冲着男女一起的热闹气氛，这其间的恋爱故事也总会不断上演着，通过看电影而促成的婚姻每年都有。曾经有一段时间，懵懵懂懂的我看电影时，也喜欢和一个女孩坐在一起，但遗憾的是，一直没有故事发生……

同样，当年看露天电影等候到深夜的现象也会时有发生，那是因为在那个电力缺乏的年代，晚上停电是家常便饭，越是刚入夜需要电的时候，越是经常停电，等到电来时，人们又大多已入睡而不需要用电了。生活就是这样矛盾着。于是，电影常常是要等到深夜电来后才能放映，即便是深夜开始，也很少有人提前离场，往往一看就会到下半夜，甚至更久，我清晰记得，有一年看《孙悟空三打白骨精》，由于电来得太迟，电影放结束，天已经亮了。

正因为电影要常常放映到深夜，为表达对师傅的感谢，放映结束后都会安排给师傅吃点心，点心一般都是鸡蛋下面，三个鸡蛋一碗面，这可是只有贵客才能享受到的最高待遇。不知是什么原因，那一次寒冬时节，村里对放映师傅不满，晚上做夜宵点心时，把鸡蛋换成了水萝卜，这水萝卜刚从咸菜坛子里拿出来，大小形状与鸡蛋相似，况且埋在面条下面，师傅自然是看不出来的，下半夜，又冷又饿的师傅，迫不及待地夹起一个萝卜，看都没看，一口咬了下去，只听他"啊"的一声，"呸呸"连声大呼，"我的牙齿冰得没用了，我的牙齿冰得没用了"，他放下筷子很是生气，旁边的人则是笑得前仰后合，纷纷解释"不好意思，不好意思，错把水萝卜当成鸡蛋了，对不住，对不住……"，大家牵强地解释着，都是邻村的熟人，放映师傅也不好意思再说什么，继续吃着面条，最后碗里只剩下三个水萝卜，其中一个上面还有一排清晰的牙印，我的记忆中，从此以后好长时间，我们村子再也没有放映过电影。

对电影的记忆，还有一件事不得不说。一年夏天的一个晚上，隔壁村子要放电影，大家要去看电影，必须要经过村口的一座桥，桥头便是村子的粪窖集中地，大概有十口粪窖池，每口粪窖池呈正方形，不规则地露天排列在路边。这些粪窖里面平时只是存放些绿肥，用水浸泡着，大都用来给菜地灌溉施肥，这其中有一口粪窖就在路的旁边。那天晚上，不见月光，一片漆黑，一位村民去看电影途中，不小心掉进了这口最靠路边的粪窖中，他立即爬了上来，没有回家，而是到粪窖对面坐了下来，掏出一支烟，点燃，悠闲地抽着，很快"扑通"一声，又一个掉了进去，他立刻按住掉进去的人，"嘘"一声，"不要喊，不要喊，快来抽根烟"，于是两个人又坐在粪窖的对面悠闲地抽着烟，就这样，"扑通""扑通"，一会儿就有好几个人都以相同的方式掉了进去，又爬了上来抽着香烟……后来我才悟出，他之所以坐在粪窖的对面抽烟，就是故意要让人误认为这是一条可以正常行走的路，殊不知这是一个不折不扣的圈套，就是现在想来，依然觉得不厚道！

后来，电视机开始普及，露天电影也慢慢淡出了人们的生活，再后来，放映的师傅成了我高中同学的岳父，村桥头的那片粪窖池也随着村子的搬迁消失了，当年那位第一个掉进粪池，后又迷惑四人掉进粪池的村民，虽已衰老却仍然健在，而那个我曾经喜欢与之坐在一起看电影的女孩，大概也已经当奶奶了吧……今天，电影依然存在于我们的生活中，可不再是过去那样露天放映，不再是过去的曾经的手摇倒片，不再是过去的需要使劲拉拽的白色银幕，不再是过去的那样等到深夜电来了才能看到，而是集豪华性、舒适性、数字化、准点性于一体的室内观赏享受了。

生活就是这样，逝去是永恒的主题！

初心，当不能忘却，因为那是我童年的记忆，是我关于响水涧的记忆！